交通刑法基本理论研究

◆赵 波 著

湖北长江出版集团

湖北人民出版社

鄂新登字 01 号

图书在版编目(CIP)数据

交通刑法基本理论研究/赵波著.
武汉:湖北人民出版社,2009.4

ISBN 978 - 7 -216 -05917 -6

Ⅰ. 交…

Ⅱ. 赵…

Ⅲ. 交通法:刑法—研究

Ⅳ. D912.104 D914.04

中国版本图书馆 CIP 数据核字(2009)第 018043 号

武汉科技学院·人文社科文库

交通刑法基本理论研究　　　　　　　　　　　赵　波 著

出版发行:	湖北长江出版集团 湖北人民出版社	地址:武汉市雄楚大街268号 邮编:430070
印刷:武汉市洪林印务有限公司		印张:16.75
开本:787毫米×1092毫米 1/16		插页:1
版次:2009年4月第1版		印次:2009年4月第1次印刷
字数:223千字		定价:35.00元
书号:ISBN 978 - 7 -216 -05917 -6		

本社网址:http://www.hbpp.com.cn

总　序

在高等学校的学科建设中，人文社会学科的建设具有十分重要的意义。对于一所以工科为主的高校来说，人文社会学科的建设则具有特殊的意义。人文社会科学具有积累知识、传承文明、创新理论、服务社会的功能，能为科技、经济和社会的发展提供指导，调节各种社会关系和社会生产要素的优化组合以及根据社会生产、社会生活的运行机制提供程序系统。自然科学技术只有与人文社会科学结合起来，才能在现代社会发挥整体的强大功能。因此，人文社会学科的发展是高校特别是以工科为主的高校不断提升办学水平的一个重要条件。

武汉科技学院是一所以工科为主，多学科协调发展，特色鲜明、优势突出的普通高等学校。在过去五十年的办学历程中，形成了鲜明的纺织服装特色与优势。在新的历史时期，围绕现有特色与优势，促进学科交叉，形成多学科相互支撑、协调发展的学科建设格局，是进一步壮大特色与优势，促进特色的高水平发展的必然选择。我校人文社会学科的发展虽然起步较晚，但是经过近十年的发展，已拥有了一支具有较强实力的学科队伍，承担了一批高层次的科研项目，产出了一批具有较高水平的科研成果。人文社会学科建设突出了学科交叉，围绕学校的特色形成自身优势，取得了良好的效果，为彰显学校的办学特色发挥了重要的作用。

以丛书形式出版"人文社科文库"，旨在展示我校青年学者的研究成果，进一步促进人文社会科学的发展。文库的选题涉及哲学、政治学、文学、教育学、管理学、法学等多个学科领域。关注社会现实，跟踪学术前沿，追求学术创新，是这套文库的一个重要特点。文库的作者都是我校人文社科学院近年来引进和培养的博士。他们朝气蓬勃,思想活跃,潜心于学术,敢于迎接挑战,在各自的研究领域敢于创新,既有理论上的突破,又有方法上的创新,如引进数学模型阐述理论、运用经济学分析论证哲学问题等,显示出扎实的学术功底,学术成果具有较高的理论价值和现实意义,反映了我校人文社科学院的研究实力。必须指出的是,文库大多是在作者博士论文的基础上进一步研究、修改而成的,虽有名师指导,历经反复推敲修改,达到了一定的学术水平,但其中也难免学术视野、学术方法、学术经验等方面的局限性。因此,这套文库的出版重在为进行人文社会科学研究的青年学者提供一个交流和展示研究成果的平台。

学校高度重视文库的出版,并提供了政策支持和全额资助。但文库的出版只是一个出发点,希望这套文库的出版能够在学校人文社会学科建设中发挥积极的作用,促进人文社会科学研究水平的不断提高,使人文社会科学在学校的发展中发挥更大的作用。

武汉科技学院院长　张建钢
2009 年 3 月

目　录

交
通
刑
法
基
本
理
论
研
究

序

　　《交通刑法基本理论研究》一书是赵波在其博士论文基础上修改而成的，即将由湖北人民出版社出版。作为导师，我为赵波感到高兴。

　　在人类社会日益发展的形势下，人们对交通工具的依赖日益密切，交通的作用越来越重要，越来越繁忙，因而发生在交通中的危害行为也越来越多，其所造成的危害后果可谓怵目惊心。2001年，全国公安交通管理部门共受理道路交通事故案件75.5万起，造成10.6万人死亡，直接经济损失30.9亿元。2002年，全国共发生道路交通事故77.3万起，造成10.9万人死亡、56.2万人受伤，直接经济损失33.2亿元。2003年，全国共受理一般以上道路交通事故66.75万起，造成10.4万人死亡，直接经济损失33.7亿元。2004年，全国道路交通事故死亡人数达9.4万人，居世界第一。2005年，全国共发生道路交通事故45万起，造成9.9万人死亡、4.6万人受伤，直接经济损失18.8亿元。2006年全国共发生道路交通事故37.9万起，造成8.9万人死亡。2007年，全国共发生道路交通事故32.7万起，造成8.2万人死亡、3.8万人受伤，直接经济损失12亿元。为了保障交通安全，有效地维护人类社会的生命、财产安全，必须对危害交通安全的各种行为进行刑法上的规制，从而为惩治危害交通安全的行为提供刑法上的依据，因此，各国都很重视对交通犯罪的研究和治理。然而，在我国，交通犯罪问题在刑法分则体系中由于其罪名的分散而缺乏系统性，以致于长期以来被人们所忽视，误以为其只是个别罪名的问题。我国刑法学界仍未给系统地研究与日常生活密切相关的交通犯罪及其刑法规制以足够的重视。尤其是交通肇事逃逸行为定性的理论纷争和司法解释的不足,给司法实践中的适用带来极大的困扰。因此,本书选择以交通刑法为题,显然本身就意味着挖掘出一个重大而富有现实意义的议题。在我看来,本书具有以下特点:

一、**结构合理,重点突出。**以往我国关于交通犯罪的研究,大多着重于具体犯罪罪刑问题的探讨,而对其基本理论问题则关注甚少。本书系统地论述了交通刑法的基础理论、交通刑法的立法模式、交通刑法的刑罚设置、交通刑法中的危险犯问题,以及常见多发又备受争议的交通肇事逃逸问题,着重于对交通犯罪和交通刑法的基本理论的梳理、总结、探讨和思考。既有对宏观理论问题进行的高屋建瓴的论述,又有针对实际问题的深入透彻的剖析;既有对现存立法不足的分析,也有对立法完善的建议。由宏观到微观,依次递进,不断深入,层次清晰,结构合理,重点突出。

二、**资料翔实,内容丰富。**本书立基于作者对大量著作、文献、资料的艰辛研读、仔细梳理和勤奋思辨,资料翔实,梳理精当。从内容上看,本书共分为五章进行论述:第一章是交通刑法的基础理论。首先对交通犯罪的概念、性质、特征,交通刑法的概念和目的作了归纳和论述,其次探讨了交通刑法的宪法限制和刑事政策问题。最后介绍了交通刑法的限制理论。第二章是交通刑法的立法模式。在考察有关国家和地区的交通刑法的立法现状的基础之上,归纳和评析了交通刑法立法模式的德俄模式、瑞士模式、法国模式、日本模式,提出俄罗斯模式值得我国借鉴,也就是在危害公共安全罪这类犯罪中设立专节规定危害交通安全的犯罪,同时,对我国交通刑法立法模式的完善提出了立法建议。第三章是交通刑法的刑罚设置及完善。在分析了交通刑法的刑罚结构,归纳了各国交通刑法的刑罚设置的基础上,分析了我国交通刑法刑罚设置的不足,从而为我国交通刑法的刑罚设置提出立法完善建议。第四章是交通刑法中的危险犯问题。对交通刑法中的危险犯问题进行了深入的阐述,在分析危险犯的犯罪构成的功能和目的的基础上,分析了抽象危险犯的正当性根据,提出抽象危险犯是抑制交通犯罪的重要手段的命题,并建议在危害公共安全类罪中设立过失危险犯,同时,具体阐述和论证了不能安全驾驶行为的入罪化原因和依据。第五章是肇事逃逸行为研究。针对日常生活中常见多发而危害严重的肇事逃逸行为进行单独研究。为了更好地打击交通肇事逃逸犯罪,消解学界关于交通肇事逃逸行为定性的纷争及相关司法解释存在的理论问题,统一司法实践,最佳的选择是将交通肇事逃逸行为从交通肇事罪中剥离出来,单独定罪,在刑法中设立肇事逃逸罪。可见,交通犯罪和交通刑法的内容十分丰富,涉及到刑法基本理论的众多基本问题、难点问题,例如,交通刑法的宪法限制所代表的宪法与刑法的关系问题,危险犯概念所代表的现代风险刑法问题,立法模式和刑罚设置所代表的刑罚与刑事政策问题,交通肇事逃逸所代表的刑法立法技术与司法策略问题,等等。

三、观点实用,论证有力。作者在分析交通刑法立法模式的德俄模式、瑞士模式、法国模式、日本模式的基础上,提出俄罗斯模式值得我国借鉴,也就是在危害公共安全罪这类犯罪中设置专节规定破坏交通安全的犯罪,这种主张应当说是值得肯定的。作者关于我国刑法中危害交通安全犯罪应集中设专节加以规定的立法建议也是可取的。本书关于交通刑罚设置的完善建议,即将罚金刑升格为主刑,在交通刑法中配置罚金刑;增设剥夺从事特定职业或者活动的权利的资格刑,尤其是禁止驾驶、吊销驾驶执照或禁止颁发驾驶执照;增设社区服务刑的建议,具有重要的立法参考价值。本书对交通刑法中的危险犯问题进行了深入的阐述,提出了抽象危险犯是抑制交通犯罪的重要手段的命题,并建议在危害公共安全类罪中设立过失危险犯,并充分阐述了其理由。对不能安全驾驶行为入罪的主张及理由进行了深入的论证,具有说服力。关于交通肇事逃逸行为的犯罪化的建议也具有充分的根据,对于预防和惩治这种行为有着重要的作用。

总之,《交通刑法基本理论研究》一书思路清晰、结构合理、资料翔实、内容丰富、观点实用、论证充分,是一部具有重要学术价值和现实指导意义的著作。尽管书中的观点未必尽善,错漏难以避免,但却瑕不掩瑜。在交通事故频发的今天,交通犯罪日益严重,采用刑事制裁手段预防和惩治交通犯罪是交通安全保护的必不可少的手段之一,本书的出版,对于深入研究交通犯罪、系统探索交通刑法理论乃至完善立法和指导司法实践,都有参考价值。

　　是为序。

康均心
2009 年 1 月于武昌珞珈山

摘　　要

　　随着经济和科技的发展,机动交通工具的普及,给人类社会带来了方便、快捷和舒适的生活,但同时,交通安全问题已经成为一个我们不得不严肃面对的社会问题。如何运用法律手段规制交通安全问题,已经成为国际社会、世界各国政府以及法律人不断尝试和探讨的课题。作为社会控制重要手段的法律之一,刑法在面对交通安全问题时也应当有所作为。世界各国大都将严重危害交通安全的行为确定为犯罪,用刑罚手段对其进行规制,这是社会防卫和发展所必须的。就刑法而言,在多大范围、多大程度上保护交通安全涉及到一国的刑法定位和刑事政策问题。

　　交通犯罪是一种复杂的现代型犯罪,它的产生及类型化,与交通事业的发展密切相关。由于交通犯罪具有大量性、多发性,日常性、普遍性,高速性、危险性的特点,对社会公共交通安全和广大人民的生命、身体和财产安全具有巨大的危害性和危险性。因此,有必要动用刑法对其进行规制。于是,交通刑法随着交通犯罪的出现而产生,它是规定交通犯罪及其相应的刑事责任的法律规范的总和。交通刑法所要保护的是没有冲突的交通功能,使安全顺畅的交通得以实现。设立交通刑法的目的在于对社会多数参与交通者的集体利益作一般预防的保护,保障人人交通往来的安全,最终实现保护个人利益的目的。同时,由于刑罚的严厉性,对交通刑法条文内容的设立要受到宪法的限制,必须符合目的正当性、手段必要性以及限制衡平性,才合乎法治国家的最基本原则。犯罪化与非犯罪化是交通刑事立法政策的双向思路。在理论上,有被允许危险理论、危险分配理论、信赖原则以及路权原则与优者负担原则对交通刑法进行限制。

从世界各国的刑事立法来看,虽然都规定了有关交通安全的犯罪,但其调控范围和调控模式并不相同。有的国家将交通犯罪作为一类犯罪在刑法典中以专章的形式予以规定,例如日本、芬兰、瑞士;有的国家将各种类型的交通犯罪规定在刑法典危害公共安全类犯罪之中,但各国又有差异,其中,有的国家并没有设置专章规定交通犯罪,例如德国、意大利、中国,而有的国家在危害公共安全类犯罪之下还对该类犯罪进行二级分类,将交通犯罪又作为一小类犯罪设置专章予以规定,例如俄罗斯;还有的国家并不专门规定危及交通安全的交通犯罪,而是用适用于一般的自然犯罪来处罚危及交通安全的交通犯罪行为,例如法国。在对各国交通刑法的立法模式进行比较之后发现,我国刑法对交通犯罪的罪名排列比较混乱,而俄罗斯刑法对交通犯罪的罪名设置得更为明确、细致,在危害公共安全类犯罪中又专门设立危害交通安全类的犯罪,这种立法模式值得我国借鉴。

在各国交通刑法的刑罚体系中,对交通犯罪的刑事制裁手段具有多样性的特征,其中自由刑、罚金刑和资格刑占据了非常重要的位置。在德国、日本、芬兰、俄罗斯,罚金刑、资格刑在刑法中都处于主刑的地位,而在我国,对所有的交通犯罪都没有配置罚金刑,也没有规定资格刑,刑种的配置过于单一化,不利于对交通犯罪的预防和对交通犯罪人的再社会化。要给不同的犯罪人配以更合适的刑罚方式,就必须在立法上给更多选择的空间。因此,应当将罚金刑升格为主刑,在交通刑法中配置罚金刑;要增设剥夺从事特定职业或者活动的权利的资格刑,尤其是禁止驾驶、吊销驾驶执照或禁止颁发驾驶执照;同时,还要增设社区服务刑,以避免短期自由刑的弊端,从而有利于促进交通犯罪人的再社会化,也符合罪犯处遇开放化的趋势。

现代刑事立法的重点仍然是结果犯或实害犯。但是,为了更加周全地保护法益,现代刑事政策也出现了将可罚性范围扩张的趋势,而在结果犯或实害犯之外,不断扩张刑法干预范围,创设独立的危险犯的犯罪构成,对法益做前置性的保护,其目的在于更严密地编织刑事法网而更周延地保护法益。在交通刑法中,危险犯的犯罪构成占有重要地位。抽象危险构成要件符合刑法所要求的一般预防功能,由于任何人都可能是交通犯罪的潜在犯罪人,所以,抽象危险构成要件被认为是对抗交通犯罪的重要手段。抽象危险犯的处罚根据在于行为人行为的危险性。同时,由于向来我国刑事立法政策上只重视事后惩戒而不关注事前防范,已经不足以有效地保护公民生命健康、财产安全和公共安全,因此,应当在危害公共安全罪(包括交通刑法)中设立过失危险犯罪构成,以便更有效地保护公共安全(包括交通安全)。

研究表明,酒精与交通安全有极为密切的关系。酒后驾车等不能安全驾驶是一个世界性的问题,历来被世界各国政府明令禁止。很多国家和地区将酒后驾车等不能安全驾驶的行为直接规定为犯罪。不能安全驾驶行为所造成的损害往往不可预测而且结果相当严重,为了保护交通安全法益,只有加入刑罚的制裁才能遏止这种行为。因此,将不能安全驾驶行为予以犯罪化,是世界的立法趋势,在我国的交通刑法中也应当反映这种趋势。

在交通犯罪中,从中外发生的交通事故犯罪来看,肇事后逃逸占有很大的比重。不同国家和地区对于交通肇事后逃逸行为定性与处理上的不同规定和适用使得该问题不仅受到立法者的极大关注,也备受刑法理论界的重视。对肇事逃逸的行为应当予以犯罪化。

Abstract

As the development of economy and technology, the popularity of motor－transport has brought convenient, fast and comfortable life to the human society, but at the same time, the traffic safety issues have become a social problem we have to face seriously. How to use legal means to regulate the problem of traffic safety has become a subject on which the international community, the governments around the world and the legal persons try to study. As one of the law which an important means of social control, criminal law should also do something in the face of the traffic safety issues.

Most countries have defined the behaviors which seriously jeopardize the traffic safety as crimes, with criminal penalty for regulation, which is necessary to social development. As for criminal law, the protection of the traffic safety is related to the situation of criminal law and criminal policy.

Traffic crime is a complex modern crime. The emergence and tpye of the traffic crime is closely related to the development of the transportation enterprise. As the traffic offences have massive, multiple, daily, universal, high－speed and risk characteristics, they bring enormous harm and danger to the public traffic safety and the safty of people's life, body and property. Therefore, it is necessary to regulate them with criminal law. Thus, traffic criminal law appeared with the emer-

gence of traffic crime. It is to provide for traffic offences and their corre-
sponding criminal responsibility. Traffic criminal law is to protect the
traffic functions with no conflict in order to realize the safe and smooth
transportation. The establishment of traffic criminal law is intended to
provide general prevention protection for the collective interests of the
community who participate in transportation, and achieve the purpose of
protection of personal interests finally. At the same time, as the severi-
ty of the penalty, the contents of traffic criminal law must be restricted
by the Constitution. They must meet the need of the basic principles of
the rule of law, with legal objective, necessary means and equal restric-
tions. Crimination and discrimination are the two－way policy for traffic
crime. The theory on the allowed dangers, the theory on the allocation
risk, the principle of reliance, the principle of right of way and the prin-
ciple of priority burden provide restrictions to traffic criminal law.

From the criminal legislation of other countries, all the countries
have stipulated the crime of the relevant traffic safety, but the scope of
regulation and control model is not the same. Some countries have stip-
ulated traffic offences as a crime in the Criminal Law in a special chap-
ter, such as Japan, Finland and Switzerland. Some countries have stipu-
lated traffic offences in the crime of endangering public safety, but also
have a bit difference, some countries have not set up a sub－chapter to
stipulate traffic offences, such as Germany, Italy and China, but some
countries have set up a sub－chapter to stipulate traffic offences, such
as Russia. Some countries have not stipulated traffic offences, but gen-
erally apply the natural crime to cope with the traffic offences, such as
France. Comparing the legislative model of transportation criminal law,
we find that the arrangement of the charges in China's Criminal Law is

confusing, but Russian Criminal Law has set up more explicited and detailed, set up a special traffic crime under the category of crime of endangering public safety. It is worthy of our reference.

The criminal sanctions for traffic offences have the diversity of features in penalty system of transportation criminal law. Punishment, fine penalty and competence penalty have occupied a very important position. Fine penalty and competence penalty are in a position of principal penalty in Germany, Japan, Finland, Russia, but in China, not only fine penalty but also competence penalty are not stipulated for all traffic offences. The type of penalty is too single—targeted and not conducive to the prevention of traffic crime and to recommunity for traffic criminals. To give different criminals more appropriate criminal penalties, the legislation must be given more choices. Therefore, we should made fine penalty become to the principal penalty and stipulated it for all traffic offences. We should add competence penalty of depriving of the rights, especially the prohibition of driving, suspension of driving licence or prohibition of issuing driving licence. We should add community service sentence which can avoid the shortcomings of short—term punishment and be conducive to reintegration into the community for the criminals.

The focus of modern criminal legislation is still on the actual damage offense, however, in order to more comprehensive protection of legal interests, the modern criminal policy is taking on a trend towards expansion of the scope of the violated behavors, expansion of the scope of the intervention, and creation of an independent constitution of crime to protection of legal interests in the early time, aimed at more closely knitting criminal justice net to protection of legal interests. The consti-

武
汉
科
技
学
院
·
人
文
社
科
文
库

tution of crime of the potential damage offense has an important position in transportation criminal law. The constitutive requirement of the abstract potential damage offense is in conformity with the general prevention function. Every one may be the potential perpetrator of traffic crime, therefore, the constitutive requirement of the abstract potential damage offense is considered as an important means of coping with traffic crime. At the same time, Chinese criminal legislation policy has always been on later punishment rather than early prevention, and it has not effectively protected the life, health and property safety of citizens and public safety. Therefore, we should stipulate "the potential damage offense with negligence" in crimes of endangering public security in order to more effective protection of public safety.

Research shows that alcohol is very closely related to traffic safety. Drunk driving and so unsafe driving is a global problem, the governments around the world have always been strictly prohibited it. Many countries and regions have stipulated it as a crime. We can not predicte the damage and the serious results caused by the unsafely driving behavior. In order to protection the legal interests of traffic safety, we should impose penalty to curb such behaviors. Therefore, unsafe driving act as a crime is a legislative trend in the world, we should also reflect this trend in China's Criminal Law.

Flight after making traffic accident takes a large proportion in traffic crime. Not only legislators, but also the criminal law theory pays attention to it, because different countries and regions have different qualitative and different provisions for dealing with this issue. Thus the act of flight after making traffic accident should be criminalized.

引　言

随着现代社会的日益发展,人们对交通工具的依赖日益密切,它一方面给人们带来了便利,但另一方面也成为人类的"第一杀手"。从 1899 年美国发生第一起汽车交通事故,1900 年在纽约出现了世界上第一例交通死亡案例至今百余年,全球死于交通事故人数超过 3200 万人。据 WHO 报道,全球每年约有 120 万人死于车祸,相当于每年要毁掉一座中型城市。在许多国家,交通事故引起的人员伤亡和经济损失,比火灾、水灾、意外伤害等灾难造成的人员伤亡总和以及经济损失还要大得多。交通事故造成巨大的人员伤亡和经济损失,可以说是"触目惊心",因此称交通事故为"柏油路上的战争","文明世界的第一大公害"。[①] 车祸猛于虎!

在中国,交通事故死亡人数呈快速上升态势,交通事故死亡人数列世界第一。从 20 世纪 80 年代我国交通事故死亡人数首次超过 5 万人至今,我国交通事故死亡人数已经连续 20 多年居世界第一。而且,在滚滚车轮下丧生的人数,短短十几年间已经从每年 5 万多人增长到 10 万多人。2001 年、2002 年、2003 年连续三年,每年死于交通事故的人数超过 10 万。[②] 这个数字相当于一年消失一个小城镇,如果以每位死者直系亲属三人计,一年中有 30 万个家庭遭到家破人亡的灭顶之灾。[③] 车祸已严重威胁着人类生存与健康。预防车祸,减少伤亡已是全民关注的严重社会难题之一。2001 年,全国公安交通管理部门共受理道路交通事故案件

---

① 参见《试论遵守交通法规的重要性》,http://www.alllw.com/lunwen/116/10/10636-1.htm.
② 统计数字来源于《中国法律年鉴》。
③ 参见徐江善:《中国车祸之痛》,载《北京文学》2004 年第 7 期。

75.5万起,事故共造成10.6万人死亡,平均每天因交通事故死亡的人数已达300人,直接经济损失30.9亿元。2002年,全国共发生道路交通事故77.3万起,造成10.9万人死亡、56.2万人受伤,直接经济损失33.2亿元。2003年,全国共受理一般以上道路交通事故66.75万起,这些事故造成10.4万人死亡,直接经济损失33.7亿元。2004年,中国道路交通事故死亡人数达9.4万人,居世界第一,因驾驶员因素导致的交通事故占总数的89.8%,造成的死亡人数、受伤人数分别占到了总数的87.4%和90.6%。2005年,全国共发生道路交通事故45万起,造成9.9万人死亡,造成4.6万人受伤,直接财产损失18.8亿元。2006年全国共发生道路交通事故37.9万起,共造成8.9万人死亡。2007年,全国共发生道路交通事故32.7万起,造成8.2万人死亡、3.8万人受伤,直接财产损失12亿元。①

从上述不完全统计的数据可以看出,交通在给人们带来方便快捷的同时,也给人们带来了巨大的灾难和损害。人的生存和发展是人类的目的,交通只是实现这个目的的一种手段,如果交通运行产生了危及人类生存的公害,就失去了交通的工具性价值。因此,交通安全问题已经成为一个我们不得不严肃面对的社会问题。根据社会学理论我们知道,任何社会问题的产生都是社会越轨行为的结果,交通违法犯罪行为作为消极性越轨行为的一种,需要进行社会控制,而法律是进行社会控制的重要手段。美国法社会学家庞德说过:"在近代世界法律成了社会控制的主要手段。在当前的社会中,我们主要依靠的是政治组织社会的强力。我们力图通过有秩序的和系统的适应能力,来调整关系和安排行为"。② 对人们交通行为的社会控制,就是要用法律取代习俗,使人们的交通行为规范化。通过对人们的交通行为的强制化管理,使大部分社会成员摆脱旧的

---

①http://news.qq.com/a/20080103/006008.htm.
②[美]庞德著,沈宗灵、董世忠译:《通过法律的社会控制》,北京商务印书馆1984年版,第10页。

不良习惯,形成自觉遵守交通法规的良好习惯,从而有效遏制交通事故的不断上升和交通秩序的日益恶化。

对于交通安全问题,运用刑法对交通安全进行保护,原则上固然不成问题,然而要在什么样的程度,以及要用什么样的手段去运作,人言言殊,分歧不断。

作为社会控制重要手段的法律之一,刑法在面对交通安全问题时也应有所作为。世界各国大都将严重危害交通安全的行为确定为犯罪,这是社会防卫和发展所必须的。根据耗散结构理论,系统之间交流的成本一旦达到临界状态,将导致能量交流被阻却,出现嫡增,使得系统走向封闭,最终归于沉寂。社会作为一个动态发展的大系统,在谋求社会进步和经济发展过程中社会交流日益拓展,而这种拓展是以排除交流的阻却因素为前提的,其重要的环节就是交通条件的改进。在耗散结构中,成本是否最佳配置由此也变成了衡量系统是否效益最优的标准。与此相似,在经济发展过程中,交通条件的改善是作为前提存在的,但是鉴于其对经济发展的重要性,交通条件的优化甚至成为衡量一个社会发达、富裕程度的标准。在人类生活条件得以改善的同时,社会经济发展也因为人为的活动带来一些负面效应,即"次生环境问题"。交通事故频发带来的严重交通安全问题就是其中一个重要的方面,尽管交通安全的社会保护机制以及社会观念正在逐步更新,但仍然不能及时有效地防范风险的大量增生。就刑法而言,在多大范围、多大程度上保护交通安全涉及到一国的刑法定位和刑事政策问题。①

从世界各国的刑事立法来看,虽然都规定了有关交通安全的犯罪,但其调控范围和调控模式并不相同,有的国家将交通犯罪作为一类犯罪在刑法典中以专章的形式予以规定,如日本,在其刑法典中以第十一章专章规定了妨害交通罪,再如芬兰,也在其刑法典中设有专章第二十三章规定

---

① 参见苏惠渔:《在现实与理念之间——过失交通犯罪研究》,载高铭暄、赵秉志主编:《过失犯罪的基础理论》,法律出版社 2002 年版,第9—50页。

了交通犯罪;有的国家将各种类型的交通犯罪规定在刑法典中某一章的犯罪之中,并没有设置专章规定交通犯罪,如德国,在其刑法典第二十八章危害公共安全一章中规定了交通犯罪,再如我国,将交通犯罪规定在刑法典第二章危害公共安全罪一章中。将交通犯罪作为一类犯罪进行研究,比较各国关于交通刑法的立法和理论,批判地吸收其中的合理思想,积极借鉴其中优秀的立法模式和立法内容,对于完善我国交通犯罪及交通刑法的相关立法和理论,有着十分重要的意义。

第一章　交通刑法的基础理论

第一节　交通犯罪概述

一、交通犯罪的概念

(一)交通的含义

交通一词由"交"和"通"两个字构成。"交",在现代有"相连接"、"交叉"、"交往"、"互相"等四种含义;在古代有两种含义:(1)接触、贯通之意,如《易泰》上讲,"天地交而万物通也"。(2)往来、结交之意,如楚辞《九歌》上讲,"交不忠兮怨长,期不信兮告余以不闲"。又如《战国策·秦三》上讲,"环如远交而近攻"。"通",现代有"没有堵塞"、"有路达到"、"传达"等三种含义。在古代也有三种含义:(1)"达"之意,即由此达彼过程中无障碍。如《礼·王制》上讲,"以三十年之通制国用"。(2)人往来交好,如《汉书·穀梁传》上讲,"先生通正言"。"交通"二字合称,在古代有两种含义:(1)互相通达。如《管子度地》上讲,"山川涸落,天气下,地气上,万物交通"。晋代陶渊明《桃花源记》上讲,"阡陌交通,鸡犬相闻"。(2)交往、勾结。《史记》卷九十一《黥布列传》上讲,"布已论轮丽山,丽山之徒数十万,布皆与其徒长豪桀交通"。《汉书》卷四十五《江充传》上讲,"(赵丹)交通郡国豪猾,攻剽为奸,吏不能禁"。由此可见,交通一词在古代至少有三种含义,即人类"行"动本能、互相通达之现象、社会交往之工具。①

1908 年开始编纂,1915 年初版的《辞源》一书,给交通下了一个如下的定义:"凡减少或排除因地域隔离而发生困难者,皆为交通"。② 此定义揭示了交通的实质及内在意义,颇为深刻,可以适应包括各种运输及信息交通在内的众多现代交通形式。此后的解释更多是从外延上来对交通加以定义的。《辞海》"交通"条解释曰:"各种运输和邮电通信的总称。即人和物的转运输送,语言、文字、符号、图像等的传递播送"。③《革新版百科大辞典》解释曰:"各种运输和邮电通信之总称。即人与物之转运输送,语言、文字、符号、图像等之传递播送"。④ 具体而言,"交通是指人或物,出门进行空间移动的过程,其移动方式分为:以道路为基础条件的道路交通,以铁路为基础条件的铁路交通,以航线为条件的空中交通,以水道为条件的水上交通,以管道为条件的管道交通,以索道为条件的索道交通。此外还有书信、电讯往来的邮电交通,也叫意思交通"。⑤ 这些解释都从外延上界定了交通的范围,从直观上对交通作了现象性的描述。从社会学角度可将交通定义为:由人类行动本能演化而来的,为满足自身生活和发展需要而进行的,实现人、物、信息空间位置转换的社会活动或社会现象。⑥

总而言之,交通是各种运输和通讯的总称,是对人类自身及劳动产品和各种信息的移动和输送。交通可以实现对地域隔离的一定程度的跨越,并且由于在此过程中节约了时间,从而也实现了对时间的一定程度的跨越。交通对时空的这种跨越,增进了人的自由度,使人类更加自由。交通是人类社会活动的重要基本内容和历史发展的必备条件。"衣、食、住、行乃人生要素,行者何,交通之谓也。行之一事,乃要素中之要素,盖衣、

---

① 参见王宝娣:《制度变迁视野中的交通行为研究》,吉林大学 2005 年硕士论文,第 1—2 页。
② 转引自黎德扬等著:《社会交通与社会发展》,人民交通出版社 2001 年版,第 8 页。
③《辞海》缩印本,上海辞书出版社 1980 年版,第 347 页。
④《革新版百科大辞典》(一),台湾名扬出版社 1986 年革新 1 版,第 227 页。
⑤ 陈文荦主编:《道路交通法规》,警官教育出版社 1997 年版,第 37 页。
⑥ 参见谷中原著:《交通社会学》,民族出版社 2002 年版,第 24 页。

食、住三项皆赖行以完成之"。① 行出乎人之本性,是人的基本功能,为要素中的要素,因此,交通无论对个人,还是对社会与国家的政治、经济、军事、文化等各个方面,都有深刻的意义与影响。

(二)交通犯罪的定义

犯罪的分类,是为了掌握犯罪原因或犯罪现象,依据一定的标准或特征将犯罪行为类型化的一种方式。通过对某种发生了一定数量的犯罪的描述,可以具体掌握犯罪现象来探讨犯罪原因,并进而拟定一般预防或防范活动等对策。不同类型的犯罪(如经济犯罪、性犯罪等)各有其不同的犯罪现象特征,不仅立法政策上必须考量其类型化的特征以妥善拟定相应的对策,而且在司法审判上也必须审视斟酌其类型特征才能适当的适用法律。因此,犯罪的分类是刑事政策上的重要课题。②

交通犯罪是一种复杂的现代型犯罪,它的产生及类型化,与交通事业的发展密切相关。可以说交通事业的发展给交通犯罪提供了契机,反过来交通犯罪又严重阻碍了交通事业的发展。由于快速的交通手段对现代社会生活来说是必不可少的,破坏交通的顺利、迅速、安全的行为是刑事政策上的重要课题,因此,对所有形态的交通犯罪都应研究其对策。

关于交通犯罪的定义,人言言殊,至今为止还没有形成一个统一的说法。

有学者认为,交通犯罪有狭义、广义以及最广义三个层次之分。狭义的交通犯罪,是指以交通工具为手段或者对象的刑法上的犯罪,即业务上过失致死致伤罪、遗弃罪、妨碍交通往来罪等。广义的交通犯罪,是指除狭义的交通犯罪之外,还包括各种违反交通取缔法规的犯罪。最广义的交通犯罪,是泛指违反交通罚则的犯罪。③

---

①著名学者王卓语,转引自陈文荤主编:《道路交通法规》,警官教育出版社 1997 年版,第 43
—45 页。

②参见[日]大谷实著,黎宏译:《刑事政策学》,法律出版社 2000 年版,第 366 页。

③参见[日]大谷实著:《刑事政策讲义》,弘文堂 1999 年版,第 417 页。

有学者认为,所谓交通犯罪,是指随着交通工具运行所发生的、抵触刑罚法规的行为。①

　　有学者认为,交通犯罪具有各种不同的概念,总括来说,是指因为交通工具所惹起的违法行为。②

　　有学者认为,所谓交通犯罪,是指侵害公共交通工具或交通设施的犯罪。③

　　有学者认为,所谓交通犯罪,是指破坏交通工具或交通设备,以及其他侵害交通安全或妨害交通秩序的犯罪。④

　　有学者认为,交通犯罪有广义与狭义之分,广义交通犯罪指一切与交通有关的犯罪,包括铁路、公路、航运、空运等交通犯罪;狭义交通犯罪仅指有关公路汽车交通方面的犯罪。这类犯罪与汽车关系密切,可分为:把汽车作为犯罪工具和手段的交通犯罪、把汽车作为犯罪对象的交通犯罪和由汽车造成交通事故的犯罪,即交通肇事罪。交通肇事犯罪又分为两类:(1)所谓的行政犯,即违反道路交通法规的处罚规定的违法行为;(2)刑事犯,刑法上把从事交通运输的人员违反交通运输规章制度而发生重大事故,致人重伤、死亡或者使公私财产遭受重大损失的犯罪行为称为交通肇事罪。违反道路交通法规的行为是行政违法行为。交通肇事罪是刑事犯罪行为。交通犯罪是现代社会的一种新类型的犯罪。随着汽车工业的发展,以汽车为犯罪工具、手段和对象的犯罪和交通肇事罪也在不断增加,给现代社会生活和经济发展带来很大危害,各国都很重视对交通犯罪的研究和治理,其中尤其重视对交通肇事犯罪的防治,采取改善交通状况、完善交通运输规章制度以及完善驾驶许可证制度等多种对策,来减少

---

　　①参见[日]荒木伸怡:《交通犯罪》,载[日]泽登俊雄等编:《新刑事政策》,日本评论社 1999 年版,第 386 页。

　　②参见[日]冈野光雄:《交通犯罪》,载[日]中山研一等编:《现代刑法讲座第五卷　现代社会与犯罪》,成文堂 1982 年版,第 105 页。

　　③参见[日]大塚仁著,冯军译:《刑法概说(总论)》(第三版),中国人民大学出版社 2003 年版,第 378 页。

　　④参见季安照、邓瑶萍:《我国的交通犯罪》,载《交通与社会》2002 年第 1 期。

这种严重危害生命、财产的犯罪。[①]

有学者认为,所谓交通行为,是指所有利用交通设施而为往来的所有参与者的行为。其概念并不仅限于陆地上的往来,举凡海上、空中的往来行为皆包括在内。而交通违法行为的概念,可以分为狭义、广义以及最广义三个层次,狭义的交通违法行为,是指行为人所为的交通行为,抵触刑法上所设的各种规定。广义的交通违法行为,则是在狭义的交通违法行为外,还包括违反各种交通法规,而遭受行政罚或行政处分的行为。而最广义的交通违法行为,则是在广义的交通违法行为之外,还包括其他违反涉及到交通相关事项的法规而遭受到处分的行为,例如未经许可而从事运输营业行为。而所谓的交通犯罪行为,就是指狭义的交通违法行为,也就是交通参与者所为的行为,已经与刑法规范相抵触,且有刑事制裁法律效果的犯罪行为。例如,我国台湾地区"刑法"中有关交通犯罪行为的规定有:酒醉驾车罪、倾覆或破坏现有人所在的交通工具罪、使舟车航空器发生往来危险罪、妨害公众往来安全罪、劫持交通工具罪、危害飞航安全或设施罪、肇事逃逸罪等。[②]

还有学者认为,所谓交通犯罪,是指破坏交通工具或者交通设备,以及其他侵害交通安全的犯罪。由于交通工具与设备在现代社会中发挥着重大的作用,妨害交通时会给不特定或多数人的生命、身体或者财产带来危险,因此属于公共危险罪,其保护的法益就是公共的交通安全。[③]

我们认为,交通犯罪不是一个个罪而是一类犯罪的统称,而且交通犯罪是一个综合性的犯罪类别,就我国而言,不仅包括以破坏交通工具、交通设施方面的犯罪,如破坏交通工具罪和破坏交通设施罪等,还包括劫持交通工具的犯罪,如劫持航空器罪、劫持船只、汽车罪,不仅包括危及交通安全的犯罪,如暴力危及飞行安全罪,还包括交通事故类的犯罪,如交通

①参见康树华、王岱、冯树梁:《犯罪学大辞书》,甘肃人民出版社1995年版,第495页。

②参见张丽卿著:《交通刑法》,台湾学林文化事业有限公司2002年版,第13页。

③参见张明楷编著:《外国刑法纲要》(第二版),清华大学出版社2007年版,第650页。

肇事罪、重大飞行事故罪等,此外,还涉及刑法还没有明确规定而应当予以明确规定的交通犯罪行为。因而,在界定交通犯罪的内涵时,不能仅仅依据一个罪的特征概括而论交通犯罪的本质和特征,而应综合此类犯罪的共性特征进而加以全面的表述,才能揭示交通犯罪的内在实质,并与交通犯罪现实存在的客观规律相吻合,也才能适应交通犯罪内涵的要求。

因此,所谓交通犯罪,是指行为人违反交通管理法律法规,危害公共交通安全而应受刑罚处罚的行为。

(三)交通犯罪的意义

对交通参与者造成或可能造成重大交通事故的不安全行为,有人认为只需要由行政法规对行为人施以行政处罚或行政处分就已经足够了,而不需要以具有"最后手段性"特质的刑法介入,其原因主要有:第一,交通违规者大多欠缺故意,通常是由于漫不经心而触犯法律法规。第二,交通事故的肇事人,并非都是具有反社会性格的人,甚至大多都是在社会上占有重要地位的人。第三,由于对交通违规行为的取缔不易,黑数繁多,被取缔者往往存在自己运气不佳的心态,毫无犯罪感可言,对其进行刑事制裁无法达到预防的目的。第四,交通法律法规常常随着时代的变化而改变,无法深植人心,难以成为大众生活规范的一部分。第五,社会大众通常对交通违规事件,并不认为与刑事案件一样属于有损个人名誉的事情,因而欠缺遵守的意愿。但就目前的社会现实状况而言,极高比例的交通事故,是由交通参与者"故意"的交通违规行为所导致,甚至长期以来积非成是,交通违法行为反而成为多数交通参与者的"习惯"。而且交通参与者在衡量被取缔而遭受处罚的机率与遭受处罚所要付出的代价后,往往甚至决定以交通违法行为来实现自己生活的便利性。而这样的交通违规行为,一旦酿成事故,往往会造成不可弥补的后果,付出难以估量的社会成本。因此,随着时代的改变,对于某些具有可能造成重大损害危险性的交通违法行为,的确有加以刑事制裁的必要性存在①。在决定将某一交通违法行为规定为犯罪而予以刑事处罚时,必须遵守刑法的"最后手段"的后补原则,即刑罚只能是社会控制的最后手段,只有在其他民事、行政、经济等手段不能规制或不能充分有效地规制该行为时,不得已才能动用刑法进行规制。在交通事故频发的今天,交通犯罪日益严重,采用刑事制裁手段预防和惩治交通犯罪是交通安全保护的必不可少的手段之一。以刑罚制裁交通犯罪行为,其目的在于强化、支持民法及交通管理法律法规的规定,而并非必然以制裁犯罪的实害结果为主要目的。

因此,对交通犯罪作为与现代日常生活密切相关的一类犯罪来进行研究,考察刑法已经在或应当在多大范围内和多大程度上对交通犯罪进行规制,具有十分重要的意义。

二、交通犯罪的性质、特点与类型

(一)交通犯罪的性质

1. 交通犯罪是现代型犯罪

就犯罪而言,可以分为传统型犯罪与现代型犯罪。现代型犯罪是与经济生活、社会生活的变化密切相关的犯罪。这是因为政治、经济、社会生活的变化,必然导致刑法内容的变化。现代型犯罪是一个无法予以明确法律上定义的概念,只能通过对其特征的描述加以掌握。现代型犯罪是与现代的社会经济构造密不可分的反社会现象,并且以刑事制裁加以规制的犯罪行为。

现代型犯罪具有以下几个重要特征:第一,就行为人的性格而言,现代型犯罪的行为人并不是因为其具有危险性格而实施犯罪行为,原则上并不是近代学派所认为的具有社会危险性或社会脱逸性的行为人。现代型犯罪的行为人,大多是社会中的普通一员。第二,就"非犯罪化"的检视

---

① 参见张丽卿著:《交通刑法》,台湾学林文化事业有限公司 2002 年版,第 14—15 页。

而言,虽然基于人权保障的考量,"非犯罪化"是现今世界的发展潮流,但是,对于各种企业灾害、经济犯罪、电脑犯罪、环境犯罪、交通犯罪等现代型犯罪而言,为了保障人民生活的安全,应当检讨将一定的行为予以犯罪化的可能性和必要性。第三,是否为可罚行为的判断趋于模糊。对于现代型犯罪的判断,违法与合法的界限很难明显确定,某种行为是否为可罚的行为因此不容易判断。日本学者藤木英雄认为:"刑事政策要兼顾考虑'非犯罪化'和'现代类型犯罪'之间的关系,但是从刑法的角度看,刑事政策的重点问题是研究'现代类型犯罪'问题,即在'现代类型犯罪'问题上应当强调'犯罪化'"。①

由于社会经济生活复杂而多样化,各种不同利益的对立,以及价值观的多样化的变动,不容易以单一意义加以掌握的现代型犯罪,很难从形式上或外在的情形加以区别某种行为是日常性活动还是犯罪行为。对于具有这些特点的现代型犯罪,与其说是对犯罪者施以改善或教育,不如说是对违法行为科处对应惩罚的刑罚,并且有必要将何种行为规定为犯罪,施以何种的处罚,更明白地指示行动的方针与规则,才能使人们的自由生活活动的界限趋于明确,并同时保障人民自由的安全。

2.交通犯罪是行政犯罪

犯罪可以大体分为自然犯罪(刑事犯罪)和法定犯罪(行政犯罪)两大类。所谓自然犯,是指违反人类普遍信念、共同的价值准则、危害人类基本生存条件的反社会行为,亦即意大利犯罪学家加罗法洛所称的违反怜悯感和正直感等利他情感的犯罪。② 自然犯具有自体恶的性质,其中相当一部分行为,如杀人、抢劫、强奸、爆炸、投毒、纵火等,其本身性质即表明行为具有严重社会危害性和伦理可责难性,应当受到刑罚惩罚。因此,各国刑法都毫无例外地直接将这些行为规定为犯罪,不对危害程度、犯罪情节等提出任

---

①李海东主编:《日本刑事法学者》(下),法律出版社、成文堂1999年版,第211页。
②参见[意]加罗法洛著,耿伟等译,储槐植校:《犯罪学》,中国大百科全书出版社1996年版,第4页。

何定量要求。所谓行政犯罪,是指违反行政法规,严重危害正常的行政管理活动,依照刑事法律应当承担刑事责任的行为。[①] 行政犯罪的规定是国家为了维持行政管理秩序,达到行政管理目的的需要而设立的,较少带有传统刑事犯罪中的强烈的伦理道德否定评价的色彩,这仅仅是国家为了维护现行统治的现实需要,带有明显的功利目的。不法行为无论是其质还是其量,都是由一定的政治社会内容所决定的。归根结底,是以行为的社会危害性和行为人的人身危险性为转移的。因此,判断一个行为是否是犯罪行为,是接受刑事处罚还是行政处罚的标准,应该是行为的社会危害性和行为人的人身危险性的统一。一个行政不法行为是否转变为刑事不法行为而构成行政犯罪,要看行为的社会危害性大小和行为人的人身危险性大小。一个行政不法行为如果具有严重的社会危害性并且反映出行为人的严重的人身危险性,就应当赋予刑事处罚,从而转化为刑事不法行为,这种具有刑罚后果的行政不法行为就是行政犯罪。可见,行政犯罪发生于行政法律的权利义务规范,因其严重的社会危害性,被刑事规范规定为犯罪,从而具有刑罚的法律后果。[②] 行政犯罪具有双重违法性,是行政违法性与刑事违法性的有机统一,也是行为的社会危害性和行为人的人身危险性的有机统一。对于普通的违反经济、行政管理法规的违法行为,一般直接通过民事制裁、行政处罚手段进行第一次调控。只有那些民事制裁、行政处罚手段调控无效的严重的违法行为,才需要动用刑法进行第二次干预。

所谓道路交通犯,是指违反道路交通管理法规,不遵守交通规则,破坏交通秩序,造成交通事故的行为。道路交通犯属于典型的行政犯。车辆必须在道路哪侧行使本来并不属于社会伦理规范的要求,而有些国家规定车辆在道路右侧行使,而另一些国家则规定车辆在道路左侧行使,这只是出于各国自己过去的交通习惯与交通安全保证上的考虑,因此,当车辆违反被法律规定为交通上的义务行使而被给予刑罚处罚时,就属于行

---

①参见张明楷主编:《行政刑法概论》,中国政法大学出版社 1991 年版,第 97 页。

②参见黄河著:《行政刑法比较研究》,中国方正出版社 2001 年版,第 33 页。

政犯的情形。如英国《1972 年道路交通法》第 6 条规定："饮酒达到规定限度后,在道路上或其他公共场所驾驶或者欲为驾驶摩托车,就是犯罪"。而德国 1909 年的《自动车辆交通法》①更堪称为 20 世纪初期德国法上典型的行政犯。德国当时各种行政法规为维护行政秩序而制定的罚则,大都与此相类,以罚金及拘留、轻惩役为制裁手段,其借重罚锾或秩序罚以示科罚的做法,也属于 19 世纪末叶以来欧陆国家通行的行政刑法及行政犯的范例。该法至 1952 年经过修订更名为《道路交通法》后,其内所设处罚规定也大致未变。直至 20 世纪 60 年代"秩序违反"观念的兴起,该法才于 1977 年修正,变更内容,将一部分科刑的违反行为改为科罚锾的秩序违反行为。而另一部分违反行为仍维持科自由刑及罚金的面目,而为刑法(附属刑法)的一部分。根据德国道路交通法的规定,道路交通犯主要有非法驾驶车辆犯②、非法使用车辆牌照犯③、出售无合格证明之车辆

---

①当时正值工商业蓬勃发展,都市交通频繁,车辆管理若稍加疏忽,就难免发生意外事故,因而制订了管理交通的《自动车辆交通法》,一方面由法律授权行政官署制定行车规则,加强督导,一方面对于违反法令妨害交通秩序者,在车辆交通法中明定处罚,违反行为较轻者,科处低度罚金,稍重者可科至拘留或轻惩役,其所用制裁手段,皆属刑罚。

②该法第 21 条规定:"Ⅰ.有下列情形之一者,处一年以下自由刑或罚金:1.未取得驾驶车辆许可或经依照刑法第 44 条或本法第 25 条规定禁止驾驶,而驾驶车辆者。2.车辆持有人,使用或允许未取得驾驶车辆许可或经依照刑法第 44 条或本法第 25 条规定而禁止驾驶之人驾驶车辆者。Ⅱ.有下列情形之一者,处六月以下自由刑,或一百八十单位日额罚金:1.因过失而有前款行为者。2.驾驶执照业经依刑事诉讼法第 94 条予以扣押、保管、留置,而基于故意或过失仍驾驶车辆者。3.自动车辆持有人基于故意或过失而使用或允许经依刑事诉讼法第 94 条而扣押、保管、留置驾驶执照之人驾驶车辆者。"

③该法第 22 条规定:"对未经发给牌照之自动车辆或拖车,基于不法意图而装备标志,其外形足使人误认是主管机关所发牌照者。处六月以下自由刑或一百八十单位日额罚金。如合乎其他法律规定,应处较高之刑时,依其规定。"

零件犯[①]以及饮酒驾车犯[②]等几种。[③]

交通犯罪是以违反交通管理法律法规为前提,同时其严重的社会危害性又需要动用刑法进行第二次干预与规制,因此又具有刑事违法性的犯罪,属于行政犯罪的范畴。

(二)交通犯罪的特点

1.大量性、多发性

随着经济的发展,人们拥有机动交通工具数量的增加,以及机动交通工具利用的普遍化现象,以机动交通工具为手段或违反以机动交通工具为规范对象的交通犯罪大量发生,因而具有大量性的特征。同时,交通工具的广泛使用是一把双刃剑,它不但给人们的生活带来了方便快捷,也给人们的生命、健康、财产带来了无穷的灾难。所以,世界各国对交通犯罪都加大了打击的力度,不仅在本国刑法中规定了各种交通犯罪,而且对一些危害特别严重的交通犯罪,例如劫持航空器罪,还专门制定了国际公约,在世界范围内予以打击。因此,如何将这种大量的、多发的交通犯罪予以有效处理并类型化,在刑事政策上有独立探讨的价值。

2.日常性、普遍性

由于机动交通工具利用的普及,不仅使普通民众时常蒙受成为交通犯罪被害人的危险,而且使普通民众成为交通犯罪加害人的可能性也大大提高,交通犯罪因而具有日常性的特征。交通犯罪属于"日常犯罪"。交通犯罪中的肇事者,往往只要稍微漫不经心就会触犯交通法律法规,因而行为人大多不是传统犯罪中具有反社会性格的人。交通犯罪具有现代

---

①该法第 23 条规定:"I.关于应依联邦机车管理当局核可之图样而制造之车辆零件,其以出售零件为业之人,对于无查验合格证明之零件,基于故意或过失而发售之者,构成秩序违反行为;Ⅱ.前款秩序违反行为得科处一万马克以下罚锾;Ⅲ.与秩序违反行为相关之车辆零件得没入之。"

②该法第 24 条 a 规定:"I.血液中含有酒精量、或身体内所含酒精总量达 0.8 勃罗米来(即0.08%),而于道路交通中驾驶自动车辆者,构成秩序违反行为。Ⅱ.因过失而发生前款情形者,也成秩序违反行为。Ⅲ.前 2 款秩序违反行为得科处三千马克以下罚锾。"

③参见黄明儒著:《行政犯比较研究》,法律出版社 2004 年版,第 129—131 页。

型犯罪的特征,一方面有必要对具有高度危险性的行为予以明确的犯罪化与刑罚化来加以规制,另一方面也必须考量其日常性和普遍性以决定对于交通犯罪行为者合理的处罚。

3.高速性、危险性

机动车辆是现代科技社会下高速行驶的交通工具,其高速行进的特点不仅为人民的生活带来了便利与舒适,也对人民的生命、身体和财产安全带来了一定的威胁。由于高速交通工具已经成为了现代社会的日常生活中无法缺少的一部分,因此不得不容忍因交通行为所带来的一定的风险。同时,在各方利益的衡量下,还要划定交通犯罪成立的合理界限。同时,交通犯罪的危险性特别大,往往对不特定多数人的生命、健康、重大公私财产以及社会公共安全造成严重的破坏或威胁。因此,交通犯罪可能造成的实际危害结果的严重性和广泛性,一般人包括犯罪分子往往难以预料和控制。例如火车倾覆、飞机坠落等,通常会造成重大的财产损失和严重的人生伤亡。一些交通犯罪还与恐怖活动交织在一起,其危害性更是无法预料,例如美国的"9·11"事件。

(三)交通犯罪的类型

德国社会学家韦伯认为,社会科学的研究只能说是参照了一种理想类型使具体认识对象的关系特征实际地变成清晰的和可理解的。在韦伯看来,一种理想类型是通过单方面地突出一个或更多的观点,通过综合许多弥漫的、无联系的,或多或少存在的、偶尔又不存在的个别的现象而成的,这些现象根据那些被单方面地强调的观点而被整理成一个统一的分析结构中。① 为了使交通犯罪在刑法理论上能够清晰与可理解,我们就必须对其建立起一种理想类型以作为参照系,而这种理想类型的建立则依赖于将交通犯罪从分类的角度进行类型化。分类,是对事物进行具体化、个别化研究而揭示其概念外延的一

---

① 参见[德]马克斯·韦伯著,朱红文等译:《社会科学方法论》,中国人民大学出版社 1992 年版,第 83 页、第 85 页。

种逻辑方法。犯罪分类,就是指从不同的角度根据不同的标准将犯罪划分为若干种类。① 按照一定的标准对犯罪进行科学的分类,使具有共同特殊本质的犯罪归为一类,并按一定标准加以合理的排列,便于人们对各类犯罪的特殊本质及其特征的认识,也有助于体现立法者惩治犯罪的某种价值取向。犯罪属性的复杂性,决定了犯罪分类的多样性。一般来说,我们很难根据任何一个分类标准对交通犯罪进行分类时能够将交通犯罪所有的要素及要素之间的关系囊括,但我们至少可以通过不同的标准对交通犯罪进行分类,从而从不同的角度揭示交通犯罪的特殊性。

1.故意交通犯罪与过失交通犯罪

以犯罪的主观罪过形式为标准,可以将交通犯罪分为故意交通犯罪与过失交通犯罪。一般情况下,处罚过失交通犯罪,就应当处罚故意交通犯罪。对于故意交通犯罪的法定刑设置应当重于过失交通犯罪的法定刑。

在过失交通犯罪的立法方面,以德国最为典型。德国刑法典以第315条(侵害铁路、水路和航空交通)、第315条a(危害铁路、水路和航空交通安全)、第315条b(侵害公路交通)、第315条c(危害公路交通安全)、第315条d(道路交通中的有轨交通工具)和第316条(酒醉驾驶)分别规定了过失侵害铁路、水路和航空交通罪,过失危害铁路、水路和航空交通安全罪,过失侵害公路交通罪,过失危害公路交通安全罪,过失危害陆路交通中的铁路安全罪以及过失酒后驾驶罪等几种情形的犯罪,构筑了完整的过失交通犯罪的立法框架。

2.陆路交通犯罪、水路交通犯罪与航空交通犯罪

以交通形态为标准,可以将交通犯罪分为陆路交通犯罪、水路交通犯罪以及航空交通犯罪。其中,陆路交通犯罪又可以进一步分为公路交通犯罪与铁路交通犯罪。关于陆路交通犯罪,例如德国刑法中的侵害铁路交通罪、危害铁路交通安全罪、侵害公路交通罪、危害公路交通安全罪、过

①参见马克昌等主编:《刑法学全书》,上海科技文献出版社1993年版,第610页。

失侵害铁路交通罪、过失危害铁路交通安全罪、过失侵害交通安全罪、过失危害公路交通安全罪等,我国刑法中的破坏交通工具罪、破坏交通设施罪、过失损坏交通工具罪、过失损坏交通设施罪、劫持汽车罪、交通肇事罪等。关于水路交通犯罪,例如德国刑法中的侵害水路交通罪、危害水路交通安全罪、过失侵害水路交通罪、过失危害水路交通安全罪等。关于航空交通犯罪,例如德国刑法中的侵害航空交通罪、危害航空交通安全罪、过失侵害航空交通罪、过失危害航空交通安全罪等,我国刑法中的劫持航空器罪、暴力危及飞行安全罪、重大飞行事故罪。

3.行为型交通犯罪、事故型交通犯罪与危险型交通犯罪

以是否以行为或结果作为犯罪成立要件为标准,可以分为行为型交通犯罪、事故型交通犯罪与危险型交通犯罪。行为型交通犯罪,例如我国刑法中的劫持航空器罪、劫持船只、汽车罪是行为犯,行为人只要实施了危害行为,就构成犯罪,危害结果的发生只是结果加重犯的特殊犯罪构成。事故型交通犯罪必须造成严重后果时才构成犯罪,例如我国刑法中的过失破坏交通工具罪、过失损坏交通设施罪、重大飞行事故罪、铁路运营安全事故罪、交通肇事罪。危险型交通犯罪要求犯罪人的行为只要对公共交通安全造成危险就成立犯罪,例如我国刑法中的破坏交通工具罪、破坏交通设施罪、暴力危及飞行安全罪。

第二节　交通刑法概述

一、交通刑法的概念

从形式上说,交通刑法是随着交通犯罪概念的出现而产生的。这是因为犯罪与刑罚是对立统一的关系,出现了一定的犯罪,就应当有一定的

刑法进行规制,如出现了军事犯罪,就需要有军事刑法,同样,出现了交通犯罪,自然也要有交通刑法。也就是说,交通刑法的概念是随着社会科技的变化才应运而生的,前人在制订刑法时必然无法想象今天的交通现状足以对个人和社会的安危构成极大的威胁,因此针对具有特别重大危险性的交通行为,才逐渐通过入罪化的方式予以规范。

有台湾学者认为,违反交通规则之刑事处罚,就是刑法解释学上所称的交通刑法。① 我们认为,交通刑法是规定交通犯罪及其相应的刑事责任的法律规范的总和。

二、交通刑法的目的

法律的制定必然要遵循一定的目的,"目的是全部法律的创造者。每条法律规则的产生都源于一种目的,即一种实际的动机"②。因此可以认为,刑罚目的也是规定刑罚的刑事法律的主要创造者。国家作为刑罚权主体从刑罚目的出发启动规定刑罚的刑事立法,并以刑罚的目的为基本参照制定刑罚的具体规定,确认刑罚的基本原则、功能、种类和体系,直到开列出详细的与犯罪对应的法定刑的"价目表",为启动刑罚确立前提基础。甚至对犯罪的规定也都是为了确定与之相适应的刑罚,实现刑罚目的。刑罚目的不仅对刑罚具有重要的意义,对整个刑事立法来说都是首要的决定因素。正如齐林所言:"在规定刑事方案时所考虑的第一问题,就是刑罚的目的是什么?"③越来越多的国家不仅依据刑罚目的原则进行刑事立法,甚至将刑罚的基本目的就明确规定在刑事法律当中,以表明刑

---

①参见张丽卿:《违反交通规则之刑事处罚研究》,载中国人民大学刑事法律科学研究中心主编:《现代刑事法治问题探索》(第二卷),法律出版社 2004 年版,第 615 页。

②[美]E·博登海默著,邓正来译:《法理学:法律哲学与法律方法》,中国政法大学出版社 1999 年版,第 109 页。

③[英]齐林著,查良鉴译:《犯罪学和刑罚学》,中国政法大学出版社 2003 年版,第 889-890 页。

罚目的对刑事立法的重要性。法律,包括刑法,都只是我们达致美好生活的一种手段,而不是目的,假如人依其本性而能够孤立地生活,刑法并无存在的必要。立法者的最终目的并不是制定出一部优良的刑法本身,而是通过刑法打击犯罪从而保护人们的利益,因此所有刑法问题的最终解决并不在于理论本身,也不在于法律的形式,而在于我们的生活利益。刑法并非天生喜欢惩罚犯罪,惩罚犯罪也并非刑法的目的,刑法惩罚犯罪的目的是保护社会中人们各方面的利益以实现秩序和自由价值。福柯曾经明确地指出社会制定刑法来惩罚犯罪目的就是为了保护国民的利益,他写道:"犯罪使个人处于整个社会对立面。为了惩罚他,社会有权作为一个整体来反对他。这是一种不平等的斗争,因为一切力量,一切权力和一切权利都属于一方。之所以如此,是因为这里涉及到保护每个人的问题。之所以建立这种可怕的惩罚权力,是因为犯罪者成为公敌。"①

(一)刑罚的目的

刑罚目的,是指国家运用刑罚所希望达到的目的。国家运用刑罚是为了履行和完成宪法赋予国家的保护社会和个人的任务,因此,在刑罚目的意义上所说的目的,指的是刑罚对社会和个人的影响效果。刑罚目的理论是现代刑法理论的重要组成部分,中国刑法理论中有观点更认为:"刑罚目的在刑罚论中起着核心的作用。"②我们认为,这种说法并不言过其实。刑罚作为一种通过强制剥夺或者限制受刑罚者特定权益而使人感到痛苦的方法,只有通过包括制定、判处和执行等各种方式加以运用,才能对社会和个人发生影响。无论是刑罚的本质还是刑罚的功能,都只有在实际运用中,才能表现出自己的存在和价值。不谈运用的刑罚,就仅仅具有观念上或者纯理论的作用,而对实际生活不会有任何实际意义。刑罚的运用是一种国家的行为,刑罚目的的理论功能是为了证明这种由国

①〔法〕米歇尔·福柯著,刘北成、杨远婴译:《规训与惩罚》,三联书店 2003 年版,第 99—100 页。

②齐文远主编:《刑法学》,法律出版社 1999 年版,第 267 页。

家针对犯罪运用的刑罚本身的合理性问题。

1.刑罚目的的报应论

刑罚目的报应论,或者称绝对主义、报应主义的刑罚目的。刑罚目的的报应论主要是指将刑罚的目的视为对犯罪行为的完全的回报,坚持完整意义上的报应性是其与其他刑罚目的论的本质区别。这种观点认为,刑罚是犯罪的必然结果,犯罪是刑罚的前提原因,犯罪与刑罚之间存在着基本的因果/报应关系。"刑罚只是由于犯罪才被科处,此外不应追求任何其他目的,因而称之为绝对主义,又称报应主义或报复主义。"①

2.刑罚目的的预防论

预防论又称相对主义、预防主义或功利主义的刑罚目的论。这种刑罚目的观建立在对报应主义批判的基础之上。刑罚报应论因为强调刑罚对已然之罪的报应,符合人的本能心理需求,被作为刑罚的基础看待。然而报应究竟是人们利用刑罚所追求的主观愿望,即刑罚的目的,还是仅仅是一种刑罚的本能反应,预防论者大多旗帜鲜明的反对前者,赞同后者。其中最为典型的是李斯特及其所提出的"目的刑"理论。李斯特将耶林的目的法学和法益主张发扬光大,认为刑罚的目的不在报应本身,因为报应是刑罚本身存在的本能力量,作为一种理论上形而上的解释,它无法为刑罚提供具体的客观标准和外在依据。因此刑罚必须如耶林所说,需要外在目的作为其创造者,这种外在目的就是防卫社会,以保护具体的秩序和法益。② 所以李斯特所说的"目的刑"其实是指除了作为刑罚内在目的的报应元素以外的其他目的,或者说刑罚的外部目的。坚持这种"目的刑"的就是预防主义的刑罚目的观。其基本观点认为,刑罚目的并非对过去已然之罪的报应,而是为了预防将来可能发生的未然之罪,从而保护社会秩序及法益。刑罚目的不在惩罚和报应犯罪自身,而在于外部社会和法

①马克昌著:《刑罚通论》,武汉大学出版社1999年版,第53页。
②参见[德]李斯特:《刑法的目的观念》,载邱兴隆主编:《比较刑法(第二卷)》,中国检察出版社2004年版,第355—360页。

律利益的维护,因此吓止犯罪、从而维护社会法益的实际需要就成为具体衡量刑罚力度的标准。在坚持预防犯罪、保护法益这个大方向下,预防目的论又分为一般预防论和特别预防论。

(1)一般预防论

一般预防论,是指刑罚的实施主要是为了震慑社会中的一般人,使之不去犯罪,力图消除的是社会上潜在的犯罪可能性。用刑罚的方式使得潜在的犯罪人了解犯罪后可能加诸于自身的痛苦,因为害怕这种犯罪后的痛苦而不敢犯罪。近代具有代表性的一般预防学说主要是由费尔巴哈提出的心理强制说和边沁的功利主义刑罚理论。二人作为近代的预防主义倡导者,将预防目的的重心都放在一般预防上。费尔巴哈和边沁的观点大体一致,都是从人的避苦求乐的本能或者自然规律出发,认为如果对犯罪人来说,犯罪对应的刑罚所带来的痛苦大于犯罪本身所带来的快乐,行为主体就会基于避苦求乐的本能或者理性计算,回避实施犯罪行为。这种认为行为主体因为害怕刑罚痛苦而不去犯罪和破坏法律的自我心理抑制的观点,就是费尔巴哈所认为的心理强制,也符合边沁功利主义的观念。从这种对将来可能之罪的普遍刑罚预防观中可以看出,刑罚威慑效果主要是针对没有犯罪的一般人而言的;对于已经犯了罪的人来说,其在罪与罚的功利判断上并没有趋利避害,这就意味着刑罚的一般威吓已经失灵,功利主义的心理强制没有起到应有的作用。所以从某种意义上说,心理强制说和功利主义的观点更适合用来说明预防将来的犯罪,而不适合解释已经发生的犯罪状态。

一般预防论的理论阵营之中,近年来还出现了新型的一般预防理论,即由挪威的安德聂斯、美国的帕克和哈格等人所主张的复合预防论。新兴的复合预防理论认为,刑罚的预防目的,除了要在功利机制的基础上施加痛苦直接预防一般人潜在犯罪之外,还包括强化道德准则和形成守法习惯。刑罚对一般社会公众的功利威慑是直接的和明确的,但此外,刑罚还在客观上间接的强化着社会的道德准则(强化道德),并且使得外在威慑逐渐内化为人们内心的自觉行动准则(形成习惯),这些都对将来可能的犯罪起到了阻止和预防的作用。直接威慑机制和间接强化机制相结合,共同使得一般预防的刑罚目的得到更好的实现。所以安德聂斯强调:"刑罚的一般预防作用有三:恫吓(威慑);加强道德禁忌(道德作用);鼓励习惯性的守法行为。"①

一般预防,就是预防社会上没有犯罪的人实施犯罪行为。具体来说,一般预防是指通过在刑法中规定犯罪应当受到的惩罚以及对犯罪分子适用刑罚,威慑、警戒、教育社会上所有人,使他们不敢、不愿去实施犯罪行为。一方面,立法者在刑事法律当中规定各种各样的犯罪及其相应的刑罚惩罚,可以静态地告知人们实施犯罪行为所可能产生的痛苦后果,使人们在可能实施犯罪行为之前,就进行利害权衡,决定不去实施犯罪行为。另一方面,通过对实施了犯罪行为的人适用刑罚惩罚,给犯罪人以痛苦,社会上一般人可以直接或者间接地感知到,当其中有人意图犯罪或者漠视刑法所保护的合法利益的时候,也将会受到惩罚,人们就会基于趋利避害的心理和利害关系的权衡而产生畏惧感,进而为避免受到刑罚惩罚而放弃实施犯罪行为。因而公民的法律意识得以稳定和强化,刑法规范得到尊重,认同和普遍遵守。② 我们认为,刑罚的终极目的是为了增进人的自由。西塞罗说:"为了自由,我们才服从法律"。自由和法律之间并没有根本性的对立,相反,法律对于自由是必不可少的。——法律对个人施加限制,同时又在扩大一个群体的自由。③

(2)特别预防论

特别预防论又称个别预防论,包含了特别威慑、隔离和教育矫正等理

①[挪威]约翰尼斯·安德聂斯著,钟大能译:《刑罚与预防犯罪》,法律出版社1983年版,第5页。

②参见曲新久著:《刑法的精神与范畴》,中国政法大学出版社2000年版,第303页。

③洛克说:"法律的目的就在于增进自由。"边沁则指出,"除非存在着对自由的侵犯,否则便不可能制定法律"。同一部法律可能在扩大一个群体的自由的同时,限制另一个群体的自由。参见江国华著:《宪法的形而上之学》,武汉出版社2004年版,第174页。

念。其基本观点就是,刑罚的目的还应该包括预防已经实施犯罪的犯罪人将来不再实施犯罪行为。其中,个别威慑论认为,刑罚的目的在于排除犯罪人的未来再犯可能,强调的是外在消极的威慑犯罪人。个别威慑的理论基础是一种心理学的自我体验观:"一个人的自身经验所造成的心理影响要比他人经验(即从理性上吸取教训)所造成的印象深刻得多。所以,刑罚个别威慑作用比普通威慑作用更为明显。"①基于这种心理上的自我体验,犯罪人往往对刑罚有更深刻的心理印象,对刑罚之恶大于犯罪之利有直接的体悟,这种更加深刻的体悟使得犯罪人未来不敢犯罪。隔离论(又称丧失能力论或者剥夺再犯能力论)认为,刑罚的根本目的是将犯罪人或者潜在的犯罪人强制与社会相隔离,剥夺犯罪人或者潜在犯罪人危害社会的能力,使其不致再危害社会,从而保护社会。教育改造论(又称教育论、教育矫正论或者矫正治疗论)认为,刑罚的目的在于教育改造犯罪人,通过刑罚的教育改造,使得犯罪人改恶从善,人身危险性消失,从而不致再犯罪危害社会。

3.刑罚目的一体论

刑罚目的一体论,又称为折衷主义、综合主义刑罚目的观。由于绝对的报应主义或者预防主义刑罚观,实际上都存在一定的缺陷,为了解决绝对性理论的局限性,就发展出融报应和预防两大元素于一身的刑罚目的一体论。但是刑罚目的一体论并非仅指一种折衷融合论,不同学者采用不同的方法,从不同的角度就报应与预防的关系构建了不同的一体化模式,形成了多元的刑罚目的一体论。总体来看,折衷主义有两种流行模式:第一种是内在外在目的的并合模式。这种模式继承了李斯特的报应刑与目的刑的划分,但是又将报应和预防都作为刑罚目的而且综合起来看待,认为报应元素是刑罚的正当化根据,属于刑法的基本性质,是内在于刑罚、从刑罚的属性上引申出的目的,而预防元素则提供了刑罚的外部

---

①储槐植著:《美国刑法》(第三版),北京大学出版社 2005 年版,第 239 页。

正当化理由,是人们对刑罚的未来寄托,是一种外部目的。报应目的是基础,预防目的是发展。"刑罚只有以报应原理为基础,才合乎正义,才会对犯人的理性产生作用,才会使犯人自主地形成规范意识,也才会促使一般国民形成规范意识,产生一般预防和特别预防的效果。"①第二种是从刑罚运作实践出发,以刑罚不同运行阶段为划分标准的分配模式。认为刑罚目的的报应性元素和预防性元素应为不同的刑罚运作阶段所追求和实现:在立法阶段,应该以追求刑罚的一般预防的目的为主,同时兼顾报应与特别预防的机理;在司法裁判阶段,法官所追求的刑罚目的应以公平应报为主,同时兼顾一般威慑的效果和教育改造的可能;在刑罚执行阶段,刑罚的主要目的应该放在特别预防之上,重视对犯罪人的教育改造和震慑。这种理论的代表人物是德国学者迈耶,认为刑罚可分为刑事立法(法定刑)、因裁判而为刑之量定(宣告刑)以及刑之执行(执行刑)三个阶段,不同的阶段刑罚的目的不同,分别为报应、法之确认和目的刑。②"刑罚的目的既不是要摧残折磨一个感知者,也不是要消除业已犯下的罪行。……刑罚的目的仅仅在于:阻止罪犯再重新侵害公民,并规诫其他人不要重蹈覆辙"。③ 即刑罚具有特别预防和一般预防的目的。

(二)交通刑法的目的

交通刑法所要保护的是没有冲突的道路交通功能,让安全流畅的道路交通得以实现。交通刑法的规范目的在于对社会多数参与交通者的集体利益作一般预防的保护。交通刑法所干涉的违法行为,是一个没有具体攻击对象的行为。交通刑法所要保护的是超个人的集体利益④。在此与其指出超个人的集体利益的同时,不如进一步强调,设立交通刑法的最

①[日]大谷实著,黎宏译:《刑法总论》,法律出版社 2003 年版,第 32 页。
②参见许福生著:《刑事政策学》,中国民主法制出版社 2006 年版,第 200 页。
③[意]贝卡利亚著,黄风译:《论犯罪与刑罚》,中国大百科全书出版社 1993 年版,第 42 页。
④参见张丽卿:《酒醉驾驶应属有罪》,载《台湾本土法学》2000 年 3 月第 8 期;张丽卿著:《新刑法探索》,台湾元照出版有限公司 2006 年版,第 358 页。

武汉科技学院·人文社科文库

终的目的,是要保障人人交通往来的安全,也就是以保护个人的利益为最终目的。

具体而言,交通刑法设立的目的,就是立法者通过制定交通犯罪行为及其相应的法律后果的刑罚规范,表明自己在刑法上是反对这些交通犯罪行为的,这些行为是不应当在事实上出现的。即立法者通过制定交通刑罚威胁规范来表明自己的价值评价,说明为该交通犯罪行为所损害或者危害的利益,就是刑法所保护的公共交通安全法益。但是,刑罚威胁规范为法益保护服务的目的,只有在以影响人的行为为目的的情况下才能实现。刑罚威胁规范通过两种途径来实现对人的行为的影响:一是通过宣布刑罚痛苦的威胁来作为犯罪行为的代价以发挥阻遏效力,即通过阻遏性或者消极性一般预防的作用;二是通过刑罚威胁规范表明,国家将使用刑罚来实现对法益的保护,由此号召社会公众保持对法律制度及国家实施法律制度的能力的信任,即通过鼓励性或者积极性一般预防的作用。① 即一般预防有两种意义:其一是,任何人在着手犯罪之前,由于恐惧刑罚而却步不敢实施犯罪(消极的一般预防)。其二是,更重要的"积极的一般预防",亦即经由法律上的刑罚规定以及对于犯罪人的判决,显示出国家严肃地实施和适用刑罚的态度,从而使犯罪人的动机受到阻止,并且标举出对抗不正行为的道德倾向,使社会大众打消其潜在的犯罪意念。

一般预防的作用机理在于威慑:即通过刑罚带来的痛苦来使得社会上的普通人不想或不敢再进行犯罪活动。所以贝卡利亚论述道:"什么是刑罚的政治目的呢? 是对其他人的威慑。……重要的是不要让任何暴露的罪犯逍遥法外,而没必要去揭露谁犯有湮灭无闻的罪行。当恶果已成为无可挽回的事实之后,只是为了不使他人产生犯罪不受惩罚的幻想,才能由政治社会对之科处刑罚"。② 通过威慑的机制,刑罚达到防止社会一般人犯罪的一般预防的目的。而威慑机制又是凭借什么样的作用原理最

---

①参见王世洲:《现代刑罚目的理论与中国的选择》,载《法学研究》2003 年第 3 期。
②[意]贝卡利亚著,黄风译:《论犯罪与刑罚》,中国大百科全书出版社 1993 年版,第 31 页。

终达成的呢？人们为什么会服从于刑罚的威慑？其答案是人都具有的避苦求乐、趋利避害的本性，而这就是有效威慑的基础，正是在这避苦求乐、趋利避害本性的基础之上，刑罚作为一种痛苦，可以因势利导，通过对犯罪的惩罚这种痛苦的示范效应使得社会一般主体都能看到犯罪所带来的痛苦；当这种痛苦大于犯罪带给可能的行为主体的快乐时，潜在的犯罪人就不会选择犯罪，刑罚的威慑效果就得以实现。从某种意义上来说，刑罚的报应性（即刑罚要实现对已然犯罪的报应性惩罚）成为实现刑罚威慑作用、进而实现一般预防目的的前提和基础。所以，只有刑罚首先达到了报应的目的，即实现刑罚对已经发生的犯罪的报应，才能进而实现一般预防的目的。因此，刑罚的报应成为刑罚一般预防实现的前提和基础。而如果刑罚没有能够成为犯罪的报应，也就是说刑罚没有成为已经发生犯罪的直接后果，则说明刑罚没有为犯罪人带来痛苦，社会一般潜在犯罪人则无法感受到刑罚带来的痛苦，威慑作用自然无法实现。也就是说，"刑法一方面对已经发生的违法行为进行惩办来实现保护社会的任务，这是刑罚的压制特征；另一方面，刑法还通过预防将来的可能的违法行为来实现保护社会的任务，这是刑罚的预防特征。刑法的这种压制和预防功能并不是相互矛盾的，相反，必须将它们视为一个统一体：刑法通过威慑、科处和执行公正的刑罚来实现预防将来的违法行为之目的（通过压制来预防）"①。

在德国刑法实务上，向来同意一般预防思想的运用。这从交通犯罪的刑法实务上的做法就可以看出来。例如，对于不是醉酒驾车的交通肇事案件，通常被依照德国刑事诉讼法第153条a规定的职权不起诉来处理；但是，对于醉酒驾车的交通肇事案件，很少获得不起诉处分的机会。从法院对于起诉案件的处理，也可以清楚看出刑法实务上对这些交通犯罪案件的差别态度。以1988年为例，一般的交通犯罪被法院停止诉讼程

---

① ［德］汉斯·海因里希·耶赛克、托马斯·魏根特著，徐久生译：《德国刑法教科书（总论）》，中国法制出版社2001年版，第4页。

序的有 28.8％；可是酒醉肇事被停止诉讼程序进行的只有 2.5％。这可以看出，在刑罚裁量上，醉酒肇事比起一般肇事的量刑，一般预防的考虑显然占有更大的分量。在 20 世纪 60 年代，德国法院对于有关醉酒肇事的刑罚裁判，通常基于威吓社会大众的考虑，多是宣告自由刑而不予缓刑（大约是 63.4％到 84.6％之间）。虽然上诉审对于若干一审裁判有意见，认为太强调一般预防的思想，但是，大致上说，重罚政策仍被普遍的运作。这种刑罚实务的背景是，道路交通的功能被认为是一种超个人的法益，醉酒肇事的经常发生，被认为是对这种超个人法益的重大威胁。例如，德国联邦最高法院就不断强调这个背景观念。虽然从 20 世纪 70 年代开始，德国对于交通犯罪的刑罚裁判有了改变，罚金刑的宣告居于主要的地位（大约在 83％到 90％之间），不过，对于有关醉酒开车或肇事的刑罚裁判，一般预防仍然是主导的思想。①

要实现刑罚一般预防的目的，就要利用人们避苦求乐、趋利避害的本性，事先通过明确确定的刑事规范使人们普遍周知犯罪所带来的刑罚痛苦将超越犯罪所带来的快乐，从而抑制人们不敢或不愿去犯罪，所以，明确的刑事规范是一般预防目的得以实现的前提。因此，要达到交通刑法预防交通犯罪的目的，不是追求交通犯罪所配置的刑罚的重罚化，而是要确保对交通犯罪所配置的刑罚的确定性。意大利著名的刑法学家贝卡里亚在《论犯罪与刑罚》中指出："对于犯罪最强有力的约束力不是刑罚的严酷性，而是刑罚的必定性，而这一切只有在宽和法制的条件下才能成为有益的美德。即使刑罚是有节制的，它的确定性也比联系着一线不受处罚希望的可怕刑罚所造成恐惧更令人印象深刻。"②解读贝卡利亚的表述，不应只停留在刑罚的确定性与必定性这一层面，而应该透析出其背后所体现出的深邃思想。刑罚对犯罪人的适用在于表明刑罚的确定性，但刑罚确定性本身并不是目的，而是通过对犯罪人适用刑罚这一手段，达到使

---

①参见张丽卿著：《交通刑法》，台湾学林文化事业有限公司 2002 年版，第 20—22 页。
②［意］贝卡里亚著，黄风译：《论犯罪与刑罚》，中国大百科全书出版社 1993 年版，第 59 页。

一般人确信刑罚的不可避免性和确定性的目的。确定性是一般预防的重要要求之一,"无论从逻辑还是从经验的角度来看,确定性都应该是一般预防对刑罚的必然要求。就逻辑而言,一般预防要么表现为威吓,要么表现为强化守法,而威吓与强化的效果都取决于其可信与否,威吓的可信与否又取决于所威吓的刑罚是否兑现:法律所威吓的刑罚在具体案件中兑现率高,其威吓便现实可信,潜在的犯罪人会认为逃避惩罚的可能性小而不敢犯罪;相反,所威吓的刑罚再严厉,如果得不到兑现,其威吓便只是空洞的,潜在的犯罪人便会认为逃避惩罚的可能性大而对刑罚无所畏惧。同样,法律所规定的刑罚的兑现率高,其威信更高,易于为人们所尊重,刑罚促成守法习惯的可能性大;而法律所规定的刑罚的兑现率低,其威信必然降低,难以得到人们的尊重,刑罚促成守法习惯的可能性小。因此,刑罚的确定性是从一般预防所得出的必然结论。就经验而言,大量实例与统计分析的结论不容置疑地表明,犯罪率的升降与受惩罚的危险性的大小关系密切。因此,确定性是一般预防对刑罚的必然要求,也应该是由经验实证所引证的结论"①。

第三节　交通刑法的宪法限制及刑事政策问题

一、交通刑法的宪法限制

从宪法与刑法之间的关系来看,宪法具有法位阶的最高性,并且是人民权利的保障书,人民的行为受到宪法相当程度的保护,目的都是在于保障人民的生活不受国家不当的干涉,因此,刑法除了禁止行为人去破坏他

---

①邱兴隆著:《关于惩罚的哲学:刑罚根据论》,法律出版社 2000 年版,第 12—135 页。

人的法益之外,也在于保障行为人的行为不被任意地评价为犯罪行为。从宪法的思考脉络考察刑法规范,其目的就是在"维护更多权利和自由的基础上,要求法益更完整的全面的受到保障",以此来限缩行为人的行为,达到实现更多人的更多权利和自由的目的。例如,对于财产权,刑法除了要保障财产权不受侵害以外,也规定行为人不得去窃取他人的财产。因此,刑法具有一体两面的实用性,除了设定权利不受侵害外,也在某种程度上限制人民的自由,使社会生活更加圆满,其仍然受到宪法基本权利保障的限制。刑法的规范,可以使一部分人失去自由,但却保障更多人的自由,这就是刑法的社会功能。①

(一)宪政视角下的国家刑罚权

作为国家的根本大法,宪法从总体上限制和规范国家权力,确认和保障公民的自由和权利。宪法所限制和规范的国家权力当然也包括刑罚权在内。国家权力的真正来源并非虚幻的神或者天,而是人类自身。国家权力并不是一部分社会成员的独有物,而是全体社会成员的共有物。它来源于个人,并且应受制于个人。因而,为了保障个人的权利和自由,对国家权力应当进行合理的配置,并自觉地把它限制在一定的范围之内。而要如何合理地配置和有效地限制国家权力呢?人们开始深入探索,正是通过这种探索,近现代宪政思想应运而生。② 宪政思想的基本内涵在于通过宪法来合理地配置和有效地限制国家权力。通过宪法,明确规定国家权力的正当来源、国家权力的类型和范围、不同国家权力之间的关系、行使各种国家权力的机关及其职责等,特别是国家权力的类型和范围、不同国家权力之间的关系。通过宪法,确认公民基本的权利和自由。根据宪政思想,宪法在一个国家的法律体系中处于最高层次上,是国家的根本大法,规定这个国家的根本性问题和重大问题。而在任何一个国家

①参见林建宏:《刑法危险概念的思考研究》,中原大学财经法律学系 2004 年硕士论文,第 2 页。

②刘树德著:《宪政维度的刑法新思考》,北京大学出版社 2005 年版,第 19—32 页。

中,犯罪与刑罚都是属于重大问题之列。把犯罪与刑罚的有关内容写入宪法,从根本上限制国家刑罚权,保证个人的权利和自由,是宪政思想的重要体现。

现代宪政理论告诉我们,国家权力与个人权利相比,国家权力本身并不能成为目的,个人权利才是国家权力的目的,国家权力是保障个人权利得以实现的工具和手段,国家权力存在的惟一合法性就在于为个人权利提供保护。刑罚权既是对公民权利的保障,也是对公民权利和自由最具侵害性的,是最具杀伤力的权力。如果刑罚权得不到制约,就会像脱缰的野马,难以控制。凡是有权力的地方就应该有制约和监督,凡存在不受约束的权力的地方,就没有宪政。这是由于国家权力具有扩张性,保障权利的权力很容易异化为侵害权利的权力。也就是说,国家权力既是个人权利的保护神,又是个人权利的最大最危险的侵害者。在其他个人和组织的侵害面前,个人不仅可以自卫,而且可以寻求国家权力的保护,甚至可以诉诸社会正义和人类理性;而在国家权力的侵害面前,个人无能为力,权利无以自保,社会正义和人类理性统统显得苍白无力。为此,必须限制国家权力。① 宪政的精义就在于"限政",限制国家权力,保障公民的权利和自由。同样,为了公民的权利和自由也要限制刑罚权。刑罚权是一柄双刃剑,正如陈兴良教授所言:"刑法是一种不得已的恶。用之得当,个人与社会两受其益;用之不当,个人与社会两受其害。因此,对于刑法之可能的扩张和滥用,必须保持足够的警惕。不得已的恶只能不得已而用之,此乃用刑之道也。"②现代刑法承载着保护社会和保障自由的双重机能。德因学者拉德布鲁赫指出:"自从有刑法存在,国家代替受害人施行报复开始,国家就承担着双重责任:正如国家在采取任何行为时,不仅要为社会利益反对犯罪者,也要保护犯罪人不受受害者的报复。现在刑法同样不只反对犯罪人,也保护犯罪人,它的目的不仅在于设立国家刑罚权力,

---

① 参见胡平仁著:《法理学基础问题研究》,中南大学出版社 2001 年版,第 71 页。
② 陈兴良著:《刑法的价值构造》(第二版),中国人民大学出版社 2006 年版,题记。

同时也要限制这一权力,它不只是可罚性的原由,也是它的界限,因此表现出悖论性:刑法不仅要面对犯罪人保护国家,也要面对检察官保护市民,成为公民反对司法专横和错误的大宪章。"①

在宪政的要求下,刑罚必须要符合:一是刑罚的谦抑性,二是刑罚的人道性。刑罚的谦抑性是指立法者应当力求以最少的支出——少用甚至不用刑罚,获取最大的社会效益——有效地预防控制犯罪。谦抑性已经成为现代刑法追求的价值目标之一。② 刑罚谦抑性原则要求刑罚权的行使应限于必要的干预。所谓必要:(1)是指刑罚权仅限于国家和社会及个人最重要法益的保护和那些严重侵害和危害国家、社会及个人最重要权益的行为的制裁。只有当以生存的基本价值和最基本秩序受到不能容忍的侵犯和否定,且没有其他有效的方法和手段予以保护时,刑法才应作为"最后的手段"进行干预,当其他手段与方法足以解决时,刑法就不应该干预;(2)是指当较轻的刑罚规定的量刑足以预防和控制犯罪为必要,而且也应以预防和控制犯罪为限度。③ 刑罚的人道性立足于人性。而人性的基本要求乃是指人类出于良知而在其行为中表现出的善良与仁慈的态度与做法,即把任何一个人都当作人来看待。④ 刑罚是一种痛苦。如何把这种痛苦控制在人的尊严所能接受的限度之内,这就是刑罚的人道性,随着人类文明的发展,人道性越来越成为现代刑法追求的价值目标。洛克指出,刑罚不是支配人们生命和财产的绝对的、专断的权力,如果不是为了保护社会,"任何严峻的刑罚都是不合法的"⑤。贝卡利亚断言:"刑罚最残酷的国家和年代,往往就是行为最血腥、最不人道的国家和年代。人道主义精神是刑罚轻缓化乃至最终实现非刑罚化的原动力。在感性认识上,刑罚人道主义与悲悯、仁慈等人类与生俱来的善性相关联,而与野蛮、

①[德]拉德布鲁赫著,邓正来译:《法学导论》,中国大百科全书出版社1997年版,第96页。
②参见陈兴良著:《刑法哲学》,中国政法大学出版社1992年版,第6页。
③参见刘树德著:《宪政维度的刑法思考》,法律出版社2002年版,第22页。
④参见赵秉志等著:《中国刑法的运用与完善》,法律出版社1989年版,第334页。
⑤[英]洛克著,叶启芳、瞿菊农译:《政府论(下篇)》,商务印书馆1964年版,第128页。

残酷、暴虐等蒙昧状态相对立。在理性观念上,刑罚人道主义核心是对于人的主体性的承认与尊重,将犯罪人作为伦理关系和法律关系的主体对待。"①我们认为,刑罚人道主义具有以下三重涵义:第一,保护与尊重犯罪人的人格尊严。第二,禁止把人当作实现刑罚目的的工具。第三,禁止使用残酷而不人道及蔑视人权的刑罚手段。文明的、人道的刑罚理应回归理性:对犯罪人处以刑罚制裁并非只是将其作为刑罚的客体,而应以积极的态度对其予以教育或矫治使其复归社会。

(二)宪法对刑法的限制

宪法的本质,正如列宁所言:"就是一张写着公民权利的纸"。对于国家公民而言,宪法最大的作用则在于其是公民基本权利的最高法律保障书。宪法是国家的根本大法,所有的法律都必须与宪法的精神相符合,刑事法律也不例外。刑事立法和刑罚的实施都必须尊重宪法所保护的公民的自由,不能侵犯宪法规定的公民基本权利。宪政是刑法的根基。宪政为体,刑法为用,体是基础,若基础不牢,则地动山摇。刑法应当有坚实的宪政根基,其要义是,刑法的正当性源于宪法制度和宪政逻辑,刑法制度才能科学合理,刑法的功能才能良性发挥。②

刑法由于其所保护利益的广泛性及其刑罚制裁方法的严厉性,因而对人权的全面保障具有特别重要的意义。可以说,人权保障是当代刑法的鲜明主题之一。作为国家法治的重要组成部分,刑法直接关涉公民的基本人权,人权保障是刑事法治理念的基础性要求,是当代刑法机能所蕴涵的重要内容。"宪法具有最高权威,这已成为公认的法治和法律至上性原则的根本标志。"③宪法是由于保障人权才成为现代法治国家和推行法治的国家推崇备至的。基于宪法是人权的宣言书及保障书和宪法的法治

①[意]贝卡利亚著,黄风译:《论犯罪与刑罚》,中国大百科全书出版社1993年版,第42—43页。

②参见赵炳寿、向朝阳主编:《刑事法问题研究》,法律出版社2005年版,第3页。

③王人博、程燎原著:《法治论》,山东人民出版社1998年版,第177页。

价值,进一步强化刑法对人权的全面而有效的保障,无疑应该以宪法为纲领。那么宪法对刑法限制就是应有的题中之义。

人权原则现在已经被公认为是宪法的一项重要的基本原则。宪法作为人类文明的共同产物,不仅是人权的宣言书,同时也是人权的保障书。在公民权利与国家权力这一对宪政基本矛盾中,公民权利是目的,国家权力是手段,即国家权力存在的全部理由在于保障公民权利,保障每个人都享有做人的尊严和价值。刑法将什么作为利益予以保护,必须符合宪法的原则,宪法要求刑法保护的利益,应当成为刑法上的利益。德国学者克劳斯·罗克辛指出:"一个在刑事政策上有拘束力的法益概念,只能产生于我们在基本法中载明的建立在个人自由基础之上的法治国家的任务。这个任务就对国家的刑罚权规定了界限。在此之后,人们就可以说:法益是在以个人及其自由发展为目标进行建设的社会整体制度范围之内,有益于个人及其自由发展的,或者是有益于这个制度本身功能的一种现实或者目标设定。"①即法治国家的任务就对国家的刑罚权规定了界限。

罪刑法定原则现在已经被国内外许多国家的刑事立法和刑法学界承认为法治原则在刑事政策领域中的根本原则。"在刑事政策领域,法治原则要求国家和社会对犯罪作出的一切公共反应;无论是以国家公权力运作为内容的国家正式反应,还是市民社会组织对犯罪作出的有组织的反应,无论是以国家刑罚权的运作为核心的刑罚反应,还是以其他国家公权力的运作为内容的非刑罚的正式反应,都必须受到法律的严格约束。而法治原则在刑事政策领域的核心要求则是罪刑法定原则。从某种意义上讲,罪刑法定原则就是刑事政策领域的根本法治原则。"②

依照宪法的规定,必须是为了保护重要的社会利益,规范的设定,才不与宪法所保障的自由(一般的行为自由)相冲突。处罚一个行为,必须

---

① [德]克劳斯·罗克辛著,王世洲译:《德国刑法学总论(第1卷)》,法律出版社2005年版,第15页。

② 梁根林著:《刑事政策:立场与范畴》,法律出版社2005年版,第97页。

是这个行为对于具体的法益形成威胁,而且至少必须有过失。

(三)宪法对交通刑法的限制

立法者虽然有选择制定刑法规范,用以干预或剥夺宪法有所保障的人民基本权的"立法形成自由",但这种形成法规的自由在宪法方面又必须受到诸多的限制[1],特别是要受到宪法规范上的比例原则作为标准加以审查[2]。具体而言,就是以具有宪法位阶的比例原则作为检验立法是否合宪的基准,才能担保国家动用刑罚权的正确行使。立法者在设计刑法规范时,不仅要服从法治国家刑法的基本原理,而且要以明确、严谨的构成要件来限定刑罚效果合理的适用范围,从而使刑罚种类和刑罚幅度能与不法行为相对应,以使其成为科处行为人罪责的依据所在,进而充分实现与个案最为相符的实质正义。

制定法律是立法者的自由权限,但其设立法律条文的内容必须受到宪法层面比例原则的规范要求,即条文的内容必须符合目的正当性、手段必要性以及限制衡平性,方才合乎法治国家的最基本原则。比例原则有三个下位概念:正当性(或适当性)、必要性(或最小侵害性)及均衡性(或比例性)。[3]

1. 目的正当性。正当性是指所采取的手段必须适合其所追求的目的,才能称之为正当。具体而言,有关法律条文设置的正当与否,必须顾及以下两种情形:第一,必须有其所欲达成的目的,例如保护个人生命、身体或财产等权益的安全,原则上这些权益的存在必须与宪法基本权保障的规范意旨相符合,如果不是这样,则很难成为保护目的之所在。对于处罚手段的设立,如果无任何目的的存在或与意欲达成的目的毫无关联可言,

---

[1] 立法者在运用被赋予的权力时,不仅要重视人性尊严不可侵犯的宪政秩序的最高原则,也要重视其他的宪法规范,尤其是平等原则、法治原则等。

[2] 国家权力实质正当性是"实质法治国"的要求。实质法治国主要强调,法律不仅仅是一种规范而已,而是一种合宪的规范。

[3] 参见陈新民:《论宪法基本权利的限制》,载《政大法学评论》1987 年第 36 期,第 158 页以下。

x

则再怎么样轻微的法律效果,也不符合比例原则的正当性要求。第二,该目的必须是特定而明确的目的,例如交通刑法必须是保护交通往来的安全,才能作为立法的缘由,这对于法律条文在解释适用上,才有一定的合理范围。在立法上要遵循恣意禁止的原则。

2.手段必要性。必要性是指所采取的手段能达成目的,并且没有其他具有相同效力的更佳手段时,其手段才具有必要性,否则就是非必要的。手段的必要性涉及比较的问题。立法者不能以目的的正当性为由,强行地诉诸于一种不择手段、不惜任何代价的处罚,如果这样的话,即使达成了目的,也不符合比例原则中的必要性要求。例如,对公共交通利益的保护,如果采用行政的、民事的、经济的等制裁手段就可以达到目的时,就不能动用对人民权利与自由有严重剥夺或限制痛苦的刑事制裁手段,只有在其他手段不足以达到有效保护公共交通安全利益时,不得已才能规定相应的交通犯罪,采用交通刑法对其进行保护与规制。

3.限制衡平性。衡平性是指欲达成一定目的所采取手段的限制程度,应当与达成目的的需要程度合乎均衡,如果有过度或不足就不合均衡。也就是立法上所设定的法律效果或可罚程度,应当针对各种不法的差异与有待保障的权益,以多种的处罚种类或一定处罚上下限度等方式予以规定,使处罚上有充分考量具体个案不同的责任情节,做出最衡平的处罚。即刑度轻重的设置,应当在立足于保护法益的基础上,根据保护法益的性质,与其受到不法行为的危险或侵害程度,予以相对称的处罚范围。例如,以同样的过失侵害行为分别造成死亡或伤害而言,在保护生命法益与保护身体法益相比较的情况下,前者的处罚必然有较高的上限刑度与下限刑度。对于刑度轻重必须避免过当或不足两种不相对称的情形。前者之所以过当,是以构成要件性质不相对称的较重效果,作为制裁符合该构成要件行为的依据,这就是所谓的"过度禁止"。后者之所以不足,是以构成要件性质不相对称的较轻效果,作为制裁符合该构成要件行为的依据,这就是所谓的"不足禁止"。凡是过当或不足都意味着立法者对刑度的设置,不符合比例原则中的衡平性要求。①

同时,刑罚的使用不当(任何时候、任何国家几乎不可避免的现象,所不同的只是程度的大小而已)潜藏着侵犯人权的巨大危险。所以,德国刑法学家耶林告诫我们:"刑罚如两刃之剑,用之不当,则国家和个人两受其害。"②犯罪化和刑罚圈的范围过宽,刑法泛化,刑罚触角延伸的过长,必然导致德国法学家拉德布鲁赫所称的"刑事法规的肥大症"或迈耶所担忧的"无可忍受的刑法上的通货膨胀",其后果必然是法令滋彰,国家刑罚权任意扩张,人民动辄得咎。刑法和刑罚作为最具强制性和暴力性并含有很大痛苦成分的社会控制手段,其触角伸展到什么范围才算宽严适度,与立法者的选择密切相关,但立法者在划定法定犯罪圈时,实际上不能不受诸如实际的不法行为态势、民族文化传统、政治组织方式、经济运行体制、刑事司法能力、公众的社会化的自觉程度以及对于不法行为的社会承受力和容忍度、社会文明程度等诸多因素的制约。刑法事实上不可能将所有应予刑罚制裁的不法行为都毫无遗漏地加以规范,追求刑法典规范内容的完整性只能是一种乌托邦式的幻想。意大利学者菲利曾经指出:"法律总是具有一定程度的粗糙和不足,因为它必须在基于过去的同时着眼未来,否则就不能预见未来可能发生的全部情况。现代社会变化之疾之大使刑法即使经常修改也赶不上它的速度。"③

在现代高科技运用领域、交通领域、医疗卫生领域,相当多数的行为在给人类带来重大福祉的同时,也使人类面临严重的危险,稍有不慎,就可能造成重大的危害后果。立法者对这些领域的危害行为进行犯罪化,不能只看到它可能造成的危害,无视其给人类带来的巨大利益。对这类行为过于严厉的限制必然严重妨碍科技的进步和社会的发展。因此,立

---

① 参见陈仟万:《"酒醉而不能安全驾驶罪"的立法形成自由与比例原则的研究》,载《中央警官大学法学论集》2005 年第 10 期,第 199—203 页。

② 转引自林山田:《刑罚学》,台湾商务印书馆股份有限公司 1983 年版,第 127 页。

③〔意〕恩里科·菲利著,郭建安译:《犯罪社会学》,中国人民公安大学出版社 1990 年版,第 125 页。

法者应当拓展视野,立于社会发展的高度,对上述呈现利害交织特点的具有模糊性质的行为进行利害比较,既比较危害行为本身的利和害,也比较将这类行为用不同法律调整手段进行调整的利和害,在此基础上根据法益兼顾和刑法补充(而非刑法优先)的原则,优先考虑适用非刑事性的经济、民事、行政乃至道义规范的调整手段,只有在非刑事性调整手段调整无效的情况下,才将刑法和刑罚作为不得已而采用的最后手段,以达到既促进生产力发展、科技进步、提高人类福祉,又最大限度地抑制危害行为的目的。①

二、交通刑法的刑事政策问题

(一)犯罪化与非犯罪化是刑事立法政策的双向思路

刑事政策就是国家为预防犯罪、遏制犯罪以保护社会、维持秩序、实现正义,在法治的原则下制定并实施的策略、方针、计划和具体措施的总和。现代刑事政策的价值目标是"合理而有效地组织对犯罪的反应"②。刑事政策是一个系统,其内部可分为横向结构和纵向结构。纵向结构为总刑事政策、基本刑事政策、具体刑事政策;横向结构为刑事立法政策、刑事司法政策、刑罚政策、刑事执行政策、犯罪预防政策等。应当指出的是,刑事立法政策、刑事司法政策、刑罚政策、刑事执行政策、犯罪预防政策之间不是彼此孤立的,也不是静止不变的,而是相互连结,彼此关联的,存在着互动关系,它们之间的区分是相对的。刑事立法政策,是指在刑法上如何规定犯罪、刑罚以及刑罚适用起指导作用的政策,它是制定、修改、补充和完善我国刑法的重要依据。③ 我们这里所要探讨的,主要就是交通犯罪的刑事立法政策问题。

①参见梁根林:《论犯罪化及其限制》,载《中外法学》1998 年第 3 期。
②梁根林著:《刑事政策:立场与范畴》,法律出版社 2005 年版,第 22 页。
③参见马克昌主编:《中国刑事政策学》,武汉大学出版社 1992 年版,第 74 页。

刑法如何设置罪刑规范,最终取决于刑事政策。刑事立法政策所要解决的问题是,如何编织刑事法网,刑事法网伸展到何处,即犯罪圈(打击面)划到多大,以及刑事法网的严密程度如何,即从不轨行为中筛选出何等行为进入犯罪圈。犯罪化与非犯罪化是刑事立法政策的双向思路。在任何一个社会里,犯罪圈都不是一成不变的,而是会随着社会的发展、形势的变化出现扩张或者收缩。无论犯罪化还是非犯罪化,都是社会发展过程中的必然现象。由于社会不断发展,环境在发生变化,伦理道德观念变迁,人的价值观念包括法律观念处于不断的变革之中,这一切都必将影响刑事立法的发展变化。在现代国家的刑事政策实践中往往表现为犯罪化和非犯罪化并存。[1] 一方面,一些过去被认为是犯罪的行为,随着客观形势的变化、观念的变化会被除罪化。例如,自 20 世纪 50 年代开始,很多西方国家将刑事法律中所规定的道德犯罪、行政犯罪以及其他一些轻微犯罪行为予以非犯罪化。例如,德国 1975 年刑法典中取消了决斗、堕胎、通奸、男子间单纯的猥亵等罪名;北欧国家通过修改《性犯罪法》缩小了卖淫和亲属相奸等罪的范围;荷兰不仅积极推动卖淫、同性恋、吸毒等行为的非犯罪化甚至合法化,而且率先正式通过立法将安乐死予以非犯罪化;英、美等国也通过颁布成文的法规取消了醉酒、卖淫、通奸、自杀等一些传统的罪名。另一方面,一些过去没有出现或者不被认为是犯罪的行为,因新情况的出现而形成新的行为类型,因其具有严重的危害性和当罚性而被犯罪化。例如,我国 1997 年修订刑法新增的关于期货领域的犯罪;20 世纪 80 年代以后,随着计算机、网络的普及应用,各国刑法中增加了关于网络犯罪的规定;全球化和犯罪国际化的发展趋势使得对跨国犯罪、国际犯罪的惩治成为各国刑法中的新内容。

犯罪化与非犯罪化代表了刑事立法政策的两个方向。社会存在和发展的需求使得适度的犯罪化成为必需;同时,犯罪的相对性又使得适时的

---

[1]参见梁根林著:《刑事政策:立场与范畴》,法律出版社 2005 年版,第 77 页。

非犯罪化成为必然。我国当前转型期社会的复杂形势和变化以及社会进步带来的利益诉求和价值观的多元化,要求刑法在对社会生活的调整方面"有所为"又"有所不为"。适应宽严相济政策与构建和谐社会"以人为本"的要求,合理划定犯罪圈,应当树立犯罪化与非犯罪化并轨运行的理念。正如林山田教授所言:"犯罪化与非犯罪化可谓刑事立法政策上的左右手,刑事立法上必须随着刑事法理论与刑事思潮的演进,以及政治、经济、社会、文化等现实的演变,随时检讨刑事实体法规定的各种犯罪行为及其法律效果,以及刑事程序法规定的追诉与审判的程序规则,而对原非属刑事不法的不法行为加以犯罪化,或对原属刑事不法的犯罪行为加以去犯罪化,使刑事实体法与程序法能够因社会现实的需要,而更能发挥有效地抗制犯罪或预防犯罪的效果。因此,犯罪化与去犯罪化两者在刑事立法上虽属两个对立的观念,但在刑事立法的运用上却具互补的功能。"①林山田教授还形象地将犯罪化和非犯罪化比喻为汽车的刹车和油门,只有相互配合使用,才能收到良好的效果。

(二)犯罪化的标准

我国台湾学者林山田教授认为:犯罪化是指对某一破坏法益的不法行为,经过刑事立法政策上的深思熟虑,认定非动用刑罚的法律制裁手段,无法平衡其恶害,或无法有效遏阻者,乃透过刑事立法之手段,创设刑事不法构成要件,赋予该不法行为刑罚的法律效果,使其成为刑法明文规定处罚的犯罪行为。② 简单地说,犯罪化问题就是如何界定刑法涉足社会生活的范围,也就是如何确定犯罪圈大小的问题。因而,犯罪化问题是刑事政策中的首要问题,是刑事立法的政策选择问题。

伴随着科技的进步、经济的发展和社会生活内容的日益丰富和复杂,人类的行为模式和行为种类变得纷繁复杂,有害于社会的行为也相应增

---

①林山田著:《刑法的革新》,台湾学林文化事业出版公司2001年版,第128页。
②参见林山田著:《刑法的革新》,台湾学林文化事业有限公司2001年版,第128页。

加。为适应社会的变化,遏制侵害或威胁法益的行为,立法机关经过权衡,不断地将越来越多的新出现的危害行为纳入到刑法调整的范围之中,即通过犯罪化的作业满足社会对刑法的需求。然而,刑法的目的决定了犯罪化必须具有合理的限度。因为"法律不是压制自由的手段,正如重力不是阻止运动的手段一样。……法典就是人民自由的圣经"①。"法律的目的不是废除或限制自由,而是保护和扩大自由。"②刑法作为强行法,虽然本质上是维护和扩大自由,但通过犯罪化而获得刑法的这种目的,又是以不得不限制某些自由为代价的。因此,刑法介入、干预人民生活,应当以维护和扩大社会和个人的自由为目的,而不应过多地干预,应最大限度地给社会和个人留置空间。事实上,"法律的主要作用并不是惩罚或压制,而是为人类共处和为满足某些基本需要提供规范性安排。使用强制性制裁的需要愈少,法律也就更好地实现了其巩固社会和平与和谐的目的"③。"正如法律的真正益处在于它确保有序的平衡,而这种平衡能成功地预防纠纷。正如药物效用的最适状态乃是人体不再需要它,法律的最大成功也在于当局对公民的生命、自由和财产所进行的令人讨厌的干涉被降到最低限度。"④在创制刑法规范时,必须是"为了应对和满足生活的需要,而且我们还必须谨慎行事,以免毫无必要地、毫无意义地强迫生活受一个过于刻板的法律制度的拘束"⑤。

要对犯罪化进行必要的限制,就必须有较为明确的犯罪化的标准,即以什么标准来选择应当犯罪化的行为,并以此标准来限制犯罪化。如何合理地选择设罪标准,历来是刑法理论研究的难点之一,许多学者为此提

①《马克思恩格斯全集》(第1卷),人民出版社1960年版,第71页。
②[英]洛克著,叶启芳、瞿菊农译:《政府论》(下),商务印书馆1981年版,第236页。
③[美]E·博登海默著,邓正来译:《法理学:法律哲学与法律方法》,中国政法大学出版社1999年版,第345页。
④[美]E·博登海默著,邓正来译:《法理学:法律哲学与法律方法》,中国政法大学出版社1999年版,第346页。
⑤[美]E·博登海默著,邓正来译:《法理学:法律哲学与法律方法》,中国政法大学出版社1999年版,第242页。

出过若干的标准。1968 年,美国刑法学家帕克尔提出了行为犯罪化(犯罪圈设定)的六项具体标准①:1. 这种行为在大多数人看来,对社会的威胁是显著的,从社会的各重要部分来看是不能容忍的;2. 对这种行为科处刑罚符合刑罚的目的;3. 对这种行为进行控制不会导致禁止对社会有利的行为;4. 对这种行为能够进行公平的、无差别的处理;5. 对这种行为进行刑事诉讼上的处理时,不会产生质与量的负担;6. 对这种行为的处理不存在代替刑罚的适当方法。我国张明楷教授提出犯罪化应符合下列的五个标准②:1. 行为具有严重社会危害性并且为社会上绝大多数人不能容忍并主张以刑法规制;2. 其他制裁力量不足以抑制这种行为,只有动用刑法才能充分保护合法权益;3. 运用刑罚不会导致禁止对社会有利的行为以及使公民的自由受到很大限制;4. 对这种行为刑法能够进行客观的认定和公平的处理;5. 运用刑罚会有预防或抑制该行为的效果。梁根林教授提出下列行为不宜犯罪化或慎重犯罪化③:1. 纯粹思想活动领域活动不得犯罪化;2. 纯粹私人之间的行为不得犯罪化;3. 行使宪法权利的行为不得犯罪化;4. 身份和状态不得犯罪化;5. 没有罪过的行为不得犯罪化;6. 对不具常态和普遍性的危害行为应当慎重犯罪化;7. 对利害交织的模糊行为应当慎重犯罪化。还有学者提出:根据谦抑原则,犯罪化应当遵循如下两方面的要求④:首先是刑事干预的必要性,即犯罪化必须为维持社会最低秩序所必须。严密法网并不意味着刑事法网要覆盖社会生活的所有角落,实际上,现实生活中大量的行为只需要民事法规范、行政法规范等非刑事法律规范进行调整,有的甚至只需要道德规范进行调整,即可实现秩序且更易于和谐。因此,在犯罪化的范围上,要考虑的核心问题是道德与刑法、犯罪与民事不法、行政不法之间界限的区分和把握,以及将特

① Herbert L. Packer, The Limits of the Criminal Sanction, Stanford University Press, 1968, P. 296.

② 参见张明楷:《论刑法的谦抑性》,载《法学研究》1995 年第 4 期。

③ 参见梁根林:《论犯罪化及其限制》,载《中外法学》1998 年第 3 期。

④ 参见郭理蓉:《宽严相济视野下的犯罪化与非犯罪化》,载《河北法学》2008 年第 4 期。

定不法行为犯罪化是否符合刑事法理，即梁根林教授所谓"道德——第一次法——第二次法"的犯罪化作业过滤机制①。在这个过程中，刑法的最后手段性以及必要性的要求应当被恪守，即能够被道德规范、民事法律或者行政立法有效调整、规制和制裁的民事不法行为或者行政不法行为，不得予以犯罪化，只有在民事制裁、行政处罚手段都不能充分对法益予以保护时，才需要刑法的干预。其次是刑事干预的可行性。在必要性的前提下，刑法干预还应当以刑法具有的主观能力为基础，在现实条件所许可的范围内进行。② 刑法干预的可行性受到内外两方面因素的制约，内在因素是刑罚本身所具有的利害两面性以及刑罚功能的有限性；外在因素则是刑罚成本的有限性。无视刑法干预的可行性的犯罪化，将导致刑法陷入尴尬甚至是荒唐的境地。

我国台湾学者林山田教授认为，现代刑法作为整体社会控制手段之一，属于其中最为严厉的制裁手段，因此，尽管现代国家已经独占了整个刑罚手段的发动，但其运用并非毫无界限可言，应刑罚性即属于对国家刑罚权发动的本质界限。国家只有当刑法所保护的法益已经受到严重的破坏或威胁，并且造成超出社会大众所可容忍的社会损害的时候，才可以认为该不法行为具有应刑罚性，而得施以刑罚。因为，犯罪是一种不法行为，具有不法的本质，不法是指对法律或法益的破坏，但并非所有的不法行为都属于犯罪，不法行为的不法程度各不相同，其中只有那些具有较高不法内涵的不法行为，对于社会共同生活秩序或法律所要保护的生活利益，具有重大的破坏性或危险性，而为社会大众所无法忍受，因此具有较高的社会损害性。面对这种高社会损害性的不法行为，社会大众被保护的需要程度相应地随着升高，因而必须以刑罚科处违犯这不法的行为人，才能加以遏阻而满足社会大众被保护的需求。在这种情况下，该不法行为就具有应刑罚性。由于刑罚具有最后手段的特质，因此刑罚必须是确

---

① 参见梁根林著：《刑事法网：扩张与限缩》，法律出版社 2005 年版，第 33－102 页。
② 参见梁根林：《论犯罪化及其限制》，载《中外法学》1998 年第 3 期。

保法律秩序的唯一手段时,才能运用刑罚充当法律手段。唯有使用刑罚的制裁,才足以均衡不法行为所生的恶害,并确保社会共同生活的法律秩序时,才能认定该不法行为具有应刑罚性。① 而不法行为是否具有社会损害性而应赋予刑罚的效果,从而具有应刑罚性,就要从以下四个方面进行判断:

一是不法行为所破坏法益的价值与程度。不法行为是否具备应刑罚性,首先要考量不法行为所破坏法益的价值与程度,这是对于不法行为的结果非价(结果无价值),就是对不法行为破坏法益的结果所给予的非价判断。一般而言,大多是依据被破坏的法益在社会秩序与共同生活中的地位来决定法益的价值。不法行为所破坏法益的价值确定之后,其次应考虑到施以刑罚与否与该法益被保护程度之间的关系,法益的保护不仅在于预防其被破坏,而且也在于防备其有被破坏的危险性。大体而言,破坏重大法益以及对于重大法益的破坏具有重大危险性的不法行为,都具有应刑罚性。

二是不法行为的行为方式对于行为客体的侵害程度。在应刑罚性的判断上,接下来要考量的是不法行为的行为方式对于行为客体的侵害程度,就是对于不法行为的行为非价(行为无价值),即是对行为本身所给予的非价判断。不法行为的行为方式对于行为客体的侵害程度,唯有必须以公开的刑罚,才足以体现社会最严厉的非价判断,并用以表征这种行为方式是社会和平与法律秩序所无法忍受的侵害时,才具有应刑罚性。

三是行为人在良知上的可谴责性。不法行为有无应刑罚性,也应判断实施该行为的行为人在良知上有无可谴责性,这是对不法行为人的良知非价(良知无价值),行为人由其主观上的恶性结合其在客观上所为的恶害,表露其良知上具有特别程度的可谴责性,致其所实施的不法行为具有应刑罚性,经过公开宣布的刑罚,而对行为人的良知作道德上严重的贬

---

① 参见林山田著:《刑法通论》(上册),林山田自版2003年增订八版,第153页。

抑与责难。每个人对于他人的行为,都有好与坏、善与恶的价值判断。对认为是良善的行为加以赞誉与奖励;对认为是邪恶的行为则加以谴责与非难。对于同一类行为,经过多数人的价值判断而经年累月之后,就产生共同的价值判断标准。不法行为对于行为人是否在良知上具有特别程度的可谴责性,就是依照这些共同的价值判断标准而做出判断。

四是刑罚的无可避免性。不法行为的行为本身及其所造成的结果,就社会伦理的评价,具有高度的非难性,严重地破坏法律所保护的法益,或对法律所保护的重大法益具有破坏的危险性;同时,在行为人良知上也具有特别程度的可谴责性。这样就构成一种具有较高程度的不法内涵与罪责内涵的不法行为。对于这种不法行为,因为社会产生高度的被保护需求,并且国家基于其维护法律秩序的职责,就以最严厉的刑罚手段来制裁行为人,以满足社会被保护的需求。换言之,即因为该不法行为的危害严重性,如果不以国家的刑罚手段不能有效地抗制,唯有动用刑罚制裁,方能维护社会共同生活的和平与秩序。在这种情况下,该不法行为即具有刑罚的无可避免性,在没有其他的强制手段可以代替刑罚的条件下,就透过刑事立法手段,赋予不法行为刑罚的法律效果,而使该不法行为成为犯罪行为。此外,在决定不法行为是否具有刑罚的无可避免性时,还要权衡对该不法行为加以刑罚制裁可能产生的恶害,以及如果不加以刑罚制裁可能产生的恶害。依据两害相权取其轻的原则,假如不加以刑罚制裁,其危害较轻时,则宁可放弃刑罚权的行使而不加以制裁。唯有在不加以刑罚制裁恶害较重,或者至少与加以刑罚制裁的恶害相等的情况下,国家才迫不得已而行使刑罚权。

总而言之,依据上述的四项标准而认定某一不法行为具有应刑罚性时,则该不法行为才有必要加以犯罪化,使其成为犯罪行为。①

---

① 参见林山田著:《刑法通论》(上册),林山田自版2003年增订八版,第153—155页。

武汉科技学院·人文社科文库

第四节　交通刑法的限制理论

一、被允许危险理论

随着高速度交通工具的发展,矿山、工厂、土木建筑以及科学实验等社会生活的复杂化,危险行为明显增多。但这些具有侵害法益危险的行为,在社会生活中不可避免地存在着,而且对社会的发展具有有用性和必要性。因此,即使这种行为发生了法益侵害的结果,在一定范围内也应当允许,这就是被允许的危险。实施这种危险行为的人,如果遵守了其行为所必需的规则,以慎重的态度实施其行为,即使造成了法益侵害结果,也应认为是合法的。这就是被允许的危险的理论。被允许的危险的理论认为,如果禁止所有的危险行为,社会将停止发展。这一理论的第一个特色就是优先考虑社会的发展,即使对生命、身体具有一定的危险,但社会的发展是重要的。决定被允许的危险行为范围的基准,就是功利主义的衡量理论,就是看行为是否具有社会相当性,而社会的相当性的具体化是没有违反社会生活上必要的注意义务。于是,这种注意义务的违反的构成就与以结果回避义务为中心的新过失论联系起来了。[①]　而且,被允许的危险的理论认为,既然日常生活中存在必要的危险行为,在许多情况下就不能否认有预见法益侵害的可能性,对此都以过失犯论处是不妥当的。"新过失论的实质不是以结果回避义务为中心,而是重视对社会有用的行为,限定处罚过失的范围,这种限定是通过缓和结果回避义务来实现的。即为了社会的顺利发展,从防止危险的角度来看,并不要求履行100分的

---

①新过失论认为,制造危险或实施危险行为的人负有减少危险,避免损害结果发生的义务。如果发生了损害结果,制造危险或实施危险行为的人就应当承担过失责任。

结果回避义务,只要求采取 60 分的回避措施(100 分即满分,60 分即合格标准)。例如,如果要求驾驶机动车的人过度地采取安全措施,就会造成交通堵塞,反而不利于整个社会的发展。"①

不是所有制造危险的行为都是法律所要禁止的,而是只有当一个行为超过被容许的界限而制造危险时,才是法律所要禁止的。汽车的使用、铁路等交通运输的营运等行为,虽然都是制造风险的的行为,但是在事实上却也是我们社会生活中被容许的行为,对于这样的行为,在行为人已经遵守安全规则的情况下,即使发生了实害或者危险,行为人的行为还是欠缺该犯罪类型的构成要件相当性或违法性。容许风险之所以不仅是被容许的,而且甚至是被支持的,是因为它们有社会生活上的正面效用,如果没有它们,现实生活难以继续。例如动力交通工具的使用,如果我们因为它的附带危险性而对其加以全面禁止,很难想像,在今天的文明状态下的人类生活要如何运作。关于这个道理,Jakobs 有很生动的说明:刑法规范的存在,并不是为规范而规范,而是为了使社会生活成为可能而规范。其中,透过规范可以使人们有期待的可靠性,例如人们可以预期上街不被抢,可以预期买卖不被骗,并因此而规划与进行社会生活,然而这样的期待可靠性对人类的社会生活而言还不会有什么助益,因为当我们付出较大的代价去避免对期待的挫折时,我们可能的行为方式(行动自由)也就受到越严重的压缩,一直到成为一种标准化的毫无风险的僵硬形态,譬如说我们要想使行人绝对地避免遭受来自动力交通工具的危害,那么一个住在偏远地区的人恐怕也因为交通工具的欠缺而无法期待医生看病了。因此,为了维持各种社会接触的可能性,我们必须接受某一些对于期待的挫折,例如动力交通工具的附带风险。简言之,容许风险的意思就是,我们可以因为追求一个更高度的利益而接受该行为的附带风险。这是一种两利相权取其重而两害相权取其轻的道理。

---

① 张明楷编著:《外国刑法纲要》(第二版),清华大学出版社 2007 年版,第 238 页。

就法治国概念而言,对于自由权利的限制,除了必须直接或间接以形式上合法的法律为依据以外,在实质上必须符合比例原则,换句话说,限制人民自由权利的法律必须具备以下三个要素:第一个是适当性,第二个是必要性,第三个是衡平性,即狭义的比例原则。适当性是指法律的规定必须是达到所要追求的目的的有效方法,例如,如果要通过对汽车的限速而达到减少事故发生的目的,那么必须是对汽车的限速在事实上有助于事故发生的减少,否则这种对自由权利的限制就是违宪的。必要性是指法律的规定必须是达到所要追求的目的的各种有效方法当中最温和的一种方法,即影响人民权利最小的一种方法,否则法律本身违宪。衡平性是指法律规定所造成的人民的损害和它所追求的目的之间必须维持一种合理的衡平关系,否则法律也属于违宪。刑法不仅仅是一个保护法益的法律,而且是一个以刑罚为手段来保护法益的法律,换言之,刑法的本身也是一个制造侵害的法律。这里所谓的制造侵害,有两层含义:其一,不管某一个别刑法规范的背后是一个祈使语句或是一个禁止语句的性质,它都是一个对行为方式的命令,即命令受拘束人必须为一定行为或不得为一定行为。因此,如果我们说人本来可以决定自己的一切行为,那么固然自由利益也是刑法所要保护的利益,但是事实上刑法本身就已经在限制人的自由利益了。其二,刑法规范也包括了法律效果的规定,具体而言,是一个刑罚的命令,这一刑罚命令的贯彻所造成的结果则是对生命、自由、财产或参政等等利益的剥夺。基于法治国概念下的比例原则的要求,也基于刑法规范本身对人的基本权利的限制的事实,犯罪行为的内容以及所处刑罚的规定都必须符合适当性、必要性和衡平性的要求,否则刑法的本身就是违宪的法律。

容许风险在整个刑法领域最重要的落实应该是在利益保护的相对性:法律上对生命利益、身体健康利益、财产利益、自由利益或名誉利益等都有保护的规定,但是法律对于这些利益的保护并非是绝对的,法律上所承认的利益并非不容许任何的侵害,因为我们每一个人都是一个社会人,随时都会有和别人之间的利益冲突,如果说人的生活利益是绝对不容许被侵害的,那么最终结果是我们每一个人都没有办法生活下去。因此,我们必须清楚,生活利益本来就没有绝对的,生活利益本来就随时随地在接受或多或少的侵害,而且也应该随时接受或多或少的侵害,问题只是应该接受侵害的程度有多大而已,这个应该接受侵害的程度也不是固定不变的,而是随着侵害行为的必要性和相对利益的大小而浮动的。①

被允许的危险理论适合于解释不断更新的交通观念。随着道路等级的不断提高,驾驶员的注意义务逐渐减少,而增加了行人的注意义务,对行人的交通行为进行了规范和限制,特别是在城市快车道上以及高速公路上。在高速公路上,《高速公路交通管理办法》(1994年公安部令第20号)明确规定行人不得进入高速公路,行人因进入高速公路而造成自身伤亡和财产损失的交通事故,正常行驶的机动车一方不负交通事故责任和法律责任。用被允许的危险理论来解释就是:在高速公路上,尽管驾驶员能够预见自己的高速行使行为可能会对行人造成危险,但由于高速公路本不允许行人进入,这种危险是社会所能容忍的。这就表明我国为了交通的快捷便利,在快车道上允许高速行驶的车辆对违章进入的行人的身体健康造成危险,不保护违章行人的法益。如果要求驾驶机动车的人过度地采取安全措施,注意路上的行人安全,就会降低城市快车道及高速公路的行车速度,造成交通迟缓或交通堵塞,影响城市快车道及高速公路的社会效益,反而不利于整个社会的发展。

二、危险分配理论

危险分配理论所讨论的是,在确定当事人的过错时,对加害人与被害人应分别提出多大的注意义务。如果对加害人提出的义务范围较广,则

---

① 参见黄荣坚著:《刑法问题与利益思考》,台湾元照出版有限公司1999年版,第233—242页。

被害人的注意义务就会较窄;反之,如果认为加害人的注意义务较少,则被害人的注意义务较多。因此,基于现实社会的要求,应当对危险进行适当的分配。危险分配,是德、日刑法理论中以被允许的危险和信赖原则为理论基础,在"过失犯罪处罚减轻合理化"口号下提出的理论。其基本含义是指:在从事危险的业务或者事务时,参与者应当以相互间的信赖为基础,对于该业务或事务所发生的危险,相互间予以合理的分配,就各自分担的部分予以确切地实施,相互间分担回避危险的义务,使危险减轻或消除。危险分配的理论,从客观上说,是对涉及危险业务、事务的当事人应当合理地分担对发生危害结果的危险的注意义务。因此,在认定当事人的交通事故责任时,基本原则是:谁应当分担的注意义务越多,谁的交通事故责任就越大。

危险分配理论是现代社会中追求和谐的共同生活目的所提出的必然要求。因为社会交往的共同体是由无数的活动参与者的行为所共同组成的,所以,要使这种和谐的社会交往秩序得以维系,就必须让每一个参与危险活动的行为主体分担一定的风险,负担一定的注意义务,由此平衡各个参与方的自身利益。因此,理论上一般认为,危险分配理论是在各个参与主体之间合理分配注意义务的重要原则。但正如日本学者大谷实所言,该理论的重要问题或其落脚点并非"分担注意义务"本身,而是通过这种危险的分配、注意义务的分担,来实现消除危险、避免结果发生的法秩序的根本目的。① 以道路交通为例,整个交通系统是由车辆驾驶者和行人共同组成的,仅要求一方完全承担危险活动所带来的风险,负担完全的注意义务,是非常不公平的。因此,为了维持稳定、有序、通畅的交通秩序,不仅车辆驾驶者一方必须遵守交通规则,而且行人一方也必须遵守交通规则,双方共同分担其参与交通活动所具有的风险,各自负担一部分注意义务。而如何合理分配车辆驾驶者与行人之间的危险分担,说到底就

---

① 参见[日]藤木英雄编著:《过失犯——新旧过失论争》,学阳书社1975年版,第109页。

是究竟是尊重汽车作为高速交通工具的地位,还是强调这种高速交通工具所带来的对人的生命、身体危害事实的问题。如果强调汽车作为高速交通工具所带来的人类活动的迅捷化,那么就会减少驾驶者一方对危险的分担,而扩大行人一方对危险的分担。如果强调人的生命、身体的不可侵犯性,就会表现出限制汽车行动的倾向。在这种场合,数个行为人之间的注意义务范围是一个此消彼长的关系,即在一方的负担减少的情况下,另一方的负担就会增加。

危险分配理论随着社会对汽车作为高速交通工具的不同评价而发生了明显的变化。在汽车发明的初期,汽车持有的数量少,道路及交通设施也极不完备,道路狭窄,没有行车道与人行道的区别,只是在主要路口设置交通信号灯,行人也不太讲究交通规则。在这种情况下,司法实务中几乎就不承认汽车作为高速交通工具的地位,因而强调对行人安全的保障,在社会观念上并没有什么特别明显的不妥。所以,就课以驾驶者广泛的注意义务,对行人则要求极少的注意义务,给予行人相当的行动自由。当发生事故时,大都会认为是驾驶者的责任。后来,汽车得到了迅速的普及,道路和交通设施也逐渐完备,国民的交通道德意识也逐步加强。与此相适应,社会广泛地认识到汽车必须要能够快速行驶,从而要求行人应当为不妨碍汽车的行驶进行必要的协助。这样一来,关于汽车驾驶者与行人之间的危险的分配,从过去几乎是驾驶者一方负担,转而把相当的部分转移到行人一方,减少了驾驶者所负担的危险。以高速发展的经济增长为背景,汽车的社会作用也显著增大,一些道路实行全封闭、全立交,属汽车专用公路,本不允许普通行人进入。因此,行人与汽车发生碰撞时,原则上不发生危险的分配,所有后果均由行人承担。但是,在行人因故而进入的情况下,如清洁工人、施工工人、交通警察进入汽车专用公路,行人即使不负担百分之百的危险,也要承担保证安全的广泛的注意义务,而驾驶者的注意义务则大大缩小。

危险分配理论的发展变化过程,符合了社会发展的要求,又考虑了交通参与者各方的利益平衡。当然,以危险分配理论确定交通参与者各自的注意义务,应根据不同的具体情况而定:(1)公路的等级愈高,则汽车行驶速度愈快,驾驶员的视野变小,注意义务要少,行人的注意义务要增多;而在等级差的公路,不仅车要行驶,人也要行走,而且原本是人行走的场所,所以行人对汽车的高速行驶的协助是有限度的,驾驶员应牺牲汽车速度,尽可能保证行人的安全。(2)易于发现违章相对人的一方的注意义务要多,而难于发现对方违章的一方的注意义务要少,例如,在晚上时,行人的注意义务应比白天时多,因为很容易发现远处的车灯,而驾驶员的责任与之相反。(3)人烟稠密的路段,驾驶员的注意义务增加,而在人烟稀少的路段,行人的注意义务增加。(4)从避让危险状态的难易程度上区分,难以避让危险状态的一方的注意义务要减少。例如,机动车在普通公路上遇到行人是盲人、老人时,由于盲人、老人身体机能上的缺陷而难以避让危险状态,因此机动车驾驶员的注意义务就要多一些。(5)从消除、减少危险发生的目的出发,依据信赖原则合理地确认交通参与者的注意义务,交通参与者在遵守交通规则的情况下或属正常行为时,其注意义务要少,而在违反交通规则的情况下或属异常行为时,则要求更多的注意义务。例如,在干线上直线行驶的车辆通过没有交通信号或交通标志控制的路口时,其驾驶员的注意义务要少于从支线上想要拐弯进入干线行驶的车辆的驾驶员的注意义务。

还有学者通过以下几个规则来分配交通参与者的注意义务[1]:(1)区别不同的交通工具来确定分配规则。即区分火车、电车交通的场合与汽车交通的场合来分配注意义务。在火车、电车交通的场合,因为有专用轨道,所以对行人乃至其他汽车驾驶者的限制就相应较多,因此,在这种场合,应当缩小火车、电车驾驶者一方的注意义务,而扩大行人、汽车驾驶者一方的注意义务。我国《道路交通安全法》第46条、第65条的规定体现

---

①参见程皓:《注意义务比较研究》,武汉大学2007年博士论文,第117—119页。

了这种精神。在汽车交通的场合,应当让汽车驾驶者一方承担相对多的注意义务以确保行人的安全。因为相对于行人而言,汽车驾驶者在交通活动中处于强势一方,而且,相对于行人可能给汽车驾驶者带来的危险程度而言,汽车驾驶者可能给行人带来的危险程度更高。我国《道路交通安全法》第47条第1款、第62条的规定对此有所体现。(2)区分不同的行车路段来确定分配规则。例如,在高速公路上行驶的场合,当驾驶者发现路旁有行人在行走时,并不需要降低速度来防止该行人会突然冲到行车道的中央。因为在高速公路的场合,首先应当承认汽车高速运行的地位,而行人一般是不允许进入高速公路的。而在人群较为密集的路段,如学校门口、商业街等,考虑到行人较多,交通意识淡薄等原因,违反交通规则而行为的情况会时常发生,因此,在这种场合,就应当充分保护行人的安全而限制汽车作为高速交通工具的地位。此外,在交通安全设施仍然不够完善的路段,例如,没有设置交通信号灯、没有交通标示或标线等路段,相当于行人而言,汽车驾驶者应当负担更多的注意义务。我国《道路交通安全法》第44条、第47条的规定表明了这种立场。(3)区分不同对象的注意能力来确定分配规则。例如,在"车对车"的交通场合,各个汽车驾驶者有相应的注意能力,应当负担各自作为机动车驾驶者所应当承担的注意义务,并可以信赖其他汽车驾驶者会遵守其注意义务。因此,各个驾驶者之间所分配的危险、分担的注意义务一般是平等的。但是,在有些场合,必须考虑一方在注意能力上处于劣势,使得其在遇到紧急情况时不具有与相对方同等的处理能力,因此,在分配危险、分担注意义务时就要适当减轻其负担。例如,在行人是小孩或老人时,由于他们在交通安全意识和紧急情况处理能力上相对于驾驶者来说较弱,因此,作为汽车驾驶者就应当承担相对多的注意义务。

三、信赖原则

信赖原则是在若干先驱判例的基础上逐渐在德国判例中占据稳固地

位的,其中突出的体现是 1935 年 12 月 9 日帝国法院的判决(RGST70—71)。该判决对于电车司机撞倒突然从电车修筑区跳到车轨上的行人一案,认为行为人不构成过失。其理由是,机动车驾驶人没有"考虑到一切不注意行为"顾虑的必要,只要他有"对所有事情进行合理考虑而可能预见的不注意行为加以注意的"念头,就是已尽了注意义务。①

所谓信赖原则是指当行为人实施某种行为时,如果可以信赖被害人或者第三人能够采取相应的适当行为的场合,由于被害人或第三人不适当的行为而导致结果发生的,行为人对此不承担过失责任的原则。② 也就是说,信赖原则是指行为人信赖他人能实施合乎规则的行为,只要该信赖具有相当性,即使由于他人的不当行为引起了危害结果,行为人对此也不承担责任的原则。因此,"在自己尽注意义务依法则行事时,信赖他人会和自己一样遵守注意义务,依法则行事,不需要考虑他人可能的违反义务行为。因此,如果他人未依彼此认同的法则行事,而自己因误信而实现风险,即可以主张自己是被他人制造的风险卷入,在自己没有制造风险(因为没有违反注意义务)的情况下,风险也是他人而不是自己所实现的"③。信赖原则作为注意义务的认定基准,通过自身的适用来限制甚至否定行为人的注意义务,从而达到限制刑罚圈的目的。"信赖关系的建立,需要信赖的基础,能提供有效的信赖基础的,是法律上的要求或禁止,应该是有了法律义务才能产生信赖,而不是因为有信赖才能有法律义务。"④"信赖只有在法律的保障下才可能产生,是法律使权利主体敢于信赖。"⑤信赖原则是在调和一般社会公众的生活利益与道路交通事业社会效用之间冲突的基础上得以产生,注重于其社会有益性,实际上正好契合

①〔日〕西原春夫主编,李海东等译:《日本刑事法的形成与特色》,法律出版社、成文堂 1997 年版,第 263 页。
②〔日〕西原春夫著:《交通事故与信赖原则》,成文堂 1969 年版,第 14 页。
③许玉秀著:《主观与客观之间》,春风旭日论坛 1997 年版,第 26 页。
④许玉秀著:《主观与客观之间》,春风旭日论坛 1997 年版,第 414 页。
⑤许玉秀著:《主观与客观之间》,春风旭日论坛 1997 年版,第 27 页。

了德国当时从农业社会向工业社会变迁的发展方向,体现了法律调控社会的一般作用。

信赖原则最先是与处理交通事故有关。从事交通运输的人,在遵守交通规则而实施其行为时,只要没有特殊情况,就可以信赖其他有关人员也会遵守交通规则;如果其他人不遵守交通规则,造成了事故,遵守交通规则的行为人就不承担责任。信赖原则在适用上,其前提条件在于行为人自己遵守了交通规则。

日本学者对于适用信赖原则处理交通事故提出了以下见解:第一,适用的主观要件。必须存在对其他交通参与者遵守交通法规以及交通惯例、交通道德的现实信赖,并且这种信赖符合社会生活中的相当性要求。第二,适用的客观要件。必须存在信赖其他交通参与者根据交通法规采取适当行动的具体状况。具体说,客观上有以下情况不适用信赖原则:(1)在容易预见被害人具有违反交通秩序的行为的场合;(2)因被害人是幼儿、老人、身体残疾者、醉酒者,不能期待其采取遵守交通秩序行为的场合;(3)幼儿园、小学校门前,道路有雪等事故发生危险性高的场所,以及从周围的状况看不能期待采取适当行为的场合。具有上述客观情况的,排除信赖原则的适用。① 从信赖原则适用的客观要件可以看出,信赖原则实际上是一种利益衡量下的产物。衡量的利益一边是特定领域参与者的法益保护程度,另一边是降低参与者注意义务所带来的总体利益。如果信赖原则成立,就表示法规范认为在这种情形下,以"法益受侵害风险"交换"整体利益"是值得的,而这正是"容许风险"的概念。虽然学说上对于容许风险与信赖原则的关系,大多认为两者并非表里关系而是各自发展,但实际上,信赖原则只是容许风险概念在判断行为人注意义务时的具体运用,信赖原则具有划定容许风险范围的功能,二者的本质都是"利益

---

① [日]藤木英雄著:《过失犯——新旧过失论争》,学阳书房 1981 年版,第 96—98 页。

衡量"。①

信赖原则是基于人们的相互信任,共同责任心而产生的,是在社会规则范围内的信赖。信赖原则与规则的社会普及程度、文明程度相联系,在人们广泛遵守规则的情况下,信赖原则有助于提高工作效率,促进社会发展。反之,信赖原则会损害社会利益,成为优势群体保护自我的有力武器。在交通运输方面,信赖原则保护社会整体利益和遵守交通规则且技术水平高的驾驶员,但牺牲行人与水平不高的驾驶人员的利益。是否适用信赖原则,实质上就是对不同社会利益的权衡,对是否存在被允许的危险的肯定与否定,我国目前已建立的高速公路及全封闭的城市快车道,由于明确禁止行人上路并采取了封闭措施,机动车驾驶员可以信赖在这些公路上是没有行人行走的。当发生行人与车辆相撞的交通事故时,可以依据信赖原则确认机动车一方无责任。

依信赖原则处理交通事故,就是严格按照交通法规办事。但由于交通事故损害后果的严重性以及社会不可避免的存在弱势群体,出于人道主义与从社会整体利益出发,机动车驾驶员在自己遵守交通规则的前提下还应当在确保安全的原则下通行,切实履行结果回避义务。因此,并不能在任何时候都适用信赖原则。行为人在自己遵守交通法规的同时,当发现对方突然出现违章行为而可能与自己发生交通事故时,应尽可能采取措施,避免危害结果的发生,如果有时间、有能力采取措施,而没有采取,以至于发生交通事故的,就不能适用信赖原则免责。交通事故的产生一方面是由于交通参与者的某种行为造成了一定的危险状态,另一方面是交通参与者对危险状态没有采取避让措施,或者避让失败。如果对危险状态采取了避让措施且避让成功,就不会发生交通事故了。

我国台湾有学者认为,发展自交通案件的信赖原则,本质上属于一种可容许风险的下位类型,即驾车上路虽然是制造风险的行为,但只要驾驶

①参见李之圣:《过失犯理论与信赖原则之变迁与检讨》,载《刑事法杂志》2007 年 8 月第 51 卷第 4 期。

人自身遵守交通规则的要求,这是现代生活中可容许的风险。甚至于参与道路交通者,还可以进一步信赖其他人会符合交通法规来参与道路交通,因此凡遵守交通规则而仍然发生交通意外事故者,纵使造成侵害法益的损害结果,也可以基于信赖原则主张这是法所容许的风险。这同时也是一种类似"以正对不正"、"对的不需要向错的让步"的基本想法。信赖原则在台湾交通事故运用上存在的几个问题:第一,就台湾实务运用而言,信赖原则几乎都是否定型的运用,即个案中几乎都是以"行为人因自身违反交通规则故不得主张信赖原则"。实际上几乎鲜有成功主张信赖原则的案例。第二,造成上述原因之一,在于实务经常援引交通规则所定概括性注意义务(可称为"四面八方注意义务"),因此,即便驾驶人已经符合了交通规则所定的所有其他注意义务(如速限等),也可能被判定为违反这种概括性注意义务而不能主张信赖原则。第三,交通规则中各种注意规范的保护目的,以及违反交通规则行为与所生事故结果之间有无特殊的关联性,也不受重视。事实上,交通规则密密麻麻,各有其规范目的,有些固然在于防免交通事故并避免死伤风险(如速限及超车规定),但有些明显指向行政管理目的(如行车应携带行照及驾照),不能一概而论。甚至于同为防护安全的规定,多数规定的目的固然在于(同时)保护其他交通参与者的安全(如速限及超车规定),但也有仅止于保护驾驶人自己的安全者(如驾驶人应系安全带)。据此,应该不能得出驾驶人一旦有"任何"违反交通规则的情形,皆不得主张信赖原则的泛泛结论,至少还是要回到行为人有无制造刑法上有意义风险的基准,参照规范保护目的来进行个案判断。①

以下两个是台湾地区法院运用信赖原则的判决:74台上4219判例:汽车驾驶人虽可信赖其他参与交通之对方亦能遵守交通规则,同时为必要之注意,谨慎采取适当之行为,而对于不可知之对方违规行为并无预防

---

①参见林钰雄著:《新刑法总论》,台湾元照出版有限公司2006年版,第482—483页。

之义务,然因对于违规行为所导致之危险,若属已可预见,且依法律、契约、习惯、法理及日常生活经验等,在不超越社会相当性之范围应有注意之义务者,自仍有以一定之行为避免结果发生之义务。因此,关于他人之违规事实已极明显,同时有充足之时间可采取适当之措施以避免发生交通事故之结果时,即不得以信赖他方定能遵守交通规则为由,以免除自己之责任。92 台上 3840 判例:汽车驾驶人有随时警戒前方,预防危险发生之义务。对于其他参与交通之对方违规行为所导致之危险,若属已可预见,且依法律、契约、习惯、法理及日常生活经验等,在不超越社会相当性之范围应有注意义务,同时有充足之时间可采取适当之措施以避免发生交通事故之结果时,自仍有以一定行为避免结果发生之义务。①

四、路权原则与优者危险负担原则

(一)路权原则

我国的路权原则与信赖原则相似。所谓路权,是指交通参与者依据交通安全管理法律、法规的规定所享有的,在一定的空间和时间内使用道路进行交通活动的权利。路权由通行权和先行权组成。通行权是指交通参与者根据交通安全管理法律、法规的规定,在道路某一空间范围内进行交通活动的权利。通行权又叫空间路权。例如,机动车在机动车道内行驶;自行车在非机动车道内行驶;行人走人行道,横过车行道时,走人行横道。先行权是指交通参与者在都有通行权的前提下,依据交通安全管理法律、法规的规定所享有的,在一定时间范围内、在一定道路空间上优先进行交通活动的权利。例如,我国《道路交通安全法》第 47 条规定:"机动车行经人行横道时,应当减速行驶;遇行人正在通过人行横道,应当停车让行。机动车行经没有交通信号的道路时,遇行人横过道路,应当避让"。

---

① 参见林钰雄著:《新刑法总论》,台湾元照出版有限公司 2006 年版,第 482 页。

《道路交通安全法实施条例》第 44 条第 2 款规定:"在道路同方向划有 2 条以上机动车道的,变更车道的机动车不得影响相关车道内行驶的机动车的正常行驶"。第 48 条第 3 项规定:"在没有中心隔离设施或者没有中心线的道路上,机动车遇相对方向来车时应当遵守下列规定……(三)在狭窄的坡路,上坡的一方先行;但下坡的一方已行至中途而上坡的一方未上坡时,下坡的一方先行"。先行权是建立在通行权的基础上的。如果事故责任者侵犯了其他交通参与者的通行权或先行权,造成交通事故的,在一般情况下,侵权是造成事故的主要原因,侵权的违法行为对事故发生所起作用较大,侵权者应负主要以上的事故责任,这就是路权的原则。

实质上,路权原则只是信赖原则中的一种情况,即交通参与者本人在遵守路权原则的前提下,信赖其他的交通参与者也会遵守路权原则。交通事故一方当事人的交通违章行为是违反通行权的违章行为,另一方当事人的违章行为不是违反通行权的违章行为,则由违反通行权一方当事人负事故的主要以上责任;双方当事人都有通行权的情况下,由违反先行权的一方当事人负事故主要以上责任①。但信赖原则更强调行为人首先遵守包括路权在内的一切交通规则,而路权原则则只要行为人遵守路权原则即可,把路权提到了一个相当高的地步,忽略其他违章行为在交通事故中的作用。信赖原则在适用中,仍有可能导致弱势群体的利益受损,那么路权原则更侧重于保护优势群体,易导致违反路权的交通参与者的利益受损。

(二)优者负担原则

所谓优者危险负担,是指在交通事故中,在各方当事人都具有过失的情况下,考虑到各方对道路交通法规注意义务的轻重,按机动车辆危险性的大小以及危险回避能力的优劣,分配交通事故的损害后果而由优者负担危险。该原则来源于风险分担理论,这种理论认为,工业是现代社会生

---

① 参见杜心全主编:《道路交通事故处理》,群众出版社 2000 年版,第 196—198 页。

武汉科技学院·人文社科文库

存和发展的必不可少的经济活动,本身并无违法性可言。使其承担责任只是因为他有更强的赔付能力,通过保险机制和社会分担机制分散给社会大众已成为成熟的理论根据。优者危险负担原则的目的是通过增加优者的交通事故责任来促使交通参与者切实履行结果回避义务,以减少交通事故。一般而言,汽车要比行人优;车辆间则以增减速、控制力、最小径回转能力等性能上较好的汽车为优,或就速度、硬度、重量、大小等对他人汽车危险性较多之汽车为优者。例如,汽车与行人,相对于汽车而言,行人明显处于"弱者"地位。由于汽车比行人危险性大,其注意义务就应当重,这样,在承担民事责任时,汽车的所有人或使用人在同等条件下承担的责任更重。因此,在汽车与行人之间发生的交通事故中,如果汽车方与行人具有同等作用力的违章行为,汽车一方依优者危险负担原则要承担较大的责任。这是处理交通事故的特有原则,是现代法治"抑强扶弱"基本精神的体现。

第二章　交通刑法的立法模式

第一节　我国交通刑法的立法现状

一、大陆交通刑法的立法

我国刑法典在分则第二章危害公共安全罪中规定了交通犯罪,其具体内容如下:

第 116 条　(破坏交通工具罪)

破坏火车、汽车、电车、船只、航空器,足以使火车、汽车、电车、船只、航空器发生倾覆、毁坏危险,尚未造成严重后果的,处三年以上十年以下有期徒刑。

第 117 条　(破坏交通设施罪)

破坏轨道、桥梁、隧道、公路、机场、航道、灯塔、标志或者进行其他破坏活动,足以使火车、汽车、电车、船只、航空器发生倾覆、毁坏危险,尚未造成严重后果的,处三年以上十年以下有期徒刑。

第 119 条　第 1 款(破坏交通工具罪、破坏交通设施罪)

破坏交通工具、交通设施,造成严重后果的,处十年以上有期徒刑、无期徒刑或者死刑。

第 119 条　第 1 款(过失破坏交通工具罪、过失破坏交通设施罪)

过失犯前款罪的,处三年以上七年以下有期徒刑;情节较轻的,处三年以下有期徒刑或者拘役。

第121条 (劫持航空器罪)

以暴力、胁迫或者其他方法劫持航空器的,处十年以上有期徒刑或者无期徒刑;致人重伤、死亡或者使航空器遭受严重破坏的,处死刑。

第122条 (劫持船只、汽车罪)

以暴力、胁迫或者其他方法劫持船只、汽车的,处五年以上十年以下有期徒刑;造成严重后果的,处十年以上有期徒刑或者无期徒刑。

第123条 (暴力危及飞行安全罪)

对飞行中的航空器上的人员使用暴力,危及飞行安全,尚未造成严重后果的,处五年以下有期徒刑或者拘役;造成严重后果的,处五年以上有期徒刑。

第131条 (重大飞行事故罪)

航空人员违反规章制度,致使发生重大飞行事故,造成严重后果的,处三年以下有期徒刑或者拘役;造成飞机坠毁或者人员死亡的,处三年以上七年以下有期徒刑。

第132条 (铁路运营安全事故罪)

铁路职工违反规章制度,致使发生铁路运营安全事故,造成严重后果的,处三年以下有期徒刑或者拘役;造成特别严重后果的,处三年以上七年以下有期徒刑。

第133条 (交通肇事罪)

违反交通运输管理法规,因而发生重大事故,致人重伤、死亡或者使公私财产遭受重大损失的,处三年以下有期徒刑或者拘役;交通运输肇事后逃逸或者有其他特别恶劣情节的,处三年以上七年以下有期徒刑;因逃逸致人死亡的,处七年以上有期徒刑。

二、台湾地区交通刑法的立法

我国台湾地区"刑法"典在第十一章公共危险罪一章中规定了交通犯罪,其具体内容如下①:

第 183 条　（倾覆或破坏现有人所在之交通工具罪）

Ⅰ倾覆或破坏现有人所在之火车、电车或其他供水、陆、空公众运输之舟、车、航空机者,处无期徒刑或五年以上有期徒刑。（倾覆交通工具罪）

Ⅱ因过失犯前项之罪者,处一年以下有期徒刑、拘役或三百元以下罚金。（普通过失倾覆或破坏交通工具罪）

Ⅲ从事业务之人,因业务上之过失犯第一项之罪者,处三年以下有期徒刑、拘役或五百元以下罚金。（业务过失倾覆或破坏交通工具罪）

Ⅳ第一项之未遂犯罚之。

第 184 条　（使舟、车、航空器发生往来危险罪）

Ⅰ损坏轨道、灯塔、标识或以他法致生火车、电车或其他供水、陆、空公众运输之舟、车、航空机往来之危险者,处三年以上十年以下有期徒刑。（损坏交通设备罪）

Ⅱ因而致生舟、车、航空机倾覆或破坏者,依前条第一项之规定处断。（倾覆交通工具罪）

Ⅲ因过失犯第一项之罪者,处六月以下有期徒刑、拘役或三百元以下罚金。（普通过失损坏交通设备罪）

Ⅳ从事业务之人,因业务上之过失犯第一项之罪者,处二年以下有期徒刑、拘役或五百元以下罚金。（业务过失损坏交通设备罪）

Ⅴ第一项之未遂犯罚之。

---

①黄荣坚等编:《月旦简明六法》,台湾元照出版有限公司 2006 年版,第陆－24 至陆－25 页。

第 185 条　（妨害公众往来安全罪）

Ⅰ损坏或拥塞陆路、水路、桥梁或其他公众往来之设备或以他法致生往来之危险者，处五年以下有期徒刑、拘役或五百元以下罚金。

Ⅱ因而致人于死者，处无期徒刑或七年以上有期徒刑；致人重伤的，处三年以上十年以下有期徒刑。

Ⅲ第一项之未遂犯罚之。

第 185 条之一（劫持、控制航空器或其他供公众运输之工具罪）

Ⅰ以强暴、胁迫或其他非法方法劫持使用中的航空器或控制其飞航者，处死刑、无期徒刑或七年以上有期徒刑。其情节轻微者，处七年以下有期徒刑。（劫持航空器罪）

Ⅱ因而致人于死者，处死刑或无期徒刑；致重伤者，处死刑、无期徒刑或七年以上有期徒刑。

Ⅲ以第一项之方法劫持使用中供公众运输之舟、车或控制其行驶者，处五年以上有期徒刑。其情节轻微者，处三年以下有期徒刑。（劫持舟车罪）

Ⅳ因而致人于死者，处无期徒刑或十年以上有期徒刑；致重伤者，处七年以上有期徒刑。

Ⅴ第一项、第三项之未遂犯罚之。

Ⅵ预备犯第一项之罪者，处三年以下有期徒刑。

第 185 条之二（危害飞航安全罪）

Ⅰ以强暴、胁迫或其他非法方法危害飞航安全或其设施者，处七年以下有期徒刑、拘役或者三十万元以下罚金。

Ⅱ因而致航空器或其他设施毁损者，处三年以上十年以下有期徒刑。

Ⅲ因而致人于死者，处死刑、无期徒刑或十年以上有期徒刑；致重伤者，处五年以上十二年以下有期徒刑。

Ⅳ第一项之未遂犯罚之。

第 185 条之三（不能安全驾驶罪）

服用毒品、麻醉药品、酒类或其他相类之物,不能安全驾驶动力交通工具而驾驶者,处一年以下有期徒刑、拘役或三万元以下罚金。

第185条之四(肇事逃逸罪)

驾驶动力交通工具肇事,致人死伤而逃逸者,处六月以上五年以下有期徒刑。

从上述的规定可以看出,在我国台湾地区"刑法"中,一般将过失分为普通过失与业务过失,而且对于业务过失犯罪的法定刑的配置高于同类的普通过失犯罪的法定刑。另外,我国台湾地区"刑法"中还规定了不能安全驾驶而驾驶的犯罪,为我们通常所说所见的对大众交通安全有重大危险性的酒后驾车行为提供了用刑法进行规制科处刑罚的依据,同时,还将肇事后逃逸的行为直接规定为单独的犯罪行为。

对于酒醉驾车的处罚,原来是依据《道路交通管理处罚条例》第35条以及《道路交通安全规则》第114条的规定,属于行政罚的范畴。1999年4月23日我国台湾地区"刑法"第185条之三将酒醉驾车的处罚带入刑罚领域。因此,酒醉驾车行为已经不再是一个行政不法行为,而是刑事不法行为,要通过一个比较严谨的刑事程序加以追诉,而不再是单纯的一个交通秩序违反行为的处理。依据《道路交通管理处罚条例》第35条第一项及《道路交通安全规则》第114条的规定,驾驶人饮酒后吐气所含酒精成分超过每公升0.25毫克以上者(相当于血液中酒精含量千分之0.5以上),即属于酒醉驾驶的交通违规行为,应处新台币一万五千元以上六万元以下罚锾,并当场移置保管其车辆及吊扣其驾驶执照一年;因而肇事致人受伤者,并吊扣其驾驶执照二年;致人重伤或死亡者,吊销其驾驶执照,并不得再考领。① 这里的罚锾、移置车辆及吊扣吊销驾照,都属行政罚的范围。台湾有学者认为,鉴于现代社会动力快速交通的现实,因交通行为而衍生的交通犯罪势必日渐增多。这些交通犯罪行为,已经不再属于原来公共危险概念下的犯罪,因此,未来的刑法应该另外设立交通犯罪的专章。②

三、香港地区交通刑法的立法

我国香港地区的交通犯罪散见于《道路交通条例》、《道路交通(违例驾驶记分)条例》、《定额罚款(交通违例事项)条例》、《定额罚款(刑事诉讼)条例》、《汽车保险(第三者风险)条例》、《道路交通(公共服务车辆)规则》等条例中。香港的交通犯罪规定得非常详细,可以将其分为道路交通犯罪、铁路交通犯罪、水上交通犯罪和空中交通犯罪。道路交通犯罪主要包括鲁莽驾驶罪、鲁莽驾驶致人死亡罪、不小心驾驶罪、醉酒驾驶罪、违反限速驾驶罪、道路上赛车罪、鲁莽骑自行车罪、不小心骑自行车罪、无驾驶执照驾驶罪、违反交通指令驾驶罪、越过双白线罪、违例泊车罪、不遵守交通讯号罪、无第三者保险使用车辆罪、超载罪、运载应课税品罪、发生事故后不停车罪、发生事故后不提供情况罪、发生事故后不报警罪、破坏事故证据罪等。③

---

① 台湾地区的《道路交通管理处罚条例》第 35 条第一项规定:"道路交通汽车驾驶人,驾驶汽车经测试检定有下列情形之一者,处新台币一万五千元以上六万元以下罚锾,并当场移置保管其车辆及吊扣其驾驶执照一年;因而肇事致人受伤者,并吊扣其驾驶执照二年;致人重伤或死亡者,吊销其驾驶执照,并不得再考领:一、酒精浓度超过规定标准。二、吸用毒品、迷幻药、麻醉药品及其相类似之管制药品。"《道路交通安全规则》第 114 条规定:"汽车驾驶人有下列情形之一者,不得驾车:一、连续驾车超过八小时者。二、饮用酒类或其他类似物后其吐气所含酒精浓度超过每公升 0.25 毫克或血液中酒精浓度超过百分之 0.05 以上者。三、吸食毒品、迷幻药、麻醉药品或其相类似管制药品者。四、患病影响安全驾驶者。五、营业小客车驾驶人未向警察机关请领执业登记证,或虽已领有而未依规定放置车内指定之插座者。"
② 参见林山田著:《刑法各罪论》(下册),林山田自版 2006 年修订五版,第 270 页。
③ 参见赵秉志主编:《香港刑法》,北京大学出版社 1996 年版,第 343—380 页。

四、澳门地区交通刑法的立法

我国澳门地区的刑法典设有专章第四章规定了妨害交通安全罪,其具体内容如下:

第275条 (劫持航空器、船舶或火车又或使之偏离路线)

1.占据载有人的飞行中之的航空器、航行中的船舶或行驶中的火车,又或使之偏离正常路线者,处五年至十五年徒刑。

2.为着上款规定的效力,下列的航空器、船舶或火车视为飞行中的航空器、航行中的船舶或行驶中的火车:

a)航空器自装载完毕,外部各门均已关闭时起,直至上述任一门打开以便卸载时为止,视为飞行中;如航空器被强迫降落时,在有权限当局接管对该航空器及其所载之人与财产的责任前,该航空器视为仍在飞行中;

b)船舶自地面人员或船员为某一特定航程开始作预备工作时起,直至其到达目的地时为止,视为航行中;

c)火车自装载乘客或货物完毕,开始移动时起,直至应卸载时为止,视为行驶中。

第276条 (妨害运输安全)

1.作出下列行为,妨害空中、水路或铁路运输安全,因而对他人生命造成危险、对他人身体完整性造成严重危险,或对属巨额之他人财产造成危险者,处三年至十年徒刑:

a)将设施、设备或信号装置毁灭、除去、损坏或使之失去效用;

b)对运作或行驶设置障碍;

c)给予虚假通知或信号;

d)作出可导致祸事之行为。

2.如因过失而造成上款所指之危险,行为人处一年至八年徒刑。

3.如因过失而作出第一款所指之行为,行为人处最高五年徒刑。

第 277 条 （危险驾驶交通工具）

1. 在不具备安全驾驶的条件，或明显违反驾驶规则下，驾驶供空中、水路或铁路运输用之交通工具，因而对他人生命造成危险、对他人身体完整性造成严重危险，或对属巨额之他人财产造成危险者，处一年至八年徒刑。

2. 如因过失而造成上款所指之危险，行为人处最高五年徒刑。

3. 如因过失而作出第一款所指之行为，行为人处最高三年徒刑或科罚金。

第 278 条 （妨害道路运输安全）

1. 作出下列行为，妨害道路运输安全，因而对他人生命造成危险、对他人身体完整性造成严重危险，或对属巨额之他人财产造成危险者，处二年至八年徒刑：

a）将交通道路、车辆之设备、工程设施、设施或信号装置毁灭、除去、损坏或使之失去效用；

b）对运作或行驶设置障碍；

c）给予虚假通知或信号；

d）作出可导致祸事之行为。

2. 如因过失而造成上款所指之危险，行为人处最高五年徒刑。

3. 如因过失而作出第一款所指之行为，行为人处最高三年徒刑或科罚金。

第 279 条 （危险驾驶道路上之车辆）

1. 在下列情况下，于公共道路或等同之道路上驾驶有或无发动机之车辆，因而对他人生命造成危险、对他人身体完整性造成严重危险，或对属巨额之他人财产造成危险者，处最高三年徒刑或科罚金：

a）因在醉酒状态下，或受酒精、麻醉品、精神科物质或具相类效力之产品影响，又或因身体或精神缺陷或过度疲劳，而不具备安全驾驶之条件；或

b)明显违反在道路上行驶之规则。

2. 如因过失而造成上款所指之危险,行为人处最高二年徒刑,或科最高二百四十日罚金。

3. 如因过失而作出第一款所指之行为,行为人处最高一年徒刑,或科最高一百二十日罚金。

第 280 条 （向交通工具投射物体）

向行驶中的空中、水路或陆路之运输交通工具投射物体者,如按其他法律的规定不科处更重刑罚,则处最高六个月徒刑,或科最高六十日罚金。

第 281 条 （加重及减轻）

第 273 条及第 274 条的规定,相应适用于第 275 条至第 279 条所指之罪。

第 273 条 （因结果之加重）

如因犯第 264 条、第 265 条或第 267 条至第 271 条所指之罪引致他人死亡,或身体完整性受严重伤害,则对行为人科处之刑罚,为对该情况可科处之刑罚,而其最低及最高限度均加重三分之一。

第 274 条 （减轻）

在第 264 条、第 265 条或第 267 条至第 272 条所规定之情况下,如行为人在重大之损害发生前,因己意使该行为所产生之危险有相当程度之减轻,或排除该危险,得特别减轻刑罚,或得不处罚该事实。

应当注意的是,在澳门有关道路交通犯罪的内容,除了在刑法典中设有专章规定之外,还在专门的道路交通法《澳门道路法典》第四章责任中专门规定了刑事责任的内容,还规定了各种犯罪包括酒后驾驶、超速行驶、逆向行驶、不遵守信号、标志指挥、不按规定使用灯光等。①

从上述规定可以看出,澳门刑法典不仅规定了危险驾驶交通工具罪

①参见《澳门道路法典》,载《交通管理》1998 年第 1 期。

和危险驾驶道路上之车辆罪等,这都属于危险犯的规定,而且还规定了过失的危险犯。

第二节　外国交通刑法的立法现状

一、德国交通刑法的立法

德国刑法典在第二十八章危害公共安全一章中规定了交通犯罪,其具体内容如下①:

第 315 条　(侵害铁路、水路和航空交通)

(1)以下列方式危害有轨交通工具、悬空缆车、水路或航空交通安全,因而危及他人身体、生命或贵重物品的,处 6 个月以上 10 年以下自由刑:

1.毁弃、损坏或去除交通设备或运输工具,

2.设置障碍物,

3.设置假标志或发假信号,或

4.其他类似的危险侵害行为。

(2)犯本罪未遂的,亦应处罚。

(3)行为人具备下列情形之一的,处 1 年以上自由刑:

1.意图

a)引起一不幸事件,或

b)实施或掩盖另一犯罪行为,

而行为的,或

2.其行为严重损害他人健康或不特定多数人的健康的。

---

①徐久生、庄敬华译:《德国刑法典》(2002 年修订),中国方正出版社 2004 年版,第 153—159 页。

（4）犯第 1 款之罪情节较轻的，处 3 个月以上 5 年以下自由刑，犯第 3 款之罪情节较轻的，处 3 个月以上 5 年以下自由刑。

（5）过失造成第 1 款危险的，处 5 年以下自由刑或罚金刑。

（6）过失为第 1 款行为且过失造成危险的，处 2 年以下自由刑或罚金刑。

第 315 条 a （危害铁路、水路和航空交通安全）

（1）因下列行为危及他人身体、生命或贵重物品的，处 5 年以下自由刑或罚金刑：

1.由于饮用酒或麻醉品，或由于精神上或身体上的缺陷，在无能力安全驾驶有轨交通工具、悬空缆车、船舶或飞机的情况下，驾驶此等交通工具的，或

2.作为上述交通工具的驾驶员，或负责其安全的人员，严重违背义务，触犯保护有轨交通工具、悬空缆车、船舶或飞机交通法规的。

（2）犯第 1 款第 1 项之罪未遂的，亦应处罚。

（3）犯第 1 款之罪有下列行为之一的，处 2 年以下自由刑或罚金刑：

1.过失造成危险的，或

2.过失为上述行为且过失造成危险的。

第 315 条 b （侵害公路交通）

（1）以下列方式侵害公路交通，因而危及他人身体、生命或贵重物品的，处 5 年以下自由刑或罚金刑：

1.毁弃、损坏、去除设备或交通工具，

2.设置障碍物，或

3.其他类似的危险侵害行为。

（2）犯本罪未遂的，亦应处罚。

（3）行为人在第 315 条第 3 款条件下实施本罪的，处 1 年以上 10 年以下自由刑，情节较轻的，处 6 个月以上 5 年以下自由刑。

（4）犯第 1 款之罪，过失造成危险的，处 3 年以下自由刑或罚金刑。

(5)过失犯第款之罪,且过失造成危险的,处2年以下自由刑或罚金刑。

第315条c (危害公路交通安全)

(1)有下列行为之一,因而危及他人身体、生命或贵重物品的,处5年以下自由刑或罚金刑:

1.具有下列不适合驾驶情形之一而仍然驾驶的:

a.饮用酒或其他麻醉品,或

b.精神上或身体上有缺陷,

2.具有下列严重违反交通规则及疏忽情形的:

a.未注意优先行驶权,

b.错误超车或在超车时错误驾驶,

c.在人行横道上错误驾驶,

d.在看不到全貌的地方、十字路口、街道、铁路交叉道口超速行驶,

e.在看不到全貌的地方,未将车停放在车道右侧,

f.在高速公路或公路上调头或试图调头,

g.刹车或停车时未保持交通安全所必需的距离。

(2)犯第1款第1项之罪而未遂的,亦应处罚。

(3)犯第1款之罪有下列情形之一的,处2年以下自由刑或罚金刑:

1.过失造成危险的,或

2.过失为上述行为,且过失造成危险的。

第315条d (道路交通中的有轨交通工具)

有轨交通工具参与道路交通的,只适用保护道路交通的规定(第315条b和第315条c)

第316条 (酒后驾驶)

(1)饮用酒或其他麻醉品,不能安全驾驶交通工具(第315条至第315条d),如其行为未依第315条a或第315条c处罚的,处1年以下自由刑或罚金刑。

(2)过失犯本罪的,亦依第 1 款处罚。

第 316 条 a (对机动车司机的抢劫式攻击)

(1)利用道路交通的特殊情况,对机动车司机或某一乘客的身体、生命或自由进行攻击,犯抢劫(第 249 条和第 250 条)、窃后抢劫(第 252 条)、抢劫式敲诈勒索(第 255 条)罪的,处 5 年以上自由刑。

(2)情节较轻的,处 1 年以上 10 年以下自由刑。

(3)行为人因其行为至少轻率致他人死亡的,处终身自由刑或 10 年以上自由刑。

第 316 条 b (扰乱供给)

(1)对下列用于公共供给的设施或企业加以毁弃、损坏、去除、改变或使其不能使用,或切断供该企业使用的电力,使公共供给受阻碍或干扰的,处 5 年以下自由刑或罚金刑:

1.服务于铁路、邮政或公共交通的企业或设施,

2.水、电、热或动力的设施或其他供应居民生活的重要企业,

3.供公共秩序或安全用的设备或设施。

(2)犯本罪未遂的,亦应处罚。

(3)1 情节特别严重的,处 6 个月以上 10 年以下自由刑。2 情节特别严重一般是指,行为人因其行为严重影响对居民的重要生活物资、尤其是水、电、热或动力的供应。

第 316 条 c (侵害空中和海上交通)

(1)1 有下列行为之一的,处 5 年以上自由刑:

1.使用暴力或侵害他人的意志自由或进行其他的阴谋活动,以达到

a)控制飞行中的民用航空器,或

b)用于民用海上船舶,或

c)影响其导航目的,或

2.毁弃或损坏航空器或船舶,或船舶舱内的货物,而使用射击武器,或利用射击武器引发炸药或纵火的。

2 已由乘务人员或乘客搭乘或已开始装货的航空器,或乘务人员或乘客尚未按计划离开航空器,或装载的货物尚未卸完的航空器,视同飞行中的航空器。

(2)情节较轻的,处 1 年以上 10 年以下自由刑。

(3)行为人因其行为至少轻率导致他人死亡的,处终身自由刑或 10 年以上自由刑。

(4)为准备实施第 1 款之罪而制造、设法为自己或他人弄到、保管射击武器、爆炸物、引爆炸药或纵火用的材料或设备,或将上述物品转让他人的,处 6 个月以上 5 年以下自由刑。

第 317 条 (扰乱电信设施)

(1)对用于电信设施的运转的物品加以毁弃、损坏、去除、改变或使其不能使用,或切断供电信使用的电力,因而阻碍或危害公共电信设施的正常运转的,处 5 年以下自由刑或罚金刑。

(2)犯本罪未遂的,亦应处罚。

(3)过失犯本罪的,处 1 年以下自由刑或罚金刑。

第 323 条 a (醉酒)

(1)故意或过失饮酒或使用其他麻醉品,使自己处于无责任能力或不能排除其无责任能力的醉酒状态下实施犯罪行为的,处 5 年以下自由刑或罚金刑。

(2)所处刑罚不得重于其在醉酒状态下实施的犯罪的刑罚。

(3)如果在醉酒状态下实施的行为仅在告诉、授权或要求判刑情况下才进行刑事追诉的,该行为非经告诉、授权或要求判刑不得追诉。

第 323 条 b (妨碍戒除瘾癖的治疗)

明知他人依官方命令被安置于戒除瘾癖的机构,未经该机构领导许可或委托,为其提供或转让酒或其他麻醉品,或诱惑其饮用上述物品的,处 1 年以下自由刑或罚金刑。

第 323 条 c (不进行救助)

意外事故、公共危险或困境发生时,根据行为人当时的情况救助有可能,尤其对自己无重大危险且又不违背其他重要义务而不进行救助的,处1年以下自由刑或罚金刑。

此外,在刑法典第七章妨害公共秩序的犯罪中还规定了与交通肇事逃逸有关的犯罪——擅自逃离肇事现场罪。

第142条 (擅自逃离肇事现场)

(1)交通肇事参与人在发生交通事故后,在下列情形下就离开肇事现场的,处3年以下自由刑或罚金刑:

1.行为人的在场和对他所参与的交通事故的说明,可以使他的身份、车辆情况和参与方式的确认成为可能时,为了有利于其他肇事参与人和受害人,他应在场或说明而未在场或未说明的,

2.在没有人确认之前,根据实际情况应等待相当时间而未等待的。

(2)肇事参与人

1.等待期间经过后(第1款第2项),或

2.自认无责任或可原谅而逃离肇事现场,且事后未立即使确认成为可能的,依第1款处罚。

(3)1 交通肇事参与人立即将事故通知权利人(第1款第1项)或附近警察机关,并告知通信地址、居留地及车辆牌照和停放地点,即已履行了事后确认身份、车辆的义务。2 故意使确认无法进行的,不适用本规定。

(4)如并未造成重大财产损失的交通肇事参与人,在事故后二十四小时之内,自愿于事后为上述确认行为的(第3款),在第1款和第2款情形下,法院可酌情减轻刑罚(第49条第1款),或依本规定免除刑罚。

(5)依据情况,如行为人的行为对造成交通事故起到了促进作用,均视为交通肇事之参与人。

关于德国交通刑法的立法史,其概要如下:德国在1952年颁布了《关于道路交通安全法》,修改了原先刑法典的第315条a,新加入第316条

a。原先刑法典的第 315 条 a 变为第 315 条 b。伴随道路交通的发展,在 1964 年又制定了《第二部道路交通安全法》,对刑法典作了修订的条文有:刑法典的第 315 条、第 315 条 a 与第 316 条。同时,新增加第 315 条 b 至 d。在此次修正后(1964 年),就现行德国刑法分则的条文而言,与道路交通安全有关的条文是第 315 条、第 315 条 a 到 d。属于道路交通安全一环的酒后不驾车是由以下的条文规范的:第 315 条 c 第一项第一款、第 316 条与刑法第 323 条 a。现行德国刑法第 316 条规定出自 1964 年《第二部道路交通安全法》第一条第六项第二款,是个完全新制定的规定。关于本罪处罚在以前是由 1871 年版的刑法典的"过失交通危险"所涵盖。第 316 条是针对酒后驾车的补充条文,必须是无法依据第 315 条 a 与第 315 条 c 处罚,才有适用本条的余地。当行为时的状态达到刑法第 20 条的无责任能力时,排除第 316 条而考虑第 223 条 a。①

从上述规定可以看出,德国的交通犯罪的立法是比较完备的,既包括了全面的交通样态的公路交通犯罪、铁路交通犯罪、水路交通犯罪、航空交通犯罪,还包括了故意交通犯罪与过失交通犯罪,其中,关于过失交通犯罪的立法方面,德国最为典型。德国刑法典以第 315 条(侵害铁路、水路和航空交通)、第 315 条 a(危害铁路、水路和航空交通安全)、第 315 条 b(侵害公路交通)、第 315 条 c(危害公路交通安全)、第 315 条 d(道路交通中的有轨交通工具)和第 316 条(酒醉驾驶)分别规定了过失侵害铁路、水路和航空交通罪,过失危害铁路、水路和航空交通安全罪,过失侵害公路交通罪,过失危害公路交通安全罪,过失危害道路交通中的铁道安全罪以及过失酒后驾驶罪等几种情形的犯罪,构筑了完整的过失交通犯罪的立法框架。此外,德国刑法还将交通肇事后逃跑的行为单独规定为擅自逃离肇事现场罪,成为独立于交通肇事罪之外的犯罪,与交通肇事罪数罪并罚,明确地解决了交通肇事行为与肇事逃逸行为的定性问题。

---

①参见蔡慧芳:《从危险理论论不能安全驾驶罪》,台湾大学法律研究所 2000 年博士论文,第 116 页。

二、日本交通刑法的立法

在日本,刑法典设有专章规定了交通犯罪。日本刑法第十一章为妨害交通罪,具体规定的犯罪有①:

第 124 条　(妨害交通罪和妨害交通致死伤罪)

损坏或者堵塞陆路、水路或者桥梁,以致妨害交通的,处 2 年以下惩役或者 20 万元以下罚金。

犯前项之罪,因而致人死伤的,与伤害罪比较,依照较重的刑罚处断。

第 125 条　(交通危险罪)

损坏铁道或者标志,或者以其他方法使火车或者电车的交通发生危险的,处 2 年以上有期惩役。

损坏灯塔或者浮标,或者以其他方法使船舰的交通发生危险的,与前项相同。

第 126 条　(颠覆火车等罪和颠覆火车等致死罪)

颠覆或者破坏现有人在内的火车或者电车的,处无期或者三年以上惩役。

颠覆、沉没或者破坏现有人在内的船舰的,与前项同,

犯前两项之罪,因而致人死亡的,处死刑或者无期惩役。

第 127 条　(交通危险致使火车颠覆等罪)

犯第 125 条之罪,因而使火车或者电车颠覆、破坏,或者使船舰颠覆、沉没或者破坏的,依照前条(第 126 条)规定处断。

第 128 条　(未遂罪)

第 124 条　第一项、第 125 条以及第 126 条第一项和第二项犯罪的未遂,应当处罚。

①张明楷译:《日本刑法典》(第 2 版),法律出版社 2006 年版,第 48—49 页。

第 129 条 （过失交通危险罪）

过失致使火车、电车或者船舶的交通发生危险，或者致使火车、电车颠覆或者破坏，或者使船舰颠覆、沉没或者破坏的，处三十万元以下的罚金。

从事交通业务的人犯前项之罪的，处三年以下监禁或者五十万元以下罚金。

此外，2001 年新设、2004 年被修改的第 208 条之二所规定的危险驾驶致死伤罪，虽然被设置在伤害罪章中，但与交通安全密切相关，也属于交通犯罪。

第 208 条之二（危险驾驶致死伤罪）①

受酒精或者药物的影响，在难以正常驾驶的状态下，驾驶四轮以上的汽车，因而致人伤害的，处十五年以下惩役；致人死亡的，处一年以上有期惩役。以难以控制的高速度行驶，或者不具有控制行驶的技能而驾驶四轮以上汽车，因而致人死伤的，亦同。

以妨害人或者车的通行为目的，进入行驶中的汽车的近距离前，明显接近其他通行中的人或车，并且以可能产生交通危险的速度驾驶四轮以上汽车，因而致人死伤的，与前项同。有意无视红色信号或者与之相当的信号，而且以可能产生交通危险的速度驾驶四轮以上汽车，因而致人死伤的，亦同。

危险驾驶致死伤罪是日本于 2001 年修改刑法时新增加的罪名，该罪也适用于恶性危险驾车行为导致死伤的案件。在新增加危险驾驶致死伤罪的当时，饮酒驾车、严重超速行驶等重大危险的驾车行为造成的死伤案件时有发生，只用业务上过失致死伤罪确实很难应付这些恶性的重大案件，广大市民特别是被害人及其家属也认为这些犯罪的刑罚过轻，强烈要求提供法定刑幅度。因此，根据这种情况，为了适当地处罚这些犯罪，日

---

①张明楷译：《日本刑法典》（第 2 版），法律出版社 2006 年版，第 77 页。

本对法律进行了修改。危险驾驶致死伤罪适用于因故意实施一定危险驾驶行为而造成他人死伤的人,根据该行为所具有的实质的危险性,参照暴力致人死伤的刑罚给予处罚。该罪的构成要件,根据交通犯罪的实际情况,将恶劣危险驾驶汽车的行为中,造成重大死伤结果的危险性极大的行为进行了类型化。在新增加危险驾驶致死伤罪以后,适用该罪的案件不断增多,但不符合该罪的构成要件却饮酒驾车等恶性危险驾驶行为造成的死伤事故或者多人死伤的重大事故仍时有发生。有人提出意见认为,这些死伤事故按照业务上过失致死伤罪处罚,从量刑幅度和法定刑上看与国民的规范意识是背道而驰的,而且,从实际处罚的情况看,对于驾车造成业务上过失致死伤的案件,越来越倾向于在法定刑和处断刑的上限进行量刑。根据这种情况,日本于 2007 年在刑法修改时新增设了驾驶车辆过失致死伤罪,其法定刑为 7 年以下惩役或者 100 万日元以下罚金,这一量刑幅度与业务过失致死伤罪的法定刑 5 年以下惩役或禁锢或者 100 万日元以下罚金相比,是比较重的。由于考虑到两轮机动车驾驶员因醉酒驾车、闯红灯、严重超速等恶性危险驾驶行为也经常造成被害人死伤的重大结果,而危险驾驶致死伤罪的适用对象只限定于四轮以上汽车的驾驶员,因而,新增设的驾驶车辆过失致死伤罪的适用对象扩大到了两轮机动车的驾驶员。①

另外,日本在《道路交通法》、《道路运输法》、《高速公路法》、《有关处罚妨害新干线铁路上运行的列车安全的特别法》、《有关处罚威胁航空的行为的法律》等中附属刑法中也规定了许多交通犯罪。例如,《道路交通法》第 65 条禁止酒后驾驶,第 66 条禁止在受药物等影响难以驾驶的情形下驾驶车辆,第 117 条之二第 1 号规定,对违反上述规定的"处三年以下惩役或者五十万元以上罚金";日本《道路交通法》第 22 条禁止超速行驶,第 118 条第 1 号规定,对超速行驶的"处六个月以下惩役或者十万元以上

①参见[日]是木诚:《作为刑法犯的交通犯罪的处理》,载《中日交通违法犯罪预防与对策——第二届中日犯罪学学术研讨会论文集》2008 年 10 月,第 6—7 页。

罚金";日本《道路交通法》对不具有控制行驶的技能而驾驶汽车的行为,也规定了法定刑。① 应当注意的的是,日本为了加大处罚恶劣驾驶者的力度而对有关交通犯罪的各种法律进行了修改,包括《道路交通法》。为了抑制重大危险的驾车行为,仅仅依靠严厉处罚造成死伤结果的人员是不够的,还有必要加强对饮酒驾车、逃逸等违法道路交通法的行为进行处罚。例如,对于道路交通法上的醉酒驾车行为,原来规定的法定刑是6个月以下惩役或者50万日元以下罚金,后来逐渐提高了身体刑和罚金的上限,2001年道路交通法修改时将该罪的法定刑提高到3年以下惩役或者50万日元以下罚金,而2007年道路交通法修改时又将该法定刑提高到5年以下惩役或者100万日元以下罚金。对于驾车逃逸行为,以前对这种违反救护义务行为规定的法定刑为1年以下惩役或者5万日元以下罚金,后来也逐渐有所提高,2001年道路交通法修改时将驾车逃逸行为的法定刑提高到5年以下惩役或者50万日元以下罚金,而2007年道路交通法修改时,对因自己驾驶造成他人死伤的人实施了违反救护义务的行为时,加重处罚,规定的法定刑为10年以下惩役或者100万日元以下罚金。另外,2007年修改的道路交通法对饮酒驾车也加大了处罚力度,制定了有利于处理饮酒驾车行为的罚则。具体来说,新增加的处罚规定包括:向可能饮酒驾车的人提供车辆或酒类,被提供者因而实际饮酒驾车的,处罚提供者(提供车辆罪、提供酒类罪);要求或者请求他人饮酒驾车并与之同乘的,也处罚同乘者。对于这些行为,以前也可以按照饮酒驾车的帮助犯等进行处罚,但是法律修改时新增设了独立的构成要件,并规定了比帮助犯更重的刑罚。②

在《修改刑法草案》也将危害火车、电车、船舶以及飞行器、公共汽车运行的行为为在刑法中作了规定(第194条至第198条)。

---

①参见张明楷:《行政违反加重犯初探》,载《中国法学》2007年第6期。
②参见[日]是木诚:《作为刑法犯的交通犯罪的处理》,载《中日交通违法犯罪预防与对策——第二届中日犯罪学学术研讨会论文集》2008年10月,第7页。

从上述规定可以看出,日本刑法不仅规定了故意的交通危险犯,还规定有过失交通危险罪及业务过失交通危险罪的所谓的过失危险犯。同时,对业务过失犯罪的法定刑的配置比普通过失犯罪的法定刑要高。需要注意的是,2004年,日本立法机关对刑法典作了重大修改,其中,与交通犯罪有关的是提高了危险驾驶致伤罪的法定刑,由原来的"10年以下惩役""提高到"15年以下惩役"。

以前,日本刑事立法的稳定性高,可近年来,日本已从刑事立法的稳定化转向了刑事立法的活性化,立法机关已不再像以往那样沉默,而是频繁地修改刑法典、单行刑法与行政刑法。刑事立法的活性化,是当今社会市民不安的表现。凶恶犯罪、重大犯罪不断增加,国民的体感治安恶化,必然要求修改刑法,提高法定刑。另一方面,随着社会生活的复杂化、科学化、高度技术化,对于个人而言,社会不可能进行主体性的控制。人们的生活主要依赖脆弱的技术手段,与此同时,个人行为所具有的潜在危险也飞跃性地增大,人们不知瞬间会发生何种灾难。由此产生了刑法处罚的早期化、宽泛化,所以,需要及时修改刑法增设新的犯罪类型。日本近年来的刑事立法,主要表现为犯罪化,同时强化对被害人的保护,导致刑法保护的早期化与刑罚处罚的重罚化。日本20世纪80年代末以来的刑事立法主要表现为犯罪化,增设了许多新的犯罪类型;单行刑法、行政刑法增设的犯罪类型则难计其数。大量的犯罪化,主要由来于社会生活的复杂化,此外也有刑事政策的原因。犯罪化与刑法保护的早期化密切相关。早期化的表现是,刑法原本以造成法益侵害的侵害犯、结果犯为基础,未遂犯、危险犯、预备犯只是修正的、例外的犯罪形态。但近年来的刑事立法增加了未遂犯、危险犯、预备罪的处罚规定,逐渐使例外成为常态。刑法保护的早期化,主要是因为在当今社会,社会生活的复杂化与犯罪的高科技化,使得许多犯罪行为一旦得逞,便会造成不可估量的侵害结果;所以,不能等待造成侵害结果后再处罚,而必须对法益进行提前保护。提前保护似乎成为一种更有效率的保护。重罚化的表现是,提高了有期徒刑的最高期限,加重了性犯罪、杀人罪、伤害罪及各种交通犯罪的法定刑,对新增设的危险驾驶致死伤等罪也规定了较重的法定刑。刑罚处罚的重罚化,是由被害人保护的舆论推进的。例如,以由于高速公路上的追尾事故导致丧失两个幼儿的父母为主的交通事故的遗族及其声援者的署名活动,导致立法机关在刑法典中新设危险驾驶致死伤罪并规定较重的法定刑。①

在日本,刑法典、单行刑法与行政刑法所规定的犯罪难计其数,即使在中国人看来相对轻微的危害行为,也被规定为犯罪;而相反,在中国,只有刑法典与少数单行刑法规定犯罪及其法定刑,不存在行政刑法(其他法律中不规定犯罪与法定刑)。正如日本学者所言:"和日本不同,在中国,至少在现阶段,所有的刑罚法规都集中在刑法典之中,而在刑法典之外则几乎看不见,因此,在中国不存在日本所谓的行政刑法。由于刑法典上的条文数量很少,因此,乍看之下,中国刑法中的处罚范围似乎很广,但实际上则不是如此,日本刑法中的处罚范围比中国要广泛得多。所以,在非犯罪化方面,中国远比日本进步,这一点必须引起注意。"②但是,非犯罪化的进步,并不等于刑法的进步,更不等于法治的进步。事实上,任何国家及其国民,都不会容忍危害行为,相反总是采取某种措施禁止、制裁违法行为,在法律内不能受到制裁的危害行为,总会在法律外受到制裁。否则,就没有社会秩序与国民安定可言。由成文刑法将值得处罚的危害行为规定为犯罪,就意味着由法院根据实体刑法与法定程序作出判决,这便遵循了法治的要求。而将大量的值得处罚的危害行为在刑事诉讼之外由非司法机关处理,则存在两个重大问题:其一,虽然从总体来看,刑罚是最严厉的制裁措施,但行政处罚完全可能重于较轻的刑罚。"在实际效果上远甚于刑罚的行政制裁相当严重,将这种行政制裁不是交由法院,而是交

---

① 参见张明楷:《日本刑法的发展及其启示》,载《当代法学》2006年第1期。

② [日]西原春夫,黎宏译:《日本刑法与中国刑法的本质差别》,载赵秉志主编:《刑法评论》(第7卷),法律出版社2005年版,第123页。

由行政机关裁量的话,就会违反保障程序公正的宪法精神。"①其二,相当多的危害行为,也不一定由行政机关依照行政法处理,而是采取了其他一些非法律的途径,这便更加违反了法治原则。因此,我国当前的主要任务不是实行非犯罪化,而是应当推进犯罪化。例如在行政法、经济法等法律中,直接规定行政犯的构成要件与法定刑。例如,在有关道路交通的法律中,直接将酒后驾驶、无证驾驶等行为规定为犯罪。与此同时,增加较轻的刑种(如禁止驾驶、禁止从事特定职业等),并扩大罚金刑的适用范围、增加罚金刑的适用数量(不再将罚金刑局限于财产犯罪与经济犯罪)。②

三、芬兰交通刑法的立法

在同属于大陆法系国家的芬兰,刑法典中也设有专章第二十三章规定了交通犯罪(1999 年/545 号),其具体规定如下③:

第 1 条　造成交通危险罪(1999 年/545 号)

1.道路使用者故意地或过失地采用导致对他人造成危险的方式,违反《道路交通法案》(1981 年/267 号)或者《交通工具法案》(2002 年/1090号)或者基于此法案而发布的法令或规则的,以造成交通危险罪论处,处以罚金或者 6 个月以下监禁(2002 年/1094 号)。

2.对采用第 1 款中规定的方式实施以下行为的人,也应判处造成交通危险罪

(1)当在海域、内陆水路或者运河上,负责驾驶船只或履行实质上影响航运安全的职责时,违反了《水路交通法案》(1996 年/463 号),或者基于此法案而发布的,或者与阻止碰撞相关的法令或规则;

---

①〔日〕西原春夫,黎宏译:《日本刑法与中国刑法的本质差别》,载赵秉志主编:《刑法评论》(第 7 卷),法律出版社 2005 年版,第 123 页。

②参见张明楷:《日本刑法的发展及其启示》,载《当代法学》2006 年第 1 期。

③肖怡译,卢建平审校:《芬兰刑法典》,北京大学出版社 2005 年版,第 71—75 页。

(2)当驾驶飞机或者履行机组人员的职责或者履行影响空中交通安全的职责时,或者在其他情况下,违反了《空中交通法案》或者基于此法案而发布的法令或规则;或者

(3)当驾驶火车或者履行实质上影响铁路交通安全的职责时,违反了《铁路安全管理法案》。

3.如果第1款或者第2款第1项或者第2款第3项中涉及的行为造成的只是轻微危险时,不适用本条。

第2条　造成严重的交通危险罪(1999年/545号)

1.如果在造成交通危险的行为中,机动车或电车的驾驶员故意地或者有重大过失地

(1)严重地超过了最大速度限制;

(2)虽然清晰度对于安全超车是不够的,或者因其他原因而不被允许超车,但仍超车的;

(3)不服从交通安全所要求的停止或让路的义务;或者

(4)以其他类似的方式违反交通规则,

以致该行为对他人的健康或安全造成严重的危险的,对犯罪人以造成严重的交通危险论处,处以30日以上的罚金或者2年以下的监禁。

2.凡故意地或重大过失地实施以下行为造成严重的交通危险的,也应判处造成严重的交通危险罪

(1)当在海域、内陆水路或者运河上,负责驾驶船只或履行实质上影响航运安全的职责时,没有尽到适当的注意义务,没有遵守相关条件下安全的速度限制,或者在碰撞即将发生时,没有履行让路的义务,或者以类似的方式违反了《水路交通法案》或者基于此法案而发布的法令或规则,或者与阻止碰撞相关的法令或规则,

(2)当驾驶飞机或者履行机组人员的职责或者履行影响空中交通安全的职责时,或者在其他的情况下,违反了《空中交通法案》或者基于此法案所发布的法令或规则,或者

(3)驾驶火车或者履行实质上影响铁路交通安全的职责时,违反了《铁路安全管理法规》,

以致该行为对他人的健康或安全造成严重的危险。

第3条　酒后驾驶(2002年/1198号)

1.行为人饮用酒精后,以致在驾驶中或驾驶后,其血液中酒精含量至少为每厘0.5,或者其呼出气体中至少每公升气体有0.22毫克的酒精含量,但仍操纵机动车辆或电车的,以酒后驾驶论处,处以罚金或者6个月以下的监禁。

2.行为人使用麻醉剂后,以致在上述的操纵中或操纵后,其血液中含有使用的麻醉剂或其变化的产物,但仍操纵机动车辆或者电车的,也以酒后驾驶论处。如果上述物质或变化的产物来自操纵者有权使用的药品,则不适用本款的规定。

3.行为人饮用酒精后,以致在驾驶中或驾驶后,其血液中酒精含量至少为每厘0.5,或者其呼出气体中至少每公升气体有0.22毫克的酒精含量,但仍操纵机动车辆或火车的,也应判处酒后驾驶。

第4条　严重酒后驾驶(2002年/1198号)

1.如果在酒后驾驶中

(1)犯罪人的血液中酒精含量至少为每厘1.2,或者其呼出气体中至少每公升气体有0.53毫克的酒精含量,或者

(2)其在操纵中被要求的行为能力明显减弱,或者

(3)犯罪人除了酒精以外还饮用了酒精饮料,或者将酒精和酒精饮料混用,以致其在操纵中被要求的行为能力明显减弱,

并且这些情况导致犯罪危及到他人的安全的,该犯罪人以严重酒后驾驶论处,处以60日以上的罚金或者2年以下的监禁。

第5条　水路交通醉酒(2002年/1198号)

1.负责驾驶船只或履行实质上影响航运安全的职责的人

(1)饮用酒精后,以致在操纵中或操纵后,其血液中酒精含量至少为

每厘1.0,或者其呼出气体中至少每公升气体有0.44毫克的酒精含量,或者其在上述操纵中被要求的行为能力减弱的,或者

（2）饮用除了酒精以外的酒精饮料,或者将酒精与酒精饮料混用,以致其在操纵中被要求的行为能力减弱,

且这些情况导致犯罪危及到他人的安全的,以水路交通醉酒论处,处以罚金或者2年以下的监禁。

2.但是,当行为人已经操纵了划船、帆船或者类似的船只时,或者已经在船只上履行了第1款中涉及的职责时,不得判处水路交通醉酒。

第6条　空中交通醉酒（2002年/1198号）

1.行为人饮用酒精后,以致在上述操纵中或操纵后,其血液中酒精,含量至少为每厘0.5,或者其呼出气体中至少每公升气体有0.22毫克的酒精含量,或者其在操纵中被要求的行为能力减弱之后,仍驾驶航空器,或者履行机组人员的职责,或实质上影响航空安全的职责的,以空中交通醉酒论处,处以罚金或者2年以下的监禁。

2.行为人使用麻醉剂后,以致在操纵中或操纵后,其血液中含有使用的麻醉剂或其变化的产物的,也应被判处空中交通醉酒。如果上述物质或变化的产物来自履行职责的人有权使用的药品,则不适用本款的规定。

3.行为人除了酒精以外还使用了酒精饮料,或者将酒精和酒精饮料混用的,以致其在操纵中被要求的行为能力减弱之后,仍履行第1款和第2款中涉及的职责的,也应被判处空中交通醉酒。

第7条　铁路交通醉酒（2002年/1198号）

1.行为为人饮用酒精后,以致在上述操纵中或操纵后,其血液中酒精含量至少为每厘0.5,或者其呼出气体中至少每公升气体有0.22毫克的酒精含量,或者其在操纵中被要求的行为能力减弱之后,仍驾驶火车,或履行实质上影响铁路安全的职责的,以铁路交通醉酒论处,处以罚金或者2年以下的监禁。

2.行为人使用麻醉剂后,以致在履行中或履行后,其血液中含有使用

的麻醉剂或其变化的产物,也应被判处铁路交通醉酒。如果上述物质或变化的产物来自履行职责的人有权使用的药品,则不适用本款的规定。

3.行为人除了酒精以外还使用了酒精饮料,或者将酒精和酒精饮料混用的,以致其在操纵中被要求的行为能力减弱之后,仍履行第1款和第2款中涉及的职责的,也应被判处铁路交通醉酒。

第8条　放弃交通工具给醉酒人使用(1999年/545号)

行为人放弃第5条中涉及的机动车辆、电车、火车、船只或者航空器给他人操纵、驾驶或者控制,而后者明显符合第3条至第7条中规定的犯罪人的状况的,行为人以放弃交通工具给醉酒人使用论处,处以罚金或者1年以下的监禁。

第9条　非机动车交通醉酒(1999年/545号)

道路使用者在酒精或其他麻醉物品的影响下,操纵非机动车,因此对他人造成危险的,以非机动车的交通醉酒论处,处以罚金或者3个月以下的监禁。

第10条　无照操纵交通工具(1999年/545号)

1.无权或无特定许可证的人,操纵、驾驶或控制机动车辆、电车、火车、船只或航空器的,以无照操纵交通工具论处,处以罚金或者6个月以下的监禁。

2.无特定许可证的人,履行实质上影响铁路交通安全、水路交通安全,或者空中交通安全的职责的,也以无照操纵交通工具论处。

第11条　从交通事故现场逃逸(2002年/400号)

如果机动车辆或电车的驾驶员,发生交通事故后,未能立即履行停车的职责,或者未尽其所能帮助受害人的,以从交通事故现场逃逸罪论处,处以罚金或者1年以下的监禁,除非法律的其他地方对此行为规定了更为严厉的刑罚。

第11a条　妨碍交通(2002年/400号)

1.行为人对一般的空中、铁路、水上交通的畅通造成了相当大的阻碍的,以妨碍交通罪论处,处以罚金或者 6 个月以下的监禁。

2.妨碍道路交通和电车交通的规定包含在《道路交通法案》中。

第 12 条　定义(2002 年/1094 号)

1.本章中:

(1)道路使用者被定义为:在道路上或在车辆或有轨电车里的每个人;

(1a)麻醉剂被定义为:《麻醉剂法案》(1993 年/1289 号)中规定的麻醉剂(2002 年/1198 号);

(2)酒精饮料也包括会降低工作效率的药剂;

(3)机动车被定义为:被引擎动力推动的交通工具:汽车、小轮摩托、摩托车、三轮和四轮车辆、轻型四轮车辆、拖拉机、自力推进机器和越野车;

(4)船只被定义为:在水上或水里移动的、供水路交通使用的运输工具或设备;

(5)火车被定义为:机车或与机动车辆结合的机车,以及其他被引擎动力推动的铁路运输工具,除了有轨电车;

(6)实质上影响铁路交通安全的责任被定义为:其中出现错误行为或过失可能导致铁路交通危险的职责,包括在铁路调车场或工业轨道上机动车辆的移动、组织和调动。

四、俄罗斯交通刑法的立法

在俄罗斯刑法中,设立了第九编"危害公共安全和社会秩序的犯罪"集中规定危害公共安全和社会秩序的犯罪,但该编还对其中的犯罪进行了二级分类,交通犯罪就集中规定在第二十七章"危害交通安全和交通运

输运营安全的犯罪"一章中,其具体内容如下[1]:

第 263 条　违反铁路、航空或水上交通安全规则和运营安全规则

1.由于所执行的工作或所担任的职务而有义务遵守铁路、航空、海洋或内河运输的运行安全和运营安全规则的人员违反这种规则,如果此种行为由于过失造成对人员健康的严重损害或中等严重损害或造成巨大损失的,处 5 年以下的限制自由,或处 3 个月以上 6 个月以下的拘役,或处 2 年以下的剥夺自由,并处或不并处 3 年以下剥夺担任一定职务或从事某种活动的权利。

2.上述行为过失致人死亡的,处 5 年以下的剥夺自由。

3.本条第 1 款规定的行为,过失造成 2 人以上死亡的,处 4 年以上 10 年以下的剥夺自由。

第 264 条　违反道路交通规则和交通工具使用规则

1.驾驶汽车、有轨电车或其他机动运输工具的人员,违反交通运输工具的道路交通规则或使用的规则,过失造成对人员健康的严重损害或中等严重损害,或造成巨大损失的,处 5 年以下的限制自由,或处 3 个月以上 6 个月以下的拘役,或处 2 年以下的剥夺自由,并处或不并处 3 年以下剥夺驾驶交通工具的权利。

2.上述行为,过失致人死亡的,处 5 年以下的限制自由,并处 3 年以下剥夺驾驶交通运输工具的权利。

3.本条第 1 款规定的行为,过失造成 2 人以上死亡的,处 4 年以上 10 年以下的剥夺自由,并处 3 年以下剥夺驾驶交通运输工具的权利。

附注:本条所说的其他运输工具,是指无轨电车、拖拉机和其他自动推进的机械、摩托车以及其他机动运输工具。

第 265 条　逃离交通事故现场

驾驶交通工具并违反道路交通规则或交通工具使用规则的人员,在

---

[1]〔俄〕斯库拉托夫、列别捷夫主编,黄道秀译:《俄罗斯联邦刑法释义》(下册),中国政法大学出版社 2000 年版,第 729—752 页。

发生本法典 264 条规定的后果时,逃离交通事故现场的,处 3 年以下的限制自由,或处 6 个月以下的拘役,或处 3 年以下的剥夺自由,并处或不并处 3 年以下剥夺担任一定职务或从事某种活动的权利。

第 266 条　对交通运输工具进行劣质修理和将有技术缺陷的交通工具投入使用

1.负责交通运输工具技术状态的人员,对交通运输工具、道路、信号系统或通讯手段或者其他运输设备进行劣质修理,以及将有技术缺陷的交通运输工具投入使用,如果这些行为过失地造成对人员健康的严重损害或中等严重损害,或者造成巨大损失的,处数额为最低劳动报酬 400 倍至 700 倍或被判刑人 4 个月至 7 个月的工资或其他收入的罚金,或处 3 年以下的限制自由,或处 6 个月以下的拘役,或处 2 年以下的剥夺自由,并处或不并处 3 年以下剥夺担任一定职务或从事某种活动的权利。

2.上述行为,过失致人死亡的,处 5 年以下的剥夺自由。

3.本条第 1 款规定的行为,过失造成 2 人以上死亡的,处 4 年以上 10 年以下的剥夺自由。

第 267 条　破坏交通工具或道路

1.毁坏、损坏或采取其他手段致使运输工具、道路、信号或通讯手段或其他运输设备无法使用,以及使交通线路堵塞,如果这些行为造成人员健康的严重损害或中等严重损害或造成巨大损失的,处数额为最低劳动报酬 400 倍至 700 倍或被判刑人 4 个月至 7 个月的工资或其他收入的罚金,或处 4 年以下的限制自由。

2.上述行为,过失致人死亡的,处 3 年以上 8 年以下的剥夺自由。

3.本条第 1 款规定的行为,过失造成 2 人以上死亡的,处 6 年以上 10 年以下的剥夺自由。

第 268 条　违反保证交通运输安全工作的规则

1.乘客、行人或交通运输的其他参加者(本法典第 263 条和第 264 条所指的人员除外)违反交通运输工具运行或运营安全的规则,如果这种行为过失地造成人员健康的严重损害或中等严重损害的,处 3 年以下的限制自由,或处 2 个月以上 4 个月以下的拘役,或处 2 年以下的剥夺自由。

2.上述行为,过失致人死亡的,处 5 年以下的限制自由或相同期限的剥夺自由。

3.本条第 1 款规定的行为,过失造成 2 人以上死亡的,处 4 年以上 8 年以下的剥夺自由。

第 269 条　违反管道干线的建设、运营或修理安全规则

1.违反管道干线的建设、运营或修理安全规则,如果这种行为由于过失造成人员健康的严重损害或中等严重损害,或造成巨大损失的,处 4 年以下的限制自由,或处 3 个月以上 6 个月以下的拘役,或处 2 年以下的剥夺自由,并处或不并处 3 年以下剥夺担任一定职务或从事某种活动的权利。

2.上述行为,过失致人死亡的,处 5 年以下的剥夺自由。

3.本条第 1 款规定的行为,过失造成 2 人以上死亡的,处 4 年以上 10 年以下的剥夺自由。

第 270 条　船长对遇险者不提供救助

船长对在海上或其他水路上的遇险者不提供救助,如果能够提供这种救助并对自己的船只、船员和乘客没有严重危险的,处数额为最低劳动报酬 200 倍至 500 倍或被判刑人 2 个月至 5 个月的工资或其他收入的罚金,或处 3 年以下的限制自由,或处 2 年以下的剥夺自由,并处或不并处 3 年以下剥夺担任一定职务或从事某种活动的权利。

第 271 条　违反国际飞行规则

不遵守许可证上所指明的路线、着陆地点、起飞出口、飞行高度或实施其他违反国际飞行规则的行为的,处数额为最低劳动报酬 200 倍至 500 倍或被判刑人 2 个月至 5 个月的工资或其他收入的罚金,或处 2 年以下的限制自由,或处 3 个月以上 6 个月以下的拘役,并处或不并处 3 年以下剥夺担任一定职务或从事某种活动的权利。

武汉科技学院 · 人文社科文库

第三节　交通刑法的立法模式比较

一、交通刑法立法模式概览

交通刑法于立法上的表现形式,即交通刑法所规定的交通犯罪的罪名归属问题,是指从刑法分则的体系上观察,危及交通安全的交通犯罪应当归属于分则何种章节的问题,这主要受制一国现有法律体系和立法习惯、立法进程以及政治、经济等多方面因素。世界各国刑法有不同的规定。通览世界各国交通刑法的立法模式,大致可以归纳为四种模式:

(一)德俄模式

这种模式认为,危及交通安全的交通犯罪都是对公共安全的侵犯,公共安全是这类犯罪共同侵犯的客体,因而都归属于分则中"危害公共安全"类的犯罪当中。该模式以德国、俄罗斯刑法为代表,但在具体的规定上,德、俄两国又稍有差别。

1.德国模式

在德国刑法典中,危及交通安全的交通犯罪集中地规定在刑法分则第二十八章危害公共安全一章中,包括侵害铁路、水路及航空交通犯罪(第 315 条),危害铁路、水路及航空交通安全犯罪(第 315 条 a),侵害公路交通安全犯罪(第 315 条 b)危害公路交通安全犯罪(第 315 条 c),侵害道路交通中的有轨交通安全犯罪(第 315 条 d),酒后驾驶犯罪(第 316 条),侵害空中和海上交通安全犯罪(第 316 条 c)等。

意大利刑法也采取这种模式。在意大利刑法中,危及交通安全的犯罪都集中规定在其第二编重罪分则的第六章危害公共安全罪中。该章第三节"造成公共危险的过失犯罪"中规定了过失造成交通安全损害和危险的犯罪,包括造成损害的过失犯罪(第 449 条)、造成危险的过失犯罪(第 450 条)、因过失而未放置预防灾害或劳动事故的装置(第 451 条)、损害公共健康的过失犯罪(第 452 条)。

我国刑法的规定也属于德国模式。在我国刑法中,危及交通安全的交通犯罪都集中地规定在刑法分则第二章危害公共安全罪一章中,包括破坏交通工具罪(第 116 条、第 119 条第 1 款),破坏交通设施罪(第 117 条、第 119 条第 1 款),过失损坏交通工具罪(第 119 条第 2 款),过失损坏交通设施罪(第 119 条第 2 款),劫持航空器罪(第 121 条),劫持船只、汽车罪(第 122 条),暴力危机飞行安全罪(第 123 条),重大飞行事故罪(第 131 条),铁路运营安全事故罪(第 132 条),以及交通肇事罪(第 133 条)等犯罪。

此外,采取德国模式的刑法还有 1961 年的《蒙古刑法典》、1860 年的《印度刑法典》以及《新加坡刑法典》。

2.俄罗斯模式

在俄罗斯刑法中,专门设立了一编第九编"危害公共安全和社会秩序的犯罪",该编又分为五章,对本编犯罪进行了二级分类,而危及交通安全的犯罪则集中地规定在第二十七章"危害交通安全和交通运输运营安全的犯罪"一章中。换言之,俄罗斯刑法对危及交通安全的交通犯罪的罪名设置规定得更为细致,在危害公共安全类犯罪中,又专门设立危害交通安全类的犯罪。在该章犯罪中,规定了违反铁路、航空或水上交通安全规则和运营安全规则犯罪(第 263 条),违反交通规则和交通运输工具使用规则犯罪(第 264 条),逃离交通事故现场犯罪(第 265 条),对交通运输工具的劣质修理和将有技术缺陷的交通工具投入使用的犯罪(第 266 条),破坏交通工具或道路犯罪(第 267 条),违反保证交通运输安全工作规则犯罪(第 268 条),违反管道干线的建设、运营或修理安全规则犯罪(第 269 条),船长对遇难者不提供救助犯罪(第 270 条),违反国际飞行规则犯罪

(第 271 条)等。①

此外,1940 年的《巴西刑法典》,1944 年的《西班牙刑法典》也是采用这种模式。

(二)瑞士模式

这种模式以瑞士刑法为代表,认为危及交通安全的交通犯罪是和危害公共安全的犯罪相并列的一类犯罪,因而除规定危害公共安全类犯罪外,还独立地规定侵害交通安全类犯罪。换言之,这种模式是将危及交通安全的交通犯罪作为独立的一级类罪来规定的。瑞士刑法分则共分十九章(类)犯罪,其中,第七章是"危害公共安全的重罪和轻罪",第九章就是"危害公共交通的重罪和轻罪",包括妨碍公共交通犯罪(第 237 条),妨碍铁路交通犯罪(第 238 条),妨碍公共服务设施犯罪(第 239 条)。

(三)法国模式

这种模式特点,就是用适用于一般的自然犯罪来处罚危及交通安全的交通犯罪行为。在法国刑法中,并不专门规定危及交通安全的交通犯罪,因而也不存在诸如"危害交通安全类犯罪"的章节,如果行为人违反交通安全规则对他人造成损害的,则适用过失致人死亡、过失致人伤害等自然犯罪。法国刑法典第 221-6 条规定,因笨拙失误、轻率不慎、缺乏注意、怠慢疏忽,或者因未履行法律或条例强制规定的安全或审慎义务,造成他人死亡之行为,构成非故意杀人罪,处 3 年监禁并科 45000 欧元罚金。明显蓄意不履行法律或条例强制规定的安全或审慎义务的,当处刑罚加至 5 年监禁并科 75000 欧元罚金。② 第 222-19 条规定,因笨拙失误、轻率不慎、缺乏注意、怠慢疏忽,或者因未履行法律或条例强制规定的安全或审慎义务,致他人在超过 3 个月时间里完全丧失工作能力的,构成

---

①参见[俄]斯库拉托夫、列别捷夫主编,黄道秀译:《俄罗斯联邦刑法典释义》(下册),中国政法大学出版社 2000 年版,第 729-756 页。

②参见罗结珍译:《法国新刑法典》,中国法制出版社 2005 年版,第 53-54 页。

非故意伤害人之身体罪,处 2 年监禁并科 30000 欧元罚金。① 根据 221—7条、第 222—21 条的规定,法人对非故意伤害生命和非故意伤害人之身体罪也应负刑事责任。据此,行为人若在交通活动中致他人死亡或者超过 3 个月时间里完全丧失工作能力的,可构成第 221—6 条的非故意杀人罪或第 222—19 条的非故意伤害人之身体罪。

(四)日本模式

这种模式,其实是德国模式和法国模式的一种折中模式:该模式在刑法分则中也设立危及交通安全的交通犯罪的专门章节,但只能处罚部分的危及交通安全的犯罪,其余的有关犯罪则以其他罪名处罚。这种模式以日本刑法为代表。在日本刑法中,其分则第十一章"妨碍交通罪"中规定了妨碍交通和妨碍交通致死伤犯罪(第 124 条),交通危险犯罪(第 125 条),颠覆火车等和颠覆火车等致死犯罪(第 126 条),交通危险致使火车颠覆等犯罪(第 127 条)以及过失导致交通危险犯罪(第 129 条),但是对于交通肇事直接致人死伤等行为则没有规定相应的罪名。对于这类行为的处罚,往往适用普通的业务过失犯罪,或者遗弃罪,或危险驾驶致死伤罪,例如日本刑法第 211 条"业务上过失致人死伤等"的规定,懈怠业务上必要的注意,因而致人死伤的,处 5 年以下惩役、监禁或者 50 万元以下罚金;因重大过失致人死伤的,亦同。例如日本刑法第 218 条"保护责任者遗弃等"的规定,对于老年人、幼年人、身体障碍者或者病人负有保护责任而将其遗弃,或者对其生存不进行必要保护的,处 3 个月以上 5 年以下惩役。第 219 条"遗弃等致死伤"的规定,犯前两条之罪,因而致人死伤的,与伤害罪比较,依照较重的刑罚处断。例如日本刑法第 208 条之二"危险驾驶致死伤罪"的规定,受酒精或者药物的影响,在难以正常驾驶的状态下,驾驶四轮以上的汽车,因而致人伤害的,处 15 年以下惩役;致人死亡的,处 1 年以上有期惩役。以难以控制的高速度行驶,或者不具有控制行

---

① 参见罗结珍译:《法国新刑法典》,中国法制出版社 2005 年版,第 64 页。

驶的技能而驾驶四轮以上汽车,因而致人死伤的,亦同。以妨害人或者车的通行为目的,进入行驶中的汽车的近距离前,明显接近其他通行中的人或车,并且以可能产生交通危险的速度驾驶四轮以上汽车,因而致人死伤的,与前项同。有意无视红色信号或者与之相当的信号,而且以可能产生交通危险的速度驾驶四轮以上汽车,因而致人死伤的,亦同。换言之,对于交通肇事致他人死伤的,或者交通肇事后逃逸,因伤者不能得到及时救治而死亡的,或者危险驾驶致人死伤的,不适用第十一章"妨碍交通罪"中的罪名,而是适用业务过失致人死伤罪,或者遗弃致人死伤罪,或者危险驾驶致人死伤罪等罪名。

二、交通刑法立法模式评析

(一)德俄模式评析

这是我国交通刑法目前所采取的模式,也是一种较为可取的模式。首先,这种模式体现了所有危及交通安全犯罪的同类客体。我国刑法分则对犯罪的分类,主要是按照各类犯罪的同类客体进行的,如第一章犯罪的同类客体都是国家安全,第三四章犯罪的同类客体都是公民的人身权利、民主权利。危及交通安全的交通犯罪,都是因违反特定的交通规则、交通管理法规而对不特定的他人或多数人的人身安全和重大财产安全形成威胁或实害的行为,其同类客体是公共安全。因此,将这些犯罪集中地规定在公共安全类犯罪之中,能明确地体现该类犯罪的同类客体。其次,该模式能够体现立法者打击危及交通安全犯罪的决心。交通犯罪,是日常生活中最为常见多发的犯罪,同时也是最容易造成重大人身伤亡和财产损失的犯罪。立法者将本类犯罪设置在危害公共安全犯罪当中,位于刑法分则的第二章,说明这类犯罪在整体上的危害仅次于危害国家安全的犯罪,反映了国家对打击该类犯罪的重视。这一模式,可以引起国民对危及交通安全犯罪的重视,有助于实现对该类犯罪的一般预防。

然而,与我国现行刑法采纳的德国模式相比,俄罗斯模式似乎更具有优越性。德俄模式的区别在于,德国模式仅进行了一级分类,即将交通犯罪直接规定在危害公共安全犯罪的章节下,而俄罗斯模式在一级分类的基础上,还进行了二级分类,即在危害公共安全犯罪编的基础上进行第二次分类,设立危及交通安全犯罪的专章。俄罗斯模式的优势在于:第一,更为正确地体现了交通安全犯罪的同类客体。交通安全犯罪的同类客体虽然是公共安全,但"公共安全"的含义非常广泛,包括生活安全、生产安全、交通安全等。因此,设定危及交通安全犯罪的专门章节,集中地规定交通安全犯罪,有利于更为准确地反映本类犯罪的同类客体。第二,更能体现国家对交通犯罪的重视。在德国模式中,危及交通安全的犯罪规定在危害公共安全的章节中,必须仔细阅读该章罪名,才能发现交通犯罪。如果采纳俄罗斯模式,制定危及交通安全犯罪的专门章节,人们可以通过浏览分则的目录便知道交通犯罪的存在,国家着重惩治交通犯罪的态度又得到强调,因而可以收到更为良好的法制宣传效果。第三,使分则的体系更细致、严谨。德国模式只是一级分类,俄罗斯模式是二级分类,即在一级分类下还进行第二次分类,使得对犯罪的分类更为细致,分则体系的层次性更为分明。这种更为精致的分类,更符合现代法治国家的要求。

(二)瑞士模式评析

瑞士模式的优点在于,将危及交通安全犯罪作为分则中的一级分类,与危害国家安全罪、危害公共安全罪这些重要的类罪相并列,可以更为突出对交通安全犯罪的惩治。但是,这种分类与我国现有的分则体系的结构并不协调。我国现有的分则,是根据犯罪侵犯的同类客体的类别将犯罪分为十大类(一级分类),包括危害国家安全的犯罪,危害公共安全的犯罪,破坏社会主义市场经济秩序的犯罪,侵犯人身权利和民主权利的犯罪,侵犯财产权利的犯罪,危害国防利益的犯罪,贪污贿赂犯罪,渎职犯罪以及军人违反职责的犯罪。这十类犯罪的客体,包括了维系我国社会安定的最为基础的十个方面的社会关系。如果将危及交通安全犯罪作为一级分类的犯罪而规定,就会与现有的分类体系不相协调。因为,交通安全毕竟只是社会生活中较小的一个方面,而上述的十大客体则是社会生活中较大的十个方面,其包含内容的广度,与交通安全不在同一个层次上。如果将危及交通安全的犯罪作为一级分类的犯罪,那么与之处于同一层次的危及生产安全的犯罪、危及生活安全的犯罪是否也应作为一级分类的犯罪呢? 这此一来,刑法分则所有的二级分类犯罪都有上升为一级分类的可能,分则体系就会变得冗长而紊乱不堪。实际上,交通安全本身就是公共安全中的一种,将它作为与公共安全相并列的一种分类,只会徒显分类标准的混乱。所以,就我国刑法而言,不宜仿效瑞士模式而将危及交通安全犯罪上升为一级分类犯罪。

(三)法国模式评析

法国模式并不专门规定危及交通安全的犯罪,对与交通相关的犯罪行为的处罚,往往依据相关的自然犯罪进行处罚。这种模式的优点在于,可以节约大量的条文、罪状,使法律的规定更为简明。但是,这种模式也有明显的缺陷,它抹杀了危及交通安全犯罪与一般的自然犯罪的不同点,以致于在对某些危害行为的处罚上,难以实现罪刑相适应,甚至出现无法处罚的情况。危及交通安全的交通犯罪,其犯罪客体是交通安全,包括不特定或多数人的人身安全和重大财产安全,而一般的自然犯罪,其犯罪客体往往是特定的,其范围也是有限的,二者的社会危害性方面不尽相同,因而对其的处罚也应当有所差异。例如,过失损坏交通工具而致多人重伤的,根据我国刑法第119条第2款的规定,构成过失损坏交通工具罪,应处3年以上有期徒刑;情节较轻的,处3年以下有期徒刑或者拘役。如果没有过失损坏交通工具罪的规定,则只能依照刑法第235条过失致人重伤罪的规定,处3年以下有期徒刑或者拘役。显然,后者的刑罚要比前者轻,如果适用后者替代前者处罚,难以达到罪责刑相适应的要求。再如,行为人违反交通运输管理法规,导致发生重大事故,虽然没有致人死伤,但使公私财产遭受重大损失的,根据我国刑法第133条的规定,应构成交通肇事罪,处 3 年以下有期徒刑或者拘役,肇事后逃逸或者有其他特别恶劣情节的,处 3 年以上 7 年以下有期徒刑。但如果没有交通肇事罪的规定,这只是过失毁坏财物的行为。由于我国刑法只处罚故意毁坏他人财物的行为,不处罚过失毁坏财物的行为,对上述行为则因法无明文规定而不能定罪。显然,这种结果违反刑法的公正性。所以,法国模式也是不符合我国刑法实际的。

(四)日本模式评析

对我国刑法而言,日本模式也是不适合的,这种德国模式与法国模式的折中,并未能收到结合两国模式优点的效果,反而具有更多的缺点。首先,不能集中体现全部危及交通安全犯罪的同类客体。在日本模式中,部分危及交通安全的犯罪集中规定在"妨碍交通罪"一章中,自然能够体现这些犯罪的同类客体,但另一部分的犯罪却依靠一般的自然犯罪来处罚,这一部分的犯罪虽然也危及交通安全,但却无法通过罪名的归属反映其犯罪客体的特殊性。其次,使刑法分则的罪名归类显得混乱。一方面,为了惩治危害交通安全的犯罪,按照犯罪客体的共同性设立了"妨碍交通罪"专章,另一方面,常见的危害交通安全犯罪(如交通肇事),却并不适应本章罪名,而是适用本章以外的其他罪名处罚。既然如此,设立专门的"妨碍交通罪"章就似乎没有太大的意义了。这种模式的罪名设置与归类,缺乏统一的标准,有损刑法分则体系的有序性和严谨性。最后,难以实现罪责刑相适应的要求。这一点和法国模式一样,由于将一部分常见的过失危害交通安全犯罪按一般的过失犯罪处罚,容易导致对某些肇事行为处罚过轻,甚至无法处罚。可见,若仿效日本模式,对我国刑法并无裨益。

综上所述,在以上比较的四种模式中,瑞士模式、法国模式和日本模式都难以和我国现有的罪名体系相协调,只有德俄模式比较适宜。在德俄模式中,俄罗斯的模式对罪名的归类更为明确、细致,是值得我国借鉴的。

武汉科技学院·人文社科文库

三、我国交通刑法立法模式的完善

通过上述的论述,我们知道在规定交通犯罪的交通刑法的立法模式上,国外立法存在着德俄模式、瑞士模式、法国模式和日本模式,从我国的立法现状出发,德俄模式是最为理想的。在德俄模式中,俄罗斯模式要比德国模式在罪名分类的处理上更为细腻,更能突出危及交通安全的交通犯罪的同类客体。我国刑法奉行的是德国模式,但俄罗斯模式是值得我国刑法学习的。德国刑法专门设立了"危害公共安全的犯罪"一章,集中规定了全部危害公共安全的犯罪,但对其中的犯罪,不再作二级分类。而在俄罗斯刑法中,也专门设立了第九编"危害公共安全和社会秩序的犯罪"集中规定危害公共安全和社会秩序的犯罪,但该编对其中的犯罪进行了二级分类,共分为五章,包括第二十四章"危害公共安全的犯罪",第二十五章"危害居民健康和公共道德的犯罪",第二十六章"生态犯罪",第二十七章"危害交通安全和交通运输运营安全的犯罪"和第二十八章"计算机信息领域的犯罪",所有危及交通安全的交通犯罪都集中规定在第二十七章"危害交通安全和交通运输运营安全的犯罪"一章中。台湾有学者认为:"鉴于现代社会动力快速交通的现实,因交通行为而衍生的交通犯罪,势必日渐增多。这些交通犯罪行为,已非昔日公共危险概念下的犯罪,故未来的刑法实宜另立交通罪的专章。"①

与德国刑法相似,我国刑法中的危及交通安全的交通犯罪集中规定在刑法分则第二章"危害公共安全罪"一章中,该章集中规定了全部的危害公共安全的犯罪,而且对其中的犯罪也没有进行二级分类。在本章中,犯罪的排列是比较混乱的,具体表现在:

第一,危及交通安全的交通犯罪并没有集中地罗列,而是分散在本章

---

①林山田著:《刑法各罪论》(下册),林山田自版 2006 年修订五版,第 271 页。

不同的位置上。如破坏交通工具罪规定在第 116 条,破坏交通设施罪规定在第 117 条,之后第 118 条规定的是破坏电力设备、破坏易燃易爆设备等并非危及交通安全的犯罪,而同属危及交通安全的过失损害交通工具罪、过失损害交通设施罪则规定在第 119 条,接着在第 120 条规定了组织、领导、参加恐怖组织罪和资助恐怖活动罪,也不属于交通犯罪。在这之后,第 121 条至第 123 条又分别规定了劫持航空器罪,劫持船只、汽车罪,暴力危机飞行安全罪,又都属于危及交通安全的交通犯罪。其后又规定了许多不属于交通犯罪的其他危害公共安全的犯罪,直到第 131 条、第 132 条和第 133 条规定属于交通犯罪的重大飞行事故罪、铁路营运安全事故罪、交通肇事罪。

第二,部分危及交通安全的交通犯罪的罪名与侵犯其他公共安全的罪名合在同一条文中规定。如第 119 条第 1 款中,不但规定了破坏交通工具罪和破坏交通设施罪,还规定了破坏电力设备罪、破坏易燃易爆设备罪,在该条第 2 款中,又将过失损害交通工具罪、过失损害交通设施罪和过失损坏电力设备罪、过失损坏易燃易爆设备罪混合规定在一起,这些犯罪无论在行为特征还是在犯罪客体上都没有明显的联系。当然,立法者这样规定可能也有其用意,如将重大飞行事故、铁路营运安全事故等犯罪规定在第 130 条之后,是为了集中规定重大事故类型的犯罪,将破坏交通工具、交通设施等犯罪和破坏电力设备等犯罪混合规定在一起,是因为这些犯罪的刑罚的幅度是一致的,一并规定可以节省条文,实现立法简约。但是,这种考虑却忽略了刑法分则罪名分类与排列最基本的规则,即应当按照犯罪客体的一致性进行罪名的归类与排序。

混乱的罪名排列,不但使罪名体系杂乱无章,同时也为司法实务中适用罪名带来了不便:同属于危及交通安全的交通犯罪,却无序地分布在不同的地方,不利于司法工作者对同类的罪名进行比较、筛选。因此,我们应当仿效俄罗斯刑法的模式,对危害公共安全罪进行二级分类,使罪名的排列与归类更为清晰、有序。根据《最高人民法院关于执行〈中华人民共和国刑法〉确定罪名的规定》、《刑法修正案(四)》以及《刑法修正案(六)》,在"危害公共安全罪"中,该章共计罪名 46 个,可以分为四大类。第一类是诸如放火、爆炸、决水以及非法生产、运输、持有枪支、弹药、爆炸品等危害公众生活安全的犯罪,第二类是诸如破坏电力设备、易燃易爆设备,重大劳动安全事故等危害生产安全的犯罪,第三类是诸如破坏交通工具、交通设施,劫持交通工具、危及飞行安全,飞行安全事故、铁路安全事故、交通肇事等危害交通安全的犯罪,第四类是诸如组织、领导、参加恐怖组织,抢劫毒害性、放射性、传染病病原体等恐怖犯罪。因此,可以考虑将本章分为四节,第一节为"危害生活安全的犯罪",第二节为"危害生产安全的犯罪",第三节为"恐怖犯罪",第四节为"危害交通安全的犯罪"。在第四节"危害交通安全的犯罪"中,集中规定全部危及交通安全的交通犯罪,包括现行刑法中的第 119 条第 1 款破坏交通工具罪、破坏交通设施罪,第 119 条第 2 款过失破坏交通工具罪、过失破坏交通设施罪,第 121 条劫持航空器罪,第 122 条劫持船只、汽车罪,第 123 条暴力危及飞行安全罪,第 131 条重大飞行事故罪,第 132 条铁路营运安全事故罪,第 133 条交通肇事罪。

第三章　交通刑法的刑罚设置及完善

第一节　交通刑法的刑罚设置

一、交通刑法的刑罚结构

刑罚欲发挥其应有的功能和实现最佳效益,不在于其轻重而主要取决于刑罚的结构是否科学合理。刑罚结构是指组成刑罚系统的刑罚要素相互联系的稳定形式和相互作用的基本方式。按照结构主义的观点,这种结构不应是各种刑罚因素之间的简单拼凑而是各种元素可以相互代替的聚合关系和各种元素可以连结在一起的组合关系。① 根据刑罚系统的层次的不同,刑罚结构也可以相应地分为宏观刑罚结构、中观刑罚结构和微观刑罚结构。刑罚的功能状况取决于刑罚结构。宏观的刑罚结构是指作为犯罪调控的行为的范围即犯罪圈和应予刑罚处罚的行为即刑罚圈以及科处刑罚的量(苛厉制度)的大小之间的一种合理的组合形式。中观刑罚结构则是指一国刑罚体系中各种法定刑罚方法的排列顺序、比例关系和组合形式。微观刑罚结构是指刑法对法定犯罪规定的具体刑罚种类、

---

①参见[英]约翰·斯特罗克编,渠东、李康、李猛译:《结构主义以来》,辽宁教育出版社、牛津大学出版社 1998 年版,第 39 页。

刑罚幅度及其组合形式。①

　　具体到交通犯罪,其应被配置的刑罚体系也可从三个层面的刑罚结构加以分析。从宏观层面看,我国刑事立法对交通犯罪的犯罪圈的确定较窄,犯罪的控制范围狭窄,尤其是只对导致事故的行为作了犯罪化处理,而那些危险的驾驶行为则被排除在刑事法范畴之外。从国外的立法看,许多国家规定的交通犯罪并不限于交通事故型犯罪,还将大量危险驾驶的行为作了犯罪化处理,将大量的危险驾驶的行为作为犯罪用刑法来进行调控。至于刑罚量的问题,一般认为刑罚圈和刑罚量的可能发生的组合和配置模式有四种:不严不厉,厉而不严,又严又厉,严而不厉。不严不厉的刑罚结构的特征是刑罚圈的范围狭窄,刑罚比较宽和,刑罚资源的投入总量相对不大,刑罚的直接成本和机会成本都比较小。从节约刑罚成本的角度分析,不严不厉的刑罚结构无疑是最佳的选择,但却未必是刑罚效益最好的选择。刑罚圈不严意味着放掉了一批本应受到刑罚惩罚的危害社会的行为,主要包括两类:一类是绝对不受刑罚调整的具有严重社会危害性的行为;另一类是因法定起刑点过高而被排斥在刑罚圈范围外的危害社会行为。对这两类行为不进行刑罚调整,一方面势必出现法律调整的真空和功能不足,另一方面也无助于有效地遏制和预防刑罚圈范围内的更为严重的犯罪行为。而对具有相当程度社会危害性的行为不进行刑事干预,在刑法以外的其他社会控制手段功能发挥不足或者出现功能障碍的时候,不严不厉的刑罚结构面对犯罪浪潮的冲击往往会感到束手无策,目光短浅的立法者就会转而求诸于严刑峻罚,而使不严不厉的刑罚结构被厉而不严的刑罚结构所取代。在厉而不严的刑罚结构中,刑事法网不严密,刑事责任也不严格,刑罚圈的范围比较狭窄,但刑罚苛厉、严峻,刑罚量超量投入。厉而不严的刑罚结构往往反映了立法者对刑罚的矛盾复杂的心理:一方面,立法者潜意识中对刑罚抱有某种不信任心理,

_____

①参见梁根林著:《刑罚结构论》,北京大学出版社1998年版,第15页、第66页、第113页。

因而竭力收缩刑罚干预的范围,放跑了许多应当受刑罚惩罚的危害社会的行为。另一方面,又对重刑抱有不切实际的心理期待,将遏制和消灭犯罪的希望寄托于严刑峻罚,简单化地认为刑罚量与犯罪率必成反比例,刑罚越严厉必越能遏制犯罪;反之,犯罪率上升的原因就必然是打击不力。于是,就应当加重刑罚。这种思维演绎的结果往往就是犯罪量和刑罚量同步增长,交替上升,甚至刑罚反被犯罪所遏制而难以为继。各国刑罚运作的实践证明,厉而不严的刑罚结构是刑罚资源投入很大而刑罚效益最差的一种刑罚资源配置模式。又严又厉的刑罚结构的基本特征是,刑事法网严密,刑事责任严格,同时刑罚也苛厉、严酷。在这种刑罚结构中,刑罚资源的投入极大,国家大量的人力、物力和财力都被消耗在打击和预防犯罪的工程中。由于法网严密,定罪率和判刑率较高,犯罪分子实施危害社会行为而不受刑罚惩罚的可能性不大,同时苛厉严酷的刑罚也将使犯罪得不偿失,因而短期内可能会取得令人满意的威慑和控制犯罪的效果,但这些刑罚效果是通过超量投入刑罚资源取得的,不仅犯罪人要为这些刑罚效果付出超出其行为责任的代价,社会本身也要为此付出包括削弱社会公正理念、非生产性地大量消耗国家有限的资源的沉重代价。如果进行成本—效益分析,很难得出又严又厉的刑罚结构符合效益原则的评价。更重要的是,这种刑罚结构必定长期效果不佳,甚至得不偿失。严而不厉的刑罚结构则与厉而不严的刑罚结构相反,在这种刑罚结构中,刑事法网严密,刑事责任严格,但刑罚并不苛厉,而是讲究刑责相适应,刑罚适度必要。由于法网严密,刑事责任严格,犯罪分子实施犯罪而漏网的概率大大下降,追诉率、定罪率和判刑率相应提高,这会在一定程度上增加国家的刑罚资源投入和刑事司法系统的工作负担,但由于刑罚以适度和必要为限,单位犯罪的平均刑罚量大大下降,从而使国家投入的刑罚资源总量得到严格控制。严而不厉的刑罚结构能够有效地克服厉而不严的刑罚结构的弊端。它一方面通过提高追诉率和刑罚确定性加强了刑罚的威慑性,另一方面又通过公正适度的刑罚给犯罪分子以报应和惩罚,这不仅可以有效地伸张社会正义,加强社会伦理的力量,增强社会大众的法律认同感,形成遏制和预防犯罪的社会心理氛围,而且可以唤醒犯罪分子本人的社会伦理意识,使犯罪分子感到罪有应得,从而真诚地赎罪悔罪,认罪服法,改过自新。各国刑罚运作的实践证明,刑罚威慑效应并不单纯取决于刑罚的严厉性,而是更多地取决于刑罚的确定性和公正性。严密的法网、确定的追诉和适度的刑罚能够有效地堵塞犯罪分子逃脱惩罚的机会,造成强大的心理威慑效应,为一般预防和特殊预防功能的实现提供现实可行的基础。因此,严而不厉的刑罚结构所投入的刑罚资源是相对有限的,而可能取得的刑罚效益却比其他任何一种刑罚结构要大得多,符合以最少的刑罚投入谋求最大的刑罚效益的刑罚经济原则,是刑罚圈与刑罚量可能发生的四种配置模式中最佳的选择。刑罚结构严而不厉应当成为优化宏观刑罚结构选择的目标和方向。[1] 我国有学者认为,中国的刑法典从 1979 年至今经历从"不严不厉"到"厉而不严"再到"又严又厉"的转变。这种评价从总体上说是客观的、准确的。但从交通犯罪的立法来看,新的刑法规定在"厉"上确有增加,但"严"的问题却并没有很好地解决。表现在对交通肇事罪的刑罚幅度有所提高,但刑罚圈并未发生实质变化,在刑罚的配置上也缺乏严密的逻辑关系,制约了刑罚功能的发挥和执行效率。从体现罪刑均衡的内在要求和预防控制犯罪的现实需要出发,应当构建一种严而不厉的刑罚结构,适度扩大犯罪圈和刑罚圈,提高刑罚配置的效率和判刑率、执行率。

从中观的层面看,我国不同历史发展阶段的刑罚结构类型大体上可以分为四种:以死刑和身体刑为中心的刑罚结构、以死刑和自由刑为中心的刑罚结构、以自由刑为中心的刑罚结构、以自由刑和财产刑为中心的刑罚结构四种。[2] 前三种总体是一种重刑化、封闭式的刑罚结构,而第四种反映了刑罚趋于开放化、社会化的发展态势,也是当今许多国家刑罚改革

---

[1] 参见梁根林著:《刑罚结构论》,北京大学出版社 1998 年版,第 61—65 页。
[2] 参见梁根林著:《刑罚结构论》,北京大学出版社 1998 年版,第 68 页。

的方向。我国对交通犯罪的单一的刑罚模式应当随着宏观上犯罪圈、刑罚圈的调整在中观结构上作出根本性的变革。交通犯罪的中观刑罚结构应当是以自由刑、财产刑和资格刑为主要刑罚方式,以保安处分措施和其他刑罚替代措施为补充的模式。

从微观层面看,主要有:1. 自由刑。主要配置给交通肇事犯罪和严重的危险驾驶犯罪。对交通肇事罪仍配置徒刑和短期自由刑、拘役,而对于严重的危险驾驶犯罪则可配置短期自由刑:一年以下的有期徒刑、拘役或者管制。关于现行交通肇事罪的自由刑幅度问题,我们认为存在不合理的因素,应作适当调整。对于过失犯罪的刑罚配置,许多国家主张对于业务过失应当配置重于普通过失的法定刑。这是因为业务过失犯罪往往发生在生产、操作的交通运输过程中,常常涉及到许多人的利益和公共安全,影响面宽,危害结果严重,非普通过失犯罪所能及,在其他条件大体相同的情况下,对业务过失犯罪理应给予较高的处罚。[①] 2. 财产刑。这里主要是指罚金刑。罚金刑作为单独或并科使用可以配置于所有的交通犯罪。3. 资格刑。从国外的立法看,资格刑是公共交通犯罪领域适用较为普遍的刑罚方法。资格刑的适用是基于犯罪人的人身危险性,可以防止其利用某些资源再犯罪。资格刑的存在符合刑罚发展的趋势。[②] 资格刑通常有两种:一是终身剥夺;二是定期剥夺。对于交通犯罪应当确定剥夺驾驶资格的期限。对于严重犯罪和具有事故倾向性人格的驾驶者应当予以终身剥夺驾驶资格,其他交通犯罪也可处剥夺一定期限的驾驶资格,这里的期限通常应为 15 年。资格刑可以适用缓期执行制度。对于交通犯罪适用也较为合适,在一些危险型的交通犯罪中,处吊销驾驶执照并缓期执行,可以有效地促进犯罪人提高遵章守法意识,对于预防和控制犯罪必然具有积极意义。4. 其他的刑罚替代措施。对于大多数的交通犯罪来

---

①参见[日]木村龟二主编,顾肖荣等译:《刑法学词典》,上海翻译出版公司 1991 年版,第 286 页。

②参见吴平著:《资格刑研究》,中国政法大学出版社 2000 年版,第 66 页。

武汉科技学院·人文社科文库

说,自由刑不应是主要的刑罚方式,因为许多交通犯罪尤其是危险驾驶型的犯罪,犯罪人的主观恶性并不是很大,我们也不能再用通常的伦理评价标准视之,应当尝试在刑罚方式上进行多样化的设计,国外的一些刑罚措施值得我们很好地借鉴,美国的间隙监禁刑,既对犯罪分子予以必要的惩罚,又不割断犯罪分子与社会的正常联系,让其定期接受教育和辅导。特别是对于那些由于驾驶技能和心理以及法律知识缺乏的犯罪人,通过教育训练可以促使其行为的调整,培养完善人格,进而成为一个安全的驾驶员。美国、加拿大、芬兰等国的社区服务刑也是很好的方法。可以对交通犯罪人判令在社区内从事一定时间的公益劳动,例如协助维护交通秩序、开展交通安全宣传或者为居民提供交通或其他方面的服务。这样可以使社会或被害人从犯罪人的公益劳动中得到一定程度的补偿,同时也可以加强犯罪人的公民义务感和社会责任感,缓和社会对犯罪人的义愤和责难,改善犯罪人的社会形象,更可以避免将轻微罪犯投入监狱所可能产生的监狱化等负作用,并且不需要国家额外支出刑罚成本,符合刑罚经济原则,符合刑罚社会化、开放化的改革潮流。① 另外,为了贯彻行刑社会化和刑罚个别化的思想还应当积极探索其他的刑罚替代措施,以弥补单一的自由刑带来的缺陷,提高刑罚的有效性。②

二、交通刑法的刑罚设置概览

(一)德国

德国实行刑罚与保安处分二元制,在德国刑法中,对交通犯罪设置了刑罚与保安处分。其中,刑罚包括:主刑有自由刑和罚金刑,附加刑有禁止驾驶。保安处分包括:吊销驾驶证和禁止授予驾驶证。自由刑还包括

---

①参见梁根林著:《刑罚结构论》,北京大学出版社1998年版,第286页。
②参见杨朝晖:《道路交通犯罪及其刑罚配置问题研究》,安徽大学2003年硕士论文,第94页。

终身自由刑与有期自由刑,不过,一般对交通犯罪都是配置了有期自由刑,如 6 个月以上 10 年以下自由刑,3 个月以上 5 年以下自由刑,1 年以上自由刑,5 年以下自由刑,10 年以上自由刑等,只有在第 316 条 c 侵害空中和海上交通罪中配置了终身自由刑,但也不是绝对确定的法定刑,可以与 10 年以上自由刑选处。值得注意的是,在德国刑法中,罚金刑处于主刑的地位,可以与自由刑并列,进行选处,如 5 年以下自由刑或罚金刑,2 年以下自由刑或罚金刑,1 年以下自由刑或罚金刑等。而所有的过失交通犯罪都配置有罚金刑,与自由刑进行选处,如第 315 条过失侵害铁路、水路和航空交通罪,第 315 条 a 过失危害铁路、水路和航空交通安全罪,第 315 条 b 过失侵害公路交通罪,第 315 条 c 过失危害公路交通安全罪。对第 316 条酒后驾驶罪和第 142 条擅自逃离肇事现场罪也配置了罚金刑,与自由刑进行选处。德国刑法典第 44 条是对禁止驾驶附加刑的规定,"(1)1 犯罪发生于驾驶机动车时,或与之有关或由于违反驾驶人员的义务,而被判处自由刑或罚金刑的,法院可禁止其于街道驾驶任何或特定种类的机动车,其期间为 1 个月以上 3 个月以下。2 在依第 315 条 c 第 1 款第 1 项 a、第 3 款或在第 316 条情况下依第 69 条未吊销驾驶证的,通常应命令禁止驾驶。(2)1 禁止驾驶自判决生效时生效。2 在禁止驾驶期间,德国官方发给的国内和国际驾驶证由官方予以保管。3 如果驾驶证是由欧盟成员国的官方或欧洲经济区条约的签约国发给的,同样适用本规定,但以驾驶证的持有人在国内有固定住所为限。4 如属其他外国的驾驶证,应在其中作禁止驾驶的记载。(3)1 驾驶证由官方保管或在外国驾驶证上作禁止驾驶记载的,禁止期间从保管或记载之日起计算。2 行为人因官方命令被羁押于某一机构的期间,不算入禁止驾驶的期间"①。德国刑法典第 61 条规定矫正与保安处分的种类有:收容于精神病院,收容于戒除瘾癖的机构,保安监督,行为监督,吊销驾驶证,职业禁止。第

---

① 徐久生、庄敬华译:《德国刑法典》(2002 年修订),中国方正出版社 2004 年版,第 15—16 页。

69条规定了吊销驾驶证的内容，"（1）1 因驾驶机动车辆时的违法行为，或违法行为与之有关，或违反机动车辆驾驶人员义务实施的违法行为而被判刑的，或仅仅因为被证实或者不排除行为人无责任能力而没有被判刑，且其行为表明不适合驾驶机动车辆的，法院应吊销驾驶证。2 不需要依第 62 条进行进一步的调查。（2）第 1 款的违法行为构成下列轻罪之一时，原则上认为行为人不适合驾驶机动车辆：1. 危害公路交通（第 315 条 c），2. 酒后驾驶（第 316 条），3. 行为人明知或可能知道，在事故发生时有人死亡或受重伤，或给他人的财产造成重大损失，而非法逃离肇事现场的（第 142 条），4. 与第 1 项至第 3 项所列行为之一有关的醉酒（第 323 条 a）。（3）1 驾驶证自判决生效时失效。2 由德国官方发给的驾驶证判决予以吊销"。第 69 条 a 规定了禁止授予驾驶证的内容，"（1）1 经法院吊销驾驶证的，应同时规定在 6 个月以上 5 年以下的期间内，不得授予新的驾驶证（禁止）。2 如认为法定最高期限仍不足以防止由行为人所造成的危险的，可命令永远禁止授予驾驶证。3 行为人原来未获得驾驶证的，只要求禁止授予即可。（2）如有特别情况表明，对特定种类的机动车辆的驾驶不予禁止不会因此妨害处分目的的，法院可对特定种类的机动车辆不予禁止。（3）如行为人在行为前 3 年内已受一次禁止宣告的，其禁止期间不得少于 1 年。（4）1 行为人的驾驶证因其行为被暂时吊销的（刑事诉讼法第 111 条 a），禁止的最短期间减去暂时吊销的有效期间。2 缩短后的期间不得少于 3 个月。（5）1 禁止驾驶的命令自判决生效时开始。2 因其行为被命令吊销驾驶证的期间，如在判决宣告后已经经过的，该期间算入上述期间以内，但该判决须是能够最后一次审查该处分所依据的事实的判决。（6）驾驶证的保管、作为证物保存或扣押（刑事诉讼法第 94 条），视同第 4 款和第 5 款的暂时吊销驾驶证。（7）1 如有理由认为行为人已适合驾驶机动车辆，法院可提前取消禁止的命令。2 禁止期间至少要经过 3 个月，在第 3 款情况下至少要经过 1 年方可取消禁止命令；相应适用第 5 款第 2 句和第 6 款的规定"。第 69 条 b 规定吊销的效力及于外国驾驶证件，

"(1)1 行为人凭借在国外被授予的驾驶证在国内驾驶机动车辆的,吊销驾驶证具有取消其在国内使用驾驶证的权利。2 随着裁决的生效,行为人失去在国内驾驶机动车的权利。3 在禁止驾驶期间,既不得使用外国的驾驶证件,也不得被授予本国的驾驶证件。(2)1 外国的驾驶证件是由欧盟成员国的官方或欧洲经济区条约的签字国发放,且证件持有人在国内有固定住所的,在判决中吊销之,并将之退回发放当局。2 在其他情况下,吊销驾照和禁止只在外国驾驶证件中予以记载"①。可见,德国刑法典中有关驾驶行为的规定是相当完备的,可以通过使用这些处罚措施,大大减少由于不恰当的驾驶行为而造成的危害社会的后果。

(二)日本

在日本刑法中,对交通犯罪的刑罚设置有四种主刑:死刑,惩役(包括有期惩役与无期惩役),监禁(虽然监禁分为有期监禁和无期监禁,但对交通犯罪只配置了有期监禁),罚金。罚金刑在日本刑法中也处于主刑的地位,并且在第 129 条普通过失交通危险罪中,单处三十万元以下的罚金,业务过失交通危险罪则处 3 年以下监禁或者 50 万元以下罚金。在第 126 条颠覆火车等罪和颠覆火车等致死罪和第 127 条交通危险致使火车颠覆等罪中配置了死刑,但不是绝对确定的法定刑,还可以与无期惩役选处。对交通犯罪配置的有期惩役有,1 年以上惩役,2 年以下惩役,2 年以上惩役,3 年以上惩役,15 年以下惩役。对交通犯罪配置的有期监禁 3 年以下监禁。业务过失犯罪的法定刑设置比普通过失的法定刑重。此外,在日本,国家追究刑事责任还有其他方式,如对严重的交通违章者要送集禁场,集禁场是专收交通犯罪的特种监狱,集禁场内实施汽车驾驶、汽车修理的训练,另外还要进行道德、交通安全、生活指导等理论教育,表现良好的,可以到集禁场外汽车修理厂工作,叫监外执行,此项制度从很大程度

---

① 徐久生、庄敬华译:《德国刑法典》(2002 年修订),中国方正出版社 2004 年版,第 35—36 页。

上控制了违章,抑制了事故。

(三)芬兰

在芬兰刑法中,对交通犯罪的刑罚设置有:罚金刑和监禁刑。值得注意的是,芬兰刑法对所有的交通犯罪都配置了罚金刑,并且都是与监禁刑进行选处。芬兰刑法对交通犯罪设置的监禁刑有 3 个月以下的监禁,6个月以下监禁,1 年以下的监禁,2 年以下的监禁。对酒后驾车还适用社区服务刑。在芬兰,20 世纪 60 年代中期,几乎 90% 的酒后驾驶者被施以监禁刑,70 年代,该数据变成了 70%。但 10 年以后,该比例降到了 12%,这是刑事政策调整后带来的改变。为了用其他制裁取代短期的监禁刑,施加缓刑和罚金刑的范围在 70 年代中期扩大了。20 世纪 90 年代期间刑法保持着稳定,唯一的主要修改就是社区服务的引入《1990 年 12 月 14日条例(1990 年/1105 号)》将社区服务引入了芬兰的刑罚系统。该条例要求在 12 个农村地区和 6 个城市进行为期 3 年的社区服务实验,不久之后又扩大了实验区域。最后,《1994 年 3 月 25 日条例》更是将实验范围推广到所有芬兰法院,全部实验于 1996 年 12 月 31 日结束。《1996 年 12月 12 日条例》正式确定了社区服务的法律地位。1996 年/1055 号文件第1 节规定,社区服务是一种对监禁的替代处罚,它要求罪犯在监视下进行20 至 200 个小时的定期的、没有报酬的劳动,在劳动期间,酗酒者最多可获得 5 小时的健康保护服务。在芬兰,施加社区服务是用以取代 8 个月的不附条件的监禁刑。为了确保社区服务只是取代不附条件的监禁刑,而不是取代其他更轻的刑罚,法律规定了两个程序。首先,法院应该根据判决的一般原则和标准来作出处罚决定,而不能考虑施以社区服务的可能性。如果是施以不附条件的监禁,那么法院才可以依照法律规定的某些条件代之施以社区服务。据统计,这一规则得到了很好的遵守。另外,判处社区服务,需罪犯同意,并假设罪犯能够成功地服完刑期。社区服务的监督机构是芬兰缓刑和安置协会。如果罪犯不履行社区服务的规定,监督机构可给予警告,如果罪犯严重违反社区服务的规定,监督机构通知公诉人,公诉人可要求法院撤销社区服务,改判监禁。实践中,适用社区服务的犯罪主要是酒后驾车。①

(四)俄罗斯

在俄罗斯刑法中,对交通犯罪设置了六种刑罚:(1)限制自由。具体有:处 2 年以下的限制自由,如第 271 条违反国际飞行规则罪;3 年以下的限制自由,如第 265 条逃离交通事故现场罪;4 年以下的限制自由,如第 267 条破坏交通工具或道路罪;5 年以下的限制自由,如第 263 条违反铁路、航空或水上交通安全规则和运营安全规则罪。(2)剥夺自由。具体有:2 年以下的剥夺自由,如第 263 条违反铁路、航空或水上交通安全规则和运营安全规则罪;3 年以下的剥夺自由,如第 265 条逃离交通事故现场罪;5 年以下的剥夺自由,如第 263 条违反铁路、航空或水上交通安全规则和运营安全规则罪,第 266 条对交通运输工具进行劣质修理和将有技术缺陷的交通工具投入使用罪等;3 年以上 8 年以下的剥夺自由,如第 267 条破坏交通工具或道路罪;4 年以上 8 年以下的剥夺自由,如第 268 条违反保证交通运输安全工作的规则罪;4 年以上 10 年以下的剥夺自由,如第 263 条违反铁路、航空或水上交通安全规则和运营安全规则罪,第 264 条违反道路交通规则和交通工具使用规则罪,第 266 条对交通运输工具进行劣质修理和将有技术缺陷的交通工具投入使用罪等;6 年以上 10 年以下的剥夺自由,如第 267 条破坏交通工具或道路罪。(3)拘役。具体有:2 个月以上 4 个月以下的拘役,如第 268 条违反保证交通运输安全工作的规则罪;3 个月以上 6 个月以下的拘役,如第 263 条违反铁路、航空或水上交通安全规则和运营安全规则罪,第 264 条违反道路交通规则和交通工具使用规则罪,第 269 条违反管道干线的建设、运营或修理安全规则罪等;6 个月以下的拘役,如第 265 条逃离交通事故现场罪,第 266

① 参见卢建平、肖怡:《独具特色的芬兰刑法制度》,载《国家检察官学院学报》2005 年第 5 期。

武
汉
科
技
学
院
·
人
文
社
科
文
库

条对交通运输工具进行劣质修理和将有技术缺陷的交通工具投入使用罪。(4)剥夺驾驶交通运输工具的权利。3 年以下剥夺驾驶交通工具的权利,如第 264 条违反道路交通规则和交通工具使用规则罪。(5)剥夺担任一定职务或从事某种活动的权利。3 年以下剥夺担任一定职务或从事某种活动的权利,如第 263 条违反铁路、航空或水上交通安全规则和运营安全规则罪,第 265 条逃离交通事故现场罪等。(6)罚金刑。具体有:处数额为最低劳动报酬 400 倍至 700 倍或被判刑人 4 个月至 7 个月的工资或其他收入的罚金,如第 266 条对交通运输工具进行劣质修理和将有技术缺陷的交通工具投入使用罪,第 267 条破坏交通工具或道路罪;处数额为最低劳动报酬 200 倍至 500 倍或被判刑人 2 个月至 5 个月的工资或其他收入的罚金,如第 270 条船长对遇险者不提供救助罪,第 271 条违反国际飞行规则罪。

(五)中国大陆

在我国刑法中,对交通犯罪配置的刑罚种类有四种:(1)死刑。第 121 条劫持航空器罪中,如果致人重伤、死亡或者使航空器遭受严重破坏的,处死刑,这是绝对确定的法定刑;第 119 条第 1 款破坏交通工具罪、破坏交通设施罪,造成严重后果,可能判处死刑。(2)无期徒刑。第 119 条第 1 款破坏交通工具罪、破坏交通设施罪,造成严重后果的,可能判处无期徒刑;第 121 条劫持航空器罪可能判处无期徒刑;第 122 条劫持船只、汽车罪,造成严重后果的,可能判处无期徒刑。(3)有期徒刑。具体有:3 年以下有期徒刑,如第 119 条第 1 款过失破坏交通工具罪、过失破坏交通设施罪中情节较轻的,第 131 条重大飞行事故罪、第 132 条铁路运营安全事故罪中造成严重后果的,第 133 条交通肇事罪中致人重伤、死亡或者使公私财产遭受重大损失的;3 年以上 7 年以下有期徒刑,如第 119 条第 1 款过失破坏交通工具罪、过失破坏交通设施罪,第 131 条重大飞行事故罪中造成飞机坠毁或者人员死亡的,第 132 条铁路运营安全事故罪中造成特别严重后果的,第 133 条交通肇事罪中交通运输肇事后逃逸或者有其他特别恶劣情节的;3 年以上 10 年以下有期徒刑,如第 116 条破坏交通工具罪,第 117 条破坏交通设施罪等;5 年以下有期徒刑,如第 123 条暴力危及飞行安全罪中尚未造成严重后果的;5 年以上有期徒刑,如第 123 条暴力危及飞行安全罪中造成严重后果的;7 年以上有期徒刑,如第 133 条交通肇事罪因逃逸致人死亡的;10 年以上有期徒刑,如第 119 条第 1 款破坏交通工具罪、破坏交通设施罪中造成严重后果的,第 121 条劫持航空器罪,第 122 条劫持船只、汽车罪中造成严重后果的;10 以上有期徒刑,如第 122 条劫持船只、汽车罪中造成严重后果的。(4)拘役。如第 119 条第 1 款过失破坏交通工具罪、过失破坏交通设施罪中情节较轻的,第 123 条暴力危及飞行安全罪中尚未造成严重后果的,第 131 条重大飞行事故罪、第 132 条铁路运营安全事故罪中造成严重后果的,第 133 条交通肇事罪中致人重伤、死亡或者使公私财产遭受重大损失的。可见,在我国 1997 年刑法规定的所有交通犯罪中,都没有配置罚金刑,罚金刑在我国刑法中处于附加刑的地位。

综上所述可以看出,在各国交通刑事立法的刑罚体系中,自由刑和罚金刑占据了非常重要的位置,各国交通刑法均突出了自由刑的适用。正如美国学者所说:"给每一级犯罪规定几种可供选择的刑罚幅度,而不是规定一种固定不变的刑罚,是一种适当的办法。若不这样,刑法就必然会失去特殊威慑、剥夺再犯能力和改造等作用。"①因此,以自由刑和罚金刑为中心,是各国交通犯罪刑罚体系的主要特色。在德国、日本、芬兰、俄罗斯,罚金刑在刑法中都处于主刑的地位,对交通犯罪大多配置有罚金刑。而在我国,对所有的交通犯罪都没有配置罚金刑。

---

①[美]迈克尔·D·贝勒斯著,张文显等译:《法律的原则——一个规范的分析》,中国大百科全书出版社 1996 年版,第 402—403 页。

第二节 我国交通刑法的刑罚完善

一、我国交通刑法刑罚设置的不足

从宏观上看,我国刑法在对交通犯罪的刑种的设置上与其他国家相比,种类相对较少,显得过于单调,刑事制裁措施单一化。虽然大多数国家的刑种配置还都是以自由刑为中心,或者是以自由刑和财产刑为中心,但在配置的结构上有所不同,一是非监禁刑配置的比率较高;二是非监禁刑的种类较多。德国刑法典将犯罪的法律后果分为刑罚与保安处分两大类,奉行刑罚与保安处分的二元制。刑罚由自由刑、附加刑和附加后果所构成。自由刑和罚金刑是主刑,附加刑仅为一种,即禁止驾驶。附加后果则有丧失担任公职、选举和被选举的资格。

德国刑法中还规定了矫正与保安处分措施有:(1)收容于精神病院;(2)收容于戒除瘾癖的机构;(3)收容于社会矫正机构;(4)保安监督;(5)行为监督;(6)吊销驾驶执照;(7)禁止执业。在德国的刑事司法实践中,罚金刑保持着较高的适用率,1970年以来,甚至一直占刑事判决总数的84%左右。日本刑法典中,主刑包括死刑、惩役、监禁、罚金、拘留、罚款,附加刑为没收。除了监禁以外,有罚金、罚款和没收等三种财产刑。其中罚金占总数的21.20%、罚款占3.65%。在日本刑法中,超过三分之一的罪名配置有罚金刑种,其中包括业务上或重过失致死罪;另外,一些犯罪则只处以罚金刑,其中有过失危害交通罪;罚款刑往往与拘留搭配规定,多用于较轻的犯罪或过失犯罪。在法国刑法典(1994)中,刑种分为主刑和附加刑,主刑除了无期徒刑、有期徒刑,适用于自然人的轻罪刑罚(主刑)为:监禁、罚金、日罚金、公益劳动以及剥夺权利或限制权利(包括吊销驾驶执照、没收车辆、没收武器等 11 种）。适用于自然人的某些轻罪之附加刑有：禁止权利、丧失权利或资格（指投票表决权、履行裁判职务权、作为监护人或财产管理人之权利等五种权利或资格）、撤销权利、封存或没收物品、关闭机构或者张贴宣告的决定或者新闻媒体公布决定。适用于自然人的违警罪之刑罚（主刑）有：罚金、剥夺或限制权利之刑罚（包括吊销驾驶执照、禁止签发支票等 6 种）。适用于违警罪的附加刑则主要有吊销驾驶执照、禁止持有或携带武器等五种；此外，对最严重的违警罪（第五级）还规定禁止签发支票、从事公益劳动两种附加刑。法国刑法典对法人犯罪也配置了种类较多的独立的刑种。在美国，对大量的交通违章判处罚金刑。芬兰、瑞典等国家对交通违章使用区别于传统的（固定罚金制）罚金刑的日罚金制。资格刑的适用在交通犯罪中是非常普通的，《法国刑法典》规定了吊销驾驶执照是处罚轻罪的非监禁刑之一。该刑法典第131－6 条规定了两种吊销驾驶执照的措施，对于判处监禁刑的轻罪犯人，在判处监禁刑的同时，可以宣告不同的吊销驾驶执照措施。暂时吊销驾驶执照的，其期限最长为 5 年；禁止驾驶特定车辆，其期限最长为 5 年，这实际就是吊销特定种类车辆的驾驶执照。[①] 有的国家还规定了社区服务措施。美国让交通肇事的犯罪人到治疗交通肇事被害人的医院中服务，使他们更直接地认识到交通肇事的危害性。据英国和荷兰的统计资料，前者 1995 年因犯可诉罪而被判决社区服务的犯罪中，违章驾驶占3.6％；而后者适用于交通肇事罪的社区服务占总数的 23.8％。另外，还有规定没收与犯罪有关的物品如没收拼装车辆等。[②]

　　从对国外的立法考察，可以看出对交通犯罪的刑事制裁手段是多样性的。大致有：徒刑、监禁、罚金、劳役、赔偿、罚款、记分、停止和吊销驾照、禁止驾驶、没收、社区服务等。而在我国刑法中，对交通犯罪既没有配

---

　　①参见罗结珍译：《法国新刑法典》，中国法制出版社 2005 年版，第 13 页。
　　②参见吴宗宪等著：《非监禁刑研究》，中国人民公安大学出版社 2003 年版，第 314 页、585页、第 345 页。

置罚金刑,也没有规定资格刑,刑种的配置过于单一,不科学。因为从刑罚的作用来看,对于不同情形的犯罪行为和不同的犯罪人使用相同的刑罚难免有些削足适履、罚不当罪,起不到应有的效果。从刑事政策的科学观念出发,"要科学地研究不同类型犯罪人的刑罚适合性和刑罚感,明确究竟什么样的犯罪人对什么样的刑罚措施更敏感、感受更深;对于特定类型的犯罪人而言,什么样的刑罚的惩罚性影响力更大,而它的破坏性副使用更小"①。

二、我国交通刑法刑罚设置的完善

(一)将罚金刑升格为主刑,在交通刑法中配置罚金刑

人类社会刑罚结构由野蛮时代以死刑和肉刑为中心的刑罚结构,到前资本主义时期以死刑和自由刑为中心的刑罚结构,再到当代许多国家盛行的以自由刑为中心的刑罚结构,以及西欧和北欧许多国家已经成型的以自由刑替代措施和社区刑罚为中心的刑罚结构的历史演变的轨迹,突出地反映了人类社会在刑罚种类选择和刑罚强度确定方面呈现的基本刑罚政策的变化,反映出基本刑罚政策的轻刑化、人道化、合理化、科学化甚至非刑化的发展趋势。②

现代,西方国家多以自由刑和罚金刑为中心,而且在大多数西方国家中,罚金刑在刑罚体系中占据了越来越重要的地位,实际适用比例不断提高,很多学者甚至认为罚金刑已经成为或即将成为西方国家刑罚体系的中心。从世界各国关于罚金刑的立法看,罚金刑在刑罚体系中都占有重要地位,印度、泰国、巴西、德国、瑞士等国家可以使用罚金刑的条文占分则条文总数的比例都在55%以上,最大的达到89.5%。而我国现行刑法

---

①吴宗宪等著:《非监禁刑研究》,中国人民公安大学出版社2003年版,第209页。

②参见邓文莉:《"两极化"刑事政策下的刑罚制度改革设想》,载《法律科学》2007年第3期。

罚金刑条文占刑法分则条文总数的比例为 39.7%。① 可见在国外,罚金刑是运用最为广泛和频繁的制裁手段。罚金刑占被判刑总数的比例,日本为 94%,德国为 78%,奥地利为 70%,英格兰和威尔士为 79%。② 正如有学者所言:"许多国家,一方面开始从自由刑转向罚金刑(所谓缓和化),另一方面将罚金刑从刑事罚转向行政罚(所谓非刑罚化或非犯罪化)。罚金刑已成为适用最多的刑罚方法,在此意义上说,现代世界刑罚体系的中心已从自由刑移向罚金刑。如果说现代世界刑罚体系的中心仍是自由刑,那么可以说,在自由刑中,'金钱化的自由刑'正在成为其中心。"③ 可见,在观念上自由刑是刑罚体系的中心,但在实践层面上罚金刑却是刑罚体系的中心。④ 因为:其一,伴随现代社会的发展,业务过失犯罪和违反道路交通法的犯罪显著增加。这类犯罪数量庞大,需要速决,而罚金刑大多采取略式命令或即决裁判手续,正好与之相适应。⑤ 其二,短期自由刑交叉感染的弊端使罚金刑的可信赖感增强。其三,罚金刑具有的回避烙印的机能日益为人们重视。

在德国,无论是司法实践或是理论研究,罚金刑的地位都算得上是极高的。20 世纪初,德国就很重视罚金刑的适用。李斯特的一段话很能说明当时罚金刑在德国的适用情况:"罚金刑是帝国立法刑罚体系中的唯一的财产刑主刑。它有时单独适用,有时在自由刑之外作为第二主刑适用,有时与自由刑一起适用。自开始有帝国犯罪统计以来,罚金刑在刑事司法中的意义不断增加。早在 1912 年因犯重罪和轻罪而被科处的罚金刑就占因此等犯罪而被科处则罚总数的 51%。由于 1921 年至 1924 年《罚金刑法》,罚金刑在现今德国的刑罚制度中从数据上看占有绝对的优势。

① 参见吴宗宪等著:《非监禁刑研究》,中国人民公安大学出版社 2003 年版,第 492 页。
② 参见吴宗宪:《试论非监禁刑及其执行体制的改革》,载《中国法学》2002 年第 6 期。
③ 张明楷编著:《外国刑法纲要》(第二版),清华大学出版社 2007 年版,第 390 页。
④ 参见张明楷编著:《外国刑法纲要》(第二版),清华大学出版社 2007 年版,第 391 页。
⑤ 参见[日]大谷实著,黎宏译:《刑事政策学》,法律出版社 2000 年版,第 133 页。

在 1928 年,有 69.4％的重罪和轻罪被科处罚金刑。"①战后的德国重新认识到罚金刑的惩罚和预防犯罪的有效性,在刑法总则中增加了被德国学者称为"最后手段条款",即德国刑法总则第 47 条第 2 项"在刑法没有规定罚金刑和 6 个月以上的监禁刑的地方,除非根据前款规定适用监禁刑为必不可少时,法院应适用罚金"的规定,在司法实务中,罚金刑被广泛应用。1959 年联邦德国法院判处的罚金刑占全部刑事判决的 63％,到了 1969 年,则上升为 70％。20 世纪 70 年代以降,罚金刑的适用率一直占刑事判决总数的 84％左右,保持着较为强劲的上升势头。所以,无论是从刑事立法还是刑事司法角度看,罚金刑在德国刑法的刑种配置结构中的主导性地位都不容忽视。②

在罚金刑的地位上,多数国家在刑法典中将罚金规定为主刑,或者既作为主刑又作为附加刑。前者如日本、巴西、意大利、罗马尼亚、波兰、朝鲜、前西德、前东德等;后者如蒙古、越南、阿尔巴尼亚、匈牙利以及前苏联等,只有极少数国家将罚金规定为附加刑,我国就属于这极少数国家之一。尽管我国刑法关于罚金刑的规定数量已从 1979 年刑法的 20 条增加为现行刑法的 142 条,适用的范围从 1979 年刑法仅适用于贪利性犯罪和个别妨害社会管理秩序的犯罪增加为贪利性犯罪,危害公共安全罪,侵犯公民人身权利、民主权利罪,妨害社会管理秩序罪和危害国防利益罪中的某些犯罪,但是,与外国相比,罚金刑的适用范围还是狭窄。例如,在英国除谋杀罪以外几乎所有的犯罪都可以适用罚金制。《印度刑法典》中对各种性质的犯罪都规定有罚金刑,无论是国事罪、军职罪还是谋杀罪、强奸罪,均无例外地适用罚金刑。大多数国家的刑法典中也规定对部分重罪可以适用罚金刑。③ 我国刑法之所以未能广泛规定罚金刑,原因之一就

①［德］弗兰茨·冯·李斯特著,许久生译:《德国刑法教科书》,法律出版社 2000 年版,第 433 页。

②参见周光权著:《法定刑研究》,中国方正出版社 2000 年版,第 109 页。

③参见赵秉志主编:《刑罚总论问题探索》,法律出版社 2003 年版,第 253 页。

是受到"只有贪利性犯罪才能适用罚金刑"这样一种错误观念的影响。事实上,刑罚是一种剥夺性的痛苦,金钱是任何人都需要的财物,让犯罪人向国家缴纳金钱,对任何犯罪人都是一种痛苦,罚金是适应市场经济社会价值观念、有利于减少自由刑的一个刑种。罚金刑不但可以适用于贪利性犯罪,还可以适用于各种犯罪,包括过失犯罪。因此,我们应当转变罚金刑的设置观念,扩大适用范围,对并不严重的犯罪普遍设置罚金刑。①在西方国家的刑法典中,罚金刑很久以来就是主刑,并且由于短期监禁刑的弊端日显突出,人们越来越倾向于用罚金刑取代短期监禁刑。近百年来的国际社会刑事司法实践表明,罚金刑确实具有良好的矫正犯罪人和预防犯罪的效果。这一经验值得我国学习借鉴。因此,我们有必要及时调整罚金刑在刑罚体系中的地位,将其升格为主刑,并进一步扩大其适用范围。②按照著名刑法学家高铭暄教授的观点,"凡是挂拘役的法定刑中,一般都可以考虑增设单处罚金作为供选择的刑种,这样可以使拘役有所分流,既可以少关一些人,减少自由刑场所的开支,同时也可以避免在某种场合下短期自由刑所带来的交叉感染的弊端"③。有学者认为应当将罚金刑的适用范围在立法上扩大到④:第一,过失犯罪。这里就交通犯罪而言,包括过失损坏交通工具罪,过失损坏交通设施罪,重大飞行事故罪,铁路运营安全事故罪,交通肇事罪。第二,轻微的非经济型、财产型的故意犯罪。第三,严重的非经济型、财产型犯罪。这里对交通犯罪而言,包括破坏交通工具罪,破坏交通设施罪,劫持航空器罪,劫持船只、汽车罪,暴力危及飞行安全罪。因此,所有的交通犯罪,包括故意交通犯罪和过失交通犯罪,都应当配置罚金刑。把罚金刑规定为主刑更富有适用性,也更适合时代需要和刑罚发展的轻缓化趋势。罚金刑在一个国家刑罚体

---

①参见张明楷:《刑事立法的发展方向》,载《中国法学》2006 年第 4 期。

②参见谢望原:《欧陆刑罚改革成就与我国刑罚方法重构》,载《法学家》2006 年第 1 期。

③高铭暄:《论我国形法改革的几个问题》,载高铭暄主编:《刑法修改建议文集》,中国人民大学出版社 1997 年版,第 10—11 页。

④参见吴宗宪等著:《非监禁刑研究》,中国人民公安大学出版社 2003 年版,第 600—602 页。

武汉科技学院·人文社科文库

系中的地位,关系到立法者对罚金刑的重视程度,也关系到它在司法实践中适用率的高低。

可见,相对西方国家而言,我国刑法并没有给予罚金刑应有的地位。扩大罚金刑的适用范围,提高罚金刑的地位是世界刑罚发展的大趋势,也是刑罚轻缓化的表现。我国刑罚结构应当适时的进行调整,提高罚金刑的地位,推进刑罚结构由自由刑为中心向自由刑和财产刑为中心转变。这不仅是适应世界刑罚发展趋势的需要,更是我国社会现实情况的要求。因为"一个国家在不同历史时期的刑罚体系、刑种以及各种犯罪的法定刑设计,都不是立法者随心所欲的创造,而是特定政治、经济、文化背景下的社会价值观念影响的产物,或者说它至少不能背离这种价值观念基准"[1]。从罚金的剥夺功能来看,罚金刑以剥夺犯罪人的财产权为内容。随着社会经济的发展,财产越来越成为维护人们生活、发展、交往的重要条件,对财产的占有量也成为人的主体性的重要表现。财产是人的社会属性的重要基石,人一旦失去了财产,便失去了参与社会生活的经济基础。对财产的剥夺,在当今社会,往往意味着人的主体性很大程度的丧失。随着经济和社会的发展,罚金刑通过剥夺犯罪人的财产权,将使其主体性在更大程度上丧失,削弱犯罪人的犯罪能力,也使罚金刑发挥其剥夺功能来预防犯罪有了更大的空间。

(二)增设剥夺从事特定职业或者活动的权利的资格刑

资格刑又称名誉刑、能力刑或权力刑,是剥夺犯罪人享有或行使一定权力的资格的刑罚。资格刑是一个理论概念,它所概括的是以剥夺犯罪人的某种资格为内容的一类刑罚方法。由于资格的性质有别,为此各国刑法都规定了不同类型的资格刑。从世界各国刑法典的规定来看,资格刑的种类主要包括:剥夺一定的权利,禁止担任一定的职务,禁止从事一定的职业,禁止驾驶,剥夺荣誉称号,剥夺亲权及其他民事权利,剥夺国籍

---

① 张明楷:《新刑法与合并主义》,载《中国社会科学》2000 年第 1 期。

和驱逐出境,剥夺犯罪法人的某些权力。从内容上看,资格刑剥夺犯罪人权利的范围也十分广泛,包括了犯罪人的选举权与被选举权,某些名誉或荣誉权,担任国家公职,从事特定职业或某种经营活动的权利,以及其他民事权利等诸多内容。其中,对交通领域设置较多的资格刑就是禁止驾驶和暂停或吊销驾驶执照。

剥夺犯罪人从事一定活动的权利,也就是禁止犯罪人从事一定的活动。这里的活动,一般是本身具有危险性的活动或者可能导致其他危险的活动。① 其中最为主要的,在大多数国家刑法中都有规定的是禁止驾驶。如《德国刑法典》在第 44 条规定:"犯罪发生于驾驶机动车时,或与之有关或由于违反驾驶人员的义务,而被判处自由刑或罚金刑的,法院可禁止其于街道驾驶一切或特定种类的机动车,其期间为 1 个月以上 3 个月以下。"② 在《法国刑法典》中也有关于禁止驾驶的规定,它在第 131-6 条中规定:当处监禁刑之轻罪,得宣告下列一项或数项剥夺权利或限制权利之刑罚:(1)暂时吊销驾驶执照,最长期间为 5 年;暂时吊销执照得依最高行政法院提出资政意见后颁布的法令规定的限制性条件,仅限于从事职业活动之外驾驶的车辆。(2)禁止驾驶特定车辆,最长期间为 5 年。(3)撤销驾驶执照,并且最长 5 年期间内禁止申请颁发新执照。(4)没收属于被判刑人的一辆或数辆车辆。(5)依最高行政法院提出资政意见后颁发的法令规定的限制性条件,查封属于被判刑人的一辆或数辆车辆,最长期间为 1 年。③ 此外,在西班牙、波兰④、我国香港地区⑤也都有关于禁止驾驶或吊销驾驶执照的规定。从相关国家刑法典的规定来看,在具体规定

①参见张明楷著:《外国刑法纲要》(第二版),清华大学出版社 2007 年版,第 402 页。

②徐久生、庄敬华译:《德国刑法典》(2002 年修订),中国方正出版社 2004 年版,第 15 页。

③参见罗结珍译:《法国新刑法典》,中国法制出版社 2005 年版,第 13—14 页。

④《波兰人民共和国刑法典》规定:当犯罪人被判处 3 个月以上、6 个月以下的剥夺自由及罚金刑时,法院可放弃下列处罚:……禁止驾驶机动车辆。

⑤《香港道路交通条例》第 69 条第 1 款规定:对交通违例犯罪,判处吊销驾驶执照。《香港汽车保险(第三者风险)条例》第 4 条规定"违反保险义务罪",犯此罪除有特殊理由,否则吊销执照期限不应少于 12 个月。

禁止驾驶时,采用了不同的做法。一般分为三种类型:第一,全面禁止驾驶机动车辆。在这种情况下,刑法典规定禁止犯罪人在一定时间内驾驶任何机动车辆。例如,《波兰刑法典》第43条规定:在对驾驶交通工具的人就某种危害陆路、水路或空中交通安全的犯罪量刑的情况下,法院可以判处禁止驾驶机动交通工具;如果犯罪人在实施第1款所列犯罪时醉酒,法院必须判处禁止驾驶机动交通工具。吊销驾驶执照在很多情况下就属于这种情况。第二,禁止驾驶特定种类的机动车辆。在这种情况下,刑法典规定禁止犯罪人驾驶某些种类的车辆。例如,《法国刑法典》第131-6条规定,对于因轻罪而判处监禁刑的人,可以宣告禁止驾驶特定车辆,最长时间为5年。第三,综合规定禁止驾驶机动车辆。在这种情况下,刑法典规定可以根据需要,一般地禁止犯罪人驾驶机动车辆,或具体地规定禁止驾驶人驾驶特定种类的车辆。例如,《德国刑法典》综合规定了"禁止驾驶"的附加刑。① 暂停或吊销驾驶执照也是最常见的非监禁刑措施之一。许多国家刑法典都规定了这种非监禁刑。在规定暂停或吊销驾驶执照时,通常采取三种方法:第一,暂停或吊销所有驾驶执照。有的国家规定了一般性地暂停或吊销所有驾驶执照的刑罚,在这种情况下,犯罪人不得驾驶任何种类的车辆。第二,暂停或吊销特定种类车辆的驾驶执照。在这种情况下,仅仅暂停或吊销犯罪人驾驶特定车辆的执照,使犯罪人不能合法地驾驶特定种类的车辆。第三,混合规定暂停或吊销驾驶执照。一些国家既规定了暂停或吊销所有驾驶执照,也规定了暂停或吊销特定种类车辆的驾驶执照,在审判中根据犯罪人的具体情况,分别使用不同的暂停或吊销驾驶执照的措施。②

从国外的立法来看,资格刑是道路交通领域适用较为普遍的刑罚方法。资格刑的存在符合刑罚发展的趋势。③ 资格刑在惩治交通犯罪方

---

① 参见吴宗宪等著:《非监禁刑研究》,中国人民公安大学出版社2003年版,第338—339页。
② 参见吴宗宪等著:《非监禁刑研究》,中国人民公安大学出版社2003年版,第324—325页。
③ 参见吴平:《资格刑研究》,中国政法大学出版社2000年版,第66页。

面,有着明显的优越性:第一,对于因懈怠职业义务而造成交通事故的犯罪者,这是对犯罪者业务过失行为的最直观的刑罚报应。为了能够保障交通事务的安全性,各国往往都规定了只有获得一定资质才能从事某些与交通运输相关的行业,如驾驶员资格,飞行员资格等。正因为行为人没有履行因获得资格而承担的义务,因而在一定期限内剥夺其获得该资格的权利,是作为对其失职行为的惩罚。第二,有利于个别预防。对于因懈怠业务上的注意业务而肇事的犯罪人,剥夺其从事特定交通事务的权利,在一定期限内使其不能接触具有一定危险性质的交通活动,可以防止行为人因疏忽而再次造成交通事故。第三,具有一定的一般预防的效果。通过对犯罪者业务资格的剥夺,对其他类似的交通事务的从业者产生震撼,使其知道懈怠业务将造成一定时间内无法从事原有职业,从而强化其规范意识,养成谨慎的心理习惯。①

许多国家将禁止驾驶列入资格刑,禁止驾驶是现代国家资格刑体系中适用频率较高的一种资格刑。主要是因为随着经济的发展、社会的进步,汽车和其他交通工具与人们的日常生活密不可分,个人参与交通的机会越来越多,相应的,交通肇事犯罪也大量发生。另外,利用交通工具作为犯罪工具的犯罪、以及犯罪后将交通工具作为逃跑工具或运输赃物的工具的犯罪也明显增多。这样,将禁止驾驶、吊销驾驶执照或禁止颁发驾驶执照列为资格刑的一种就可以在一定程度上遏制这种犯罪。禁止驾驶、吊销驾驶执照或禁止颁发驾驶执照,一般适用于同交通或与车辆有关的犯罪,从一定意义上讲,可以预防这方面的犯罪。在发达国家,由于人们对汽车等交通工具的依赖性越来越强,因而,禁止驾驶或吊销驾驶执照确实能够起到预防犯罪的作用。"实践证明,禁止驾驶确实能起到刑罚效果,而且可以避免自由刑的各种弊端。Coors 的研究表明,对于交通罪犯处以禁止驾驶,通常比处以短期自由刑更具有威慑效果。"②例如,德国刑

---

① 参见刘志伟、聂立泽主编:《业务过失犯罪比较研究》,法律出版社 2004 年版,第 124 页。

② 张明楷编著:《外国刑法纲要》(第二版),清华大学出版社 2007 年版,第 402 页。

法将禁止驾驶规定为唯一的附加刑。该刑罚在于被判刑人被禁止在 1 个月以上 3 个月以下的期限内在街道驾驶机动车。通过禁止驾驶,给严重违反交通的肇事者一个"训诫"。该刑罚的特殊预防功能首先在于,使得行为人将来能够更好地遵守交通规则。其目的在于,通过与短期禁止驾驶联系在一起的不得继续违反交通法规的警告,对参与道路交通的驾驶员施加教育影响。① 德国在非剥夺自由的保安处分中设置了吊销驾驶执照,其目的在于保障交通安全,它试图对通过犯罪行为证明不适宜驾驶机动车之人,暂时或长期排除其作为驾驶员参与交通的可能性来实现这一目的。② "交通犯罪在数量上的意义在于,在所有行为人中,29%的行为人被吊销驾驶执照;另有 5%的行为人被命令禁止驾驶。"③

相比较而言,我国刑法中规定的资格刑除了适用于外国人的驱除出境外,就只有剥夺政治权利,由于剥夺政治权利的立法倾向具有浓厚的政治色彩,受这种立法导向的影响,立法者就不得不考虑将这一刑种附加适用于值得进行否定性政治评价的重罪以及单独适用于与政治权利有关的犯罪,其适用范围当然比较狭窄。就交通犯罪领域而言,我国刑法大多只配置了自由刑,而没有如其他国家一样规定禁止驾驶、吊销驾驶执照或禁止授予驾驶执照的刑罚方法,这不利于维护社会交通安全秩序,也很难起到预防交通犯罪的目的。在现代社会中,随着公共和私有交通车辆的增加,交通事故也越来越频繁,如何有效地维护交通秩序,已成为现代社会不得不面对的一个重要问题,这不仅涉及行政法、民法,还需要刑法等相关法律法规来协调。在国外发达国家,为减少交通事故的发生,维护社会生活秩序的稳定,许多国家的刑法都对驾车者作了严格限制,以防止驾驶

---

①参见[德]汉斯·海因里希·耶赛克、托马斯·魏根特著,徐久生译:《德国刑法教科书(总论)》,中国法制出版社 2001 年版,第 944—945 页。

②参见[德]汉斯·海因里希·耶赛克、托马斯·魏根特著,徐久生译:《德国刑法教科书(总论)》,中国法制出版社 2001 年版,第 991 页。

③[德]汉斯·海因里希·耶赛克、托马斯·魏根特著,徐久生译:《德国刑法教科书(总论)》,中国法制出版社 2001 年版,第 918—919 页。

员野蛮驾车或不谨慎驾车,进而达到减少交通事故的目的。而随着我国私家车和公用车辆的增多,交通事故每年都呈比例地高速增长,每年因交通肇事罪而判刑的人也不在少数,各种野蛮驾车或不谨慎驾车而造成惨祸的事件时常见诸报端。究其原因,很大程度上就是因为现行法律对驾车者的约束不够,尤其是刑法对驾车者驾驶资格的处罚未作出具体规定。因此,我国刑法没有规定"吊销或禁止授予驾驶执照"的资格刑的确是一大漏洞。如果将吊销或禁止授予驾驶执照纳入资格刑的内容,对于减少交通事故,整顿交通秩序,维护交通安全具有重大意义。随着我国汽车产业的发展,交通堵塞状况日益严重,交通事故率迅猛上升。出现这种情况,除了因车辆增多而带有一定必然性之外,也与交通管理措施跟不上,尤其是驾车司机故意违章密不可分。据统计,交通事故的发生,很大程度上都可归责为驾车司机的违章。我国现行的交通管理法规及交管部门针对司机违章行为也采取了不少措施,如扣分、罚款、暂扣驾照等,虽然对驾车司机的违章行为具有一定程度的遏制作用,但并不能从根本上阻止驾车司机的违法违章行为,其原因就在于处罚力度不够,起不到威慑作用。值得注意的是,2004年通过的《道路交通安全法》第101条规定:造成交通事故后逃逸的,由公安机关交通管理部门吊销机动车驾驶证且终身不得取得机动车驾驶证。也就是规定了俗称的"终身禁驾"。但有人认为,这种规定没有体现现代法治的正当程序原则。因为,在现代社会,驾驶汽车是公民的一项重要权利,在汽车逐步普及的今天,终身不允许驾驶汽车将会对一个人的谋生与生活产生严重的不便,可以说这是相当严重的一种处罚,此种处罚对于人的影响将会远甚于刑罚中的管制、罚金,要比短期自由刑还甚:要知道这些轻刑罚只是造成一生某个阶段的不便,而终身禁驾,造成的却是终生的失权,是一种权利的死刑。正是因为这样的处罚严厉性,就更要求这样的处罚应该遵循正当程序原则。而该规定并没有体现现代法治的正当程序原则:首先,作为一项对于公民权利有重大影响的处罚,其应该由合适的主体来做出。终身剥夺人的一项权利只能由法

交通刑法基本理论研究

官依据法律进行,其他人不应该具有这样的权利。其次,对于公民的权利的剥夺,必须是符合比例原则,禁止过度。依据《道路交通安全法》的规定,如果机动车驾驶人造成交通事故后逃逸,将被吊销驾照,且终身不得重新取得机动车驾驶证。但这样的规定近乎不分青红皂白,对于交通肇事的程度并没有加以区分,最终的结果是造成人轻伤的交通逃逸与撞死人后的交通逃逸承担相同的不利后果。如此规定是不符合行政法上的比例原则的,而在德国的刑法典中对此是进行区别的,其规定为 5 个月以上 5 年以下,只有在法定最高期限仍不足以防止危险的,方可以命令永远禁止。最后,在执行中应该给公民以重新做人的机会。我们知道,即使被判处无期徒刑的犯罪人,仍然有机会重见天日,而交通肇事者,也不应该因为一日之过而终生沉入权利的冷库,这就要求我们创造一种模式,能够让真正重新做人,修身养性者,重新获得驾驶的机会,这就要求我们在一定时间里对于有关失权的人重新审查一次,如果在特定的期间是一个良好的公民,应该有条件地网开一面。总之,禁止驾驶将会极大的影响公民的权利,而此用之当慎,不能因为权力者的一时之念,而造成公民的终生痛苦。因此建议在适当的时候修改刑法将驾驶权的禁止作为一种刑罚,而不能听由行政机关自己裁处。[1] 还有人认为,我国现行刑法对交通犯罪配置的刑种大多是自由刑,除此之外,对驾驶执照的处理和罚款等其他措施,均是由行政性法律法规加以规定的,属于行政处罚的范畴。事实上对于刑种应如何配置以及刑罚的实际效果都缺乏应有的研究。对于有些措施究竟是纳入刑罚范畴还是归属行政处罚缺乏清楚的认识。我们在《道路交通安全法》中看到有禁止驾驶员终身驾驶的规定,这完全是资格刑的规范,不应作行政处罚对待。因此,积极借鉴国外的立法对我国交通犯罪的刑罚体系进行重构和调整,也是完善道路交通犯罪立法及其刑罚配置

---

①参见邹云翔:《"终身禁驾"要由刑法规定》,载《新京报》2004 年 5 月 5 日第 T00 版。

的一项非常重要而势在必行的工作。①

我们认为,在汽车社会来临的时候,剥夺一个人的驾驶权利,等于剥夺他享受现代社会文明的机会,因此这种法律责任和法律后果是非常重的,也唯有如此才能对车祸猛于虎的严峻交通安全形势产生足够的遏制力和震撼力,使受害者及其家属在心理和精神上得到充分的抚慰。因此,我国有必要将吊销或禁止授予驾驶执照上升到刑罚高度,以增大其处罚力度。正如林山田教授所言,针对日益繁增的交通犯罪与过失犯罪,以及滥用电脑、网路等高科技专业而为的职业犯罪,应当在刑罚制度中建立一种新的刑罚手段,以取代现行法对于上述犯罪科处自由刑的制裁方式。例如引进外国立法例中的工作罚(即向社区或公益团体提供无偿劳动服务)、禁止驾驶(即移动自由的剥夺)或禁止从事驾驶职业(即职业自由的限制)等新的刑罚制裁手段,以及采取剥夺驾驶许可的保安处分措施,以避免弊多利少的短期自由刑及监狱化副作用,更能达到有效矫治行为人刑罚的目的。禁止驾驶是禁止受判决人在道路交通上驾驶动力交通工具的刑罚手段;职业禁止是禁止受判决人从事与驾驶职业有关的工作,两者都是针对与动力交通工具具有密切关系的犯罪行为所设立的特殊刑罚制度,作为针对使用动力交通工具所发生的过失犯罪的法律效果,以避免因动力交通工具使用的日趋频繁造成自由刑的使用率增高。②

(三)增设社区服务刑

社区服务,在国外也被称为社会服务、社区劳役和公益劳动等,就是法院判令犯罪人在社区从事一定时间的公益劳动,以实现对社会补偿的一种刑罚方法,它是替代短期自由刑的非监禁行刑方式。20世纪下半叶,伴随着国际范围内犯罪非刑罚化和刑罚非监禁化的浪潮,西方国家进

①参见杨朝晖:《道路交通犯罪及其刑罚配置问题研究》,安徽大学2003年硕士论文,第40页。

②参见林山田著:《2005年刑法修正总评》,台湾元照出版有限公司2007年版,第40页、第388—391页。

行了刑罚改革。除刑罚结构趋轻外,同时在刑罚品质方面也发生了变化,这主要表现在英国、德国、澳大利亚、法国等国家出现的新刑种:社区服务或公益劳动。社区服务刑在国外被大量适用,并日益被看好,"在西方刑法理论界近期以来将其誉为刑罚新三元(即提高到与传统的刑罚和保安处分同等地位)"①。

社区服务之所以在刑事法律中"登堂入室",是与欧洲诸国探寻短期监禁刑替代措施的历程分不开的。随着刑罚应更人道、更无害、更经济思想的普遍确立,欧洲大多数国家特别是西欧国家所采取的减少短期监禁刑的措施表面上看是卓有成效的,其具体可替代短期监禁刑的措施就有20多种,但这些替代措施的本质效用,并不能令人乐观。唯一例外的是社区服务,在大多数西欧国家,就所有作为短期监禁刑的替代措施而言,只有社区服务这一形式有扩大使用的趋势,它与罚金和缓期执行这两种传统的替代措施一道,在减少短期监禁刑的使用、促使犯罪人回归社会方面发挥着异乎寻常的作用。②

社区服务刑一般被认为肇始于英国1972年的《刑事司法条例》。目前,社区服务刑被很多的国家和地区使用。例如,西欧国家、美国1/3以上的州以及加拿大、澳大利亚等国及我国香港地区,在刑事法律中都引进了这个刑种,且国际社会也积极将此种刑罚方法向世界各国推广,如1990年联合国制订的《东京规则》、1997年制订的《卡马多杜社区宣言》等条约。

在英国,社区服务命令被认为是尝试罪犯处遇多样化的"最后的刑罚大改革"③。根据《刑事司法条例》的规定,在英格兰和威尔士实行社区服务的犯罪人的条件是④:(1)犯罪人在16岁或16岁以上;(2)实施了可以

①储槐植:《议论刑法现代化》,载《中外法学》2000年第5期。

②参见谢望原:《西欧探寻短期监禁刑替代措施的历程》,载《政法论坛》2001年第2期。

③[日]大谷实著,黎宏译:《刑事政策学》,法律出版社2000年版,第294页。

④参见[美]大卫·E·杜菲著,吴宗宪等译:《美国矫正政策与实践》,中国人民公安大学出版社1992年版,第292-293页。

被判处监禁的犯罪;(3)在缓刑报告中建议对犯罪人使用社区服务;(4)在1年的业余时间内完成40小时～240小时的劳动;(5)犯罪人不能被假释;(6)如果没有完成工作或宣判有其他的罪行,将取消社区服务。社区服务在英国被制度化后,引起了其他欧洲国家有识之士的广泛关注。1976年,欧洲理事委员会通过了《关于替代监禁刑的刑罚方法的决议》,该决议号召欧共体各国迅即采取措施,探索替代传统的高耗低效的监禁刑措施,而社区服务就是该决议积极倡导的一种非监禁刑罚方法。[①] 在该决议的号召下,欧洲理事会成员国中的大多数国家已完成了把社区服务作为监禁刑的替代措施的立法化进程。

与英国相比,虽然社区服务的执行在美国起步较晚,但是要求受刑人履行某些工作或服务来代替刑罚的做法,事实上早在第二次世界大战期间就出现在美国。当时在很大程度上是因为战争对人力需要的结果。但是,具有现代意义的社区服务项目直到1966年才出现在加利福尼亚州,主要是针对交通违规者不能支付他们的交通罚款而实施的。随后,许多州都相继确立了社区服务项目使犯罪者通过公益劳动挣一些钱来赔偿受害者、社区或二者。[②] 从1972年起,美国大约有三分之一的州已开始执行社区服务的判决以作为监禁形式的替代,还有许多州用以作为减轻监狱人满为患压力的措施之一。1984年,美国制定综合犯罪控制法案,随着该法令的执行,社区服务执行的频率再度扩增。

澳大利亚作为一个"世界唯一由犯人建立起来的国家",行刑社会化已经形成基本模式。社区服役作为行刑社会化模式中的重要一环,已得到大量应用。罪犯必须在规定的时间内从事无偿的社会工作,在首都区的社区服役一年不超过208小时。社区服役令方案由缓刑与假释事务局

---

①参见谢望原:《葡萄牙刑罚制度中的社会服务刑》,载陈兴良主编:《刑事法评论》(第7卷),中国政法大学出版社2002年版,第285页。

②参见刘强著:《美国刑事执法的理论与实践》,法律出版社2000年版,第242页。

监管,具体工作由各自愿性社会组织实施。①

社区服务在前苏联、东欧国家也有悠久的历史。1922 年的《苏俄刑法典》第 27 条规定了不剥夺自由的劳动改造刑:被判刑人不与正常的社会生活脱离,而是在其原工作地点或劳动改造机关指定的其他地点进行劳动改造,扣留受刑人工作收入的 5%～20%作为国家收入。② 其他东欧社会主义国家纷纷仿效《苏俄刑法典》的规定设置了类似的刑种,如波兰的劳动刑规定:每月罪犯必须从事至少 20 小时最多 50 小时的无偿公益劳动;国家强制将犯罪人劳动收入的 10%～25%收归国库。③

概览国外社区服务刑的适用实践,大体呈现出以下特征:第一,社区服务的立法模式通常有两种:一是作为独立的刑种规定在刑法中。例如现行《葡萄牙刑法典》中的社区服务分为主刑和附属刑两种,作为一种主刑,它是 3 个月以下监禁和 90 日以下罚金的替代措施;作为一种附属刑,它适用于由于被定罪人的收入和财产状况不能支付罚金的场合。《瑞士刑法典》也规定了两种不同的社会服务:一种是作为附属刑的无偿劳动(刑法典第 49 条),既可适用于成年犯罪人,也可适用于青少年犯;另一种是作为主刑的义务劳动(刑法典第 87、95 条),只能适用于青少年犯。④二是作为缓刑的执行内容规定在刑法中。例如英国的缓刑与社区服务、社会服务结合起来,要求缓刑犯在接受缓刑监督考察的同时,参与社会或社区服务活动,最短 40 个小时,最长可达 240 小时。第二,社区服务通常由法庭判决。法官通过发布"社区服务令"的形式,判决犯罪人到社区进行劳动。在社区服务令中,明确规定执行社区服务令的机构、社区服务的场所、内容和时数等。第三,社区服务刑的适用对象是罪行轻微、恶性不

①参见陈金鑫:《澳大利亚的行刑社会化》,载《刑侦研究》1999 年第 1 期。

②参见樊凤林著:《刑罚通论》,中国政法大学出版社 1994 年版,第 668 页。

③参见谢望原:《葡萄牙刑罚制度中的社会服务刑》,载陈兴良主编:《刑事法评论》(第 7 卷),中国政法大学出版社 2002 年版,第 296 页。

④参见谢望原:《瑞士刑罚制度与刑罚改革》,载赵秉志主编:《刑法论丛》(第 7 卷),法律出版社 2003 年版,第 264 页。

大的罪犯。社区服务刑适用于轻罪是一些国家的通行做法。例如 1997 年 1 月 1 日起施行的《俄罗斯联邦刑法典》规定,对诽谤、侮辱、侵犯私人生活的不受侵犯权、妨碍行使选举权等轻罪适用强制性工作的刑罚。荷兰的社区服务刑主要适用于罪行较轻的财产犯罪、交通肇事犯罪、人身攻击罪、性犯罪和毒品犯罪。① 《法国刑法典》将"公共利益劳动"规定为自然人可处轻罪的刑罚种类之一。在美国,社区服务的判决最为普遍适用的对象是酗酒驾车者。第四,社区服务刑的适用一般要征得罪犯本人的同意。之所以强调社会服务服刑的"自愿性",一方面是出于有关国际法禁止强迫劳动的考虑;另一方面是由于这样做可以强化罪犯的责任感,促使其积极履行自己的义务。第五,违反社区服务命令应承担更严厉的处罚。对不完成社会服务的处理,通常是以罚金刑或自由刑代替。例如英国规定,罪犯如果在服务期间再犯罪或者违背命令,即撤销命令而改处拘禁刑。《葡萄牙刑法》规定,如果被定罪人处心积虑地使自己陷于不能全部或部分完成社会服务,或者没有合法理由而拒不完成劳动,那么该罪犯会被视为犯了"藐视法庭罪"而被判刑。

　　社区服务之所以能够在世界范围内推广,动因就是社区服务可以避免短期监禁刑的弊端,有利于促进犯罪人的再社会化,体现了刑法的谦抑性价值,也符合罪犯处遇开放化的趋势。② 我国现行刑法没有规定社区服务刑,但是,社区矫正的试点为社区服务刑的设立提供了可行性。社区矫正是与监禁矫正相对的行刑方式,是指将符合社区矫正条件的罪犯置于社区内,由专门的国家机关在相关社会团体和民间组织以及社会志愿者的协助下,在判决、裁定或决定确定的期限内,矫正其犯罪心理和行为恶习,并促进其顺利回归社会的非监禁刑罚执行活动。具体而言,可以将社区服务作为拘役的替代措施紧随管制之后,期限可设立为 1 个月至 6 个月,数罪并罚时不超过 1 年。在刑法分则中凡是法定刑为 3 年以下有

---

①参见魏彤:《荷兰的社区判决》,载《国外犯罪与监狱信息》1996 年第 1 期。

②参见周国强:《国外社区服务刑述评及借鉴》,载《国家检察官学院学报》2004 年第 4 期。

交通刑法基本理论研究

期徒刑的,都应将社区服务作为可选择的刑种。

从现实来看,犯罪现象和犯罪人的情况是复杂多样的,而作为对犯罪反应的刑罚方法也应该与这种复杂多样性相适应,从而保证所选刑种不仅与犯罪的社会危害性相适应,而且也与犯罪人的各种具体的情状相适应。刑种的设置不仅要随着人道主义的发展而逐渐向轻缓化的方向调整,而且要根据犯罪的态势的变化作出相应的调整,使之能有效的抑制犯罪。刑罚种类的多样化既能使我国的刑罚结构具有实质的合理性,又对我国刑罚结构从重刑结构到轻刑结构的过渡有益。因此,要给不同的犯罪人配以更合适的刑罚方式,就必须在立法上给更多选择的空间。

第四章　交通刑法中的危险犯问题

第一节　危险犯概述

一、危险犯是可罚性的扩张

刑事立法政策一般认为，刑罚是最严厉的国家制裁手段，一个行为是否具有应刑罚性而得构成犯罪，原则上应从行为对法益造成的现实损害结果加以判断，因而近代刑事立法基于这种结果无价值论的立场，一般以结果犯或实害犯为犯罪构成的基本形态。现代刑事立法的重点仍然是结果犯或实害犯①。但是，为了更加周全地保护法益，现代刑事政策也出现了将可罚性范围扩张的趋势，而在结果犯或实害犯之外，不断扩张刑法干预范围，创设独立的举动犯、行为犯与危险犯的犯罪构成。这些不法类型的犯罪构成是基于"行为无价值"的立场，而视不法行为本身为可罚性的根据，而不需要等待不法行为造成法益侵害结果才赋予其可罚性。因此，从刑事立法技术上讲，是基于法益保护的需要乃至社会伦理、法律规范的维护而将刑法干预的触须向前推置，设置举动犯、行为犯和危险犯等非实害犯罪的独立犯罪构成。

———————

①学说上有认为结果犯是法律规定有构成要件结果的犯罪，结果犯是实害犯的上位概念，实害犯因发生构成要件所规定的实害结果而被视为结果犯的次类型。具体危险犯也因为法律将一定的危险结果规定为构成要件结果而成为结果犯的另一种次类型，因而具体危险犯也是一种结果犯。

武汉科技学院·人文社科文库

刑法理论一般认为,所谓举动犯,是指不法构成要件行为一经着手实行,不论是否完成,均告既遂的犯罪形态。所谓行为犯,是指行为人只要单纯地实现构成要件所描述的犯罪事实,不需要等待任何结果发生即足以成立的犯罪。行为犯以特定行为方式为可罚性依据,而不以法益损害结果为构成要件要素。相对于结果犯而言,显然扩张了刑事责任的范围。而所谓危险犯,是指以行为对法益形成威胁或惹起危险状态为该当构成要件的犯罪构成形态。危险犯又分具体危险犯与抽象危险犯。具体危险犯是指"将危险状态作为构成要件要素而规定于刑法条款之中,法官必须就具体的案情,逐一审酌判断,而认定构成要件所保护的法益果真存有具体危险时,始能成立犯罪的危险犯"①。具体危险犯的危险状态既然是犯罪构成要素,法官必须就个案判断行为是否已经造成这种危险状态。"作为具体危险犯构成要件的结果是需要法官进行证明与判断的司法认定的危险。"②而"抽象危险犯系指符合构成要件中所预定的抽象危险的危险犯。这种抽象危险系由立法者依其生活经验的大量观察,认为某一类型的行为对于特定的保护客体带有一般危险性,故预定该类型的行为具有高度危险,行为只要符合不法构成要件所描述的事实,即可认定具有这种抽象危险,无待法官就具体案情而作认定"③。抽象危险犯的犯罪构成既不要求实害结果的发生,甚至也不要求法益损害的具体危险的发生,而以具有典型危险性的行为方式作为可罚性的依据。抽象危险犯往往被立法者用来保护某种制度或机能。"抽象危险犯的规范特征是,危险不是该犯罪构成的要件,而是该行为可罚的实质违法的根据;抽象危险犯的理论特征是,它的成立并不要求行为对法益侵害的危险具体地达到现实化的程度。"④

举动犯与行为犯都是以单纯违反禁止命令的行为举动或者单纯实现

①林山田著:《刑法通论》(上册),林山田自版 2003 年增订八版,第 218 页。
②李海东著:《刑法原理入门(犯罪论基础)》,法律出版社 1998 年版,第 136 页。
③林山田著:《刑法通论》(上册),林山田自版 2003 年增订八版,第 219 页。
④李海东著:《刑法原理入门(犯罪论基础)》,法律出版社 1998 年版,第 136 页。

构成要件的行为事实为该当构成要件的犯罪,都不以实害结果包括具体危险之结果之发生为构成要件要素,因此,举动犯与行为犯实际上都是危险犯,而且是抽象危险犯。因此,举动犯、行为犯作为非实害的犯罪构成,都可以归入危险犯的范畴,而与实害犯相对应。

相对于实害犯的犯罪构成而言,危险犯的犯罪构成具有堵截构成要件的功能。这种犯罪构成技术运用的目的在于周延法益保护、严密刑事法网、严格刑事责任。现代刑事立法设置危险犯的犯罪构成形态以及相关立法技术运用的刑事政策考量主要在于:

1.实害犯罪构成对法益保护不足,而危险犯罪构成的创设可以对法益作前置性的保护。实害犯罪构成对法益保护不足,这主要是因为实害犯的犯罪未遂设置不足以有效保护法益。其客观的局限在于实害犯的未遂可罚性,不能扩及危险犯的预备行为。因此,立法技术上选择独立的危险构成要件,将未遂的可罚性向前推置到预备阶段(实质预备犯此时就是抽象危险犯)。而主观的局限则在于处罚实害犯的未遂,必须能够证明行为人有犯罪故意,否则就难以对实害犯的未遂予以处罚。因此,对于没有或者无法证明侵害故意的不法行为,立法技术选择设置独立的犯罪构成加以处罚。例如,遗弃有抚养义务而无独立生活能力的人于荒野而被人救助,如果无法证明行为人有杀害的故意,则无法以故意杀人罪的未遂论处。但是如果设置独立的遗弃罪犯罪构成,则可以在无法证明其有杀害故意的情况下,科以遗弃罪的刑事责任。

2.实害结果难以描述和认定。对许多侵犯超个人法益的不法行为是否造成法益损害,不仅刑事立法在犯罪构成上难以描述,而且司法实践也难以具体认定,立法者因而放弃对实害结果的要求,而设置独立的抽象危险构成要件,既不要求实害结果的出现,甚至也不要求具体危险结果的出现,而赋予实施特定不法行为本身以抽象的危险,并以这种抽象危险为可罚性的依据。

3.避免因果关系认定的困难,行为人的责任难以认定。实害结果虽然出现,但可能无法证明行为的主观要素或客观要素而无法归责于行为人,例如聚众斗殴的场合,出现了死伤结果,由于场面混乱而无法证明死伤的具体因果关系,所以立法只能抽象地推定参与斗殴的人的行为都对死伤结果承担责任。其实,参与斗殴的行为本身即具有危险性,情节严重的,应当认为具有刑法上的可罚性。此为抽象危险犯的特殊形式。

4.遏制科技革命条件下重大过失危险的客观需要。故意实害犯如果因为侥幸的偶然因素而未发生实害结果时,还可以依据未遂犯对其进行处罚。而过失实害犯如果因为侥幸的偶然因素而未发生实害结果时,则无法依据过失实害犯的未遂处罚行为人。在现代科技革命条件下,随着大型交通工具、重大技术设备的广泛运用,不仅危险源越来越多,而且造成法益损害的程度也越来越高。如果不对重大过失而致重大法益陷于重大危险的行为进行刑法干预和规制,将无法确保人类社会的基本秩序与安全。因此,刑事立法客观上有必要专门设置过失危险犯罪构成。

5.打击有组织犯罪的现实需要。有组织犯罪具有日益超越传统的孤立的个人犯罪的严重法益损害和社会危险性的特征,传统的实害犯罪构成必俟实害结果已然发生方能予以事后的规制,显然不足以有效因应打击有组织犯罪的现实需要。因此,各国刑事立法政策就将刑法干预前置,对组织、领导或参加犯罪组织的行为加以刑事制裁,而无须实际的法益侵害行为出现。《德国刑法典》第 129 条的建立犯罪团体罪、第 129 条 A 的建立恐怖团体罪,《意大利刑法典》第 416 条的为犯罪而结成集团罪,《韩国刑法典》第 114 条的组织犯罪集团罪,《俄罗斯刑法典》第 210 条的组建犯罪组织罪,我国台湾地区"刑法"第 154 条的参与犯罪结社罪,我国刑法典第 120 条组织、领导、参加恐怖组织罪,第 294 条第 1 款的组织、领导、参加黑社会性质组织罪等,均是基于这一刑事政策考虑而设置的抽象危险犯罪构成。这种危险犯罪构成,便于警方有效地打击有组织犯罪。

危险犯特别是抽象危险犯在现代刑事立法中的运用和增多,既是刑法理论基础由客观主义向主观主义、结果无价值或者结果非价判断向行为无价值或行为非价判断、报应主义向预防主义转变的结果,也反映了刑事立法扩张可罚性范围的刑事政策取向,因为危险犯的犯罪构成具有堵截犯罪构成的功能,有助于周延法益保护、严密刑事法网、严格刑事责任、建立严而不厉的刑法结构。但是,如果运用不当,则会造成无限制地扩张刑法干预范围,违反刑法谦抑性和最后手段性的后果,甚至也违反作为现代刑法基石的罪责原则,因为这些犯罪构成的实质在于强迫行为人对实际并未出现的法益侵害负责。因此,刑事立法政策上必须恰当而审慎地设置这些非实害的犯罪构成,对其可罚性的范围进行必要的限制。因此,在德国刑法理论上许多学者都特别强调对危险犯的犯罪构成应当保持高度的警惕、予以必要的限制。有的学者基于法益侵害论的立场,主张对于单纯的规范或者伦理的违反,不应进行处罚,因为法益只能经由实害或具体危险才能加以侵害,基于行为的规范违反性或者法益侵害的抽象危险性而科处刑罚的抽象危险犯罪构成不具有刑法上的正当性。有的学者则主张,对于危险犯犯罪构成中的危险的立法推定,应当允许反证推翻。还有的学者强调,具体危险是一种实害可能性,而抽象危险又是具体危险的可能性。因此,对于抽象危险犯,如果具体危险的可能性不存在,则应排除抽象危险犯的可罚性;抽象危险犯的不法内涵与罪责内涵,植基于法益可能受损害的危险。如果行为人极力排除了这种行为方式的一般危险性,则不应处罚。而在德国刑事立法上,则一般通过设计迷你条款排除轻微不法,运用客观可罚要件限制可罚性,创设特殊中止犯、减轻或免除刑罚(虽然抽象危险犯理论上认为一旦该当构成要件,犯罪即告既遂,无中止犯规定适用可能。但是,为了节制抽象危险犯的严厉性,立法者于是创设特殊中止犯的规定,行为人在该当抽象危险犯犯罪构成后采取行动阻止或避免危险发生的,以中止犯减免其刑)。①

可见,立法者在刑法中利用"危险概念"创设危险犯的犯罪类型,是希

①参见梁根林著:《刑事政策:立场与范畴》,法律出版社 2005 年版,第 320—325 页。

望通过立法方式,将某些犯罪行为在实害结果发生之前,提前加以处罚,以达到预防犯罪的目的。立法者会如此考量,主要是基于生活经验中的大量观察,针对某些类型的行为对某些特定的保护客体(法益)带有一般危险性,而且实际受害人的范围又不确定,因而预定将这些具有高度危险性的行为,在符合不法构成要件所描述的事实时,认定其具有抽象危险,不需等待法官就具体个案逐一加以审查认定即成立抽象危险犯加以处罚。另外,就立法技术上,立法者将"危险状态"作为构成要件要素规定在刑法条款之中,需要由法官就具体案情逐一加以审查认定是否存在"具体危险",如果存在,就成立具体危险犯。因此,危险犯的构成要件实际上是一种堵截构成要件,其作用明显在于防止实害结果的发生,从而提前处罚行为人。① 也就是说,立法者亟待以预备犯、行为犯与抽象危险犯等行为不法的构成要件类型(这些构成要件类型的共同特征是其行为方式本身在还未造成任何结果之前,就已经单独地满足了可罚性判断的要素)能够发挥"截堵构成要件"的作用,以防止实害犯所难以掌握的特殊犯罪——特别是因为现代科技与经济发达所产生的环境犯罪、经济犯罪以及交通犯罪——进而更周全地保护法益。

二、抽象危险犯的正当性根据

工业革命与现代科学技术深刻改变了人类的生活秩序与生活方式,提供了传统社会无法想象的物质便利,但同时也创造出了众多新生的危险源,导致技术风险的日益扩散。现代社会越来越多地面临各种人为风险,从电子病毒、核辐射到交通事故,从转基因食品、环境污染到犯罪率攀升等。工业社会由其自身系统制造的危险而身不由己地突变为风险社

---

① 参见林建宏:《刑法危险概念的思考研究》,中原大学财经法律学系 2004 年硕士论文,第 5 页。

会。① 社会不停地在变化着，作为"活的法律"，必须反映社会发展的趋势。传统以来的刑法理论较为重视实害犯，而忽略危险犯的研究，但随着人类进入了危机四伏的风险社会与科技支配的社会，危险犯与预防理论开始汇合成时代主流，成为现代立法者的最爱。创设独立的危险犯的一般理由是要更周延的保护法益，这种必要性用德国学者 Herzog 的话来加以描述，就是"危险刑法不再耐心地等待社会损害结果的出现，而是着重在行为的非价判断上，以制裁手段恫吓、震慑带有社会风险的行为"②。这种具有"框正风险"作用的规范，是现代科技文明与经济文明的产物。危险构成要件主要是在环境刑法、经济刑法与交通刑法的范畴中大量出现。换言之，危险构成要件被认为是恰当的"截堵构成要件"，以防止实害的出现。作为与实害犯相对应的犯罪，危险犯在现代刑事立法中占有重要的地位，并在实体规定上有不断增加的趋势，在刑法理论上也有其重要的一席之地，对此，德国刑法学者 Lackner 早在 1969 年就指出，危险犯的研究，已从刑法解释学上的继儿变成宠儿。③

危险犯的处罚根据在于危险的存在。抽象危险犯的处罚根据在于处罚行为人行为的危险性。即刑事立法因抽象危险行为具有"被类型化的典型注意义务违反性"而赋予其可罚性。抽象危险犯建立在"抽象危险性质"的概念上，其处罚重心在于行为的"内在潜在"的抽象危险性，就一般社会的行为中，由于某些定型行为常常含有抽象危险性，而立法者将这些危险性行为规定为不要求实害结果发生的行为，只要行为有损害关连性，就可以成立犯罪。在法益思考上，刑法的保护法益有其急迫感并具有优越性时，个人活动自由的维护就必须作出必要的让步，要求行为人就其行为负最终的责任，有其合理性的基础。另外，抽象危险犯所侵害的客体，往往是涉及不特定或多数人的个人法益的集合，即超个人法益。抽象危险犯大多集中于公共领

---

①参见[英]贝克著，吴英姿等译：《世界风险社会》，南京大学出版社 2004 年，第 102 页。
②转引自林东茂著：《危险犯与经济刑法》，台湾五南图书出版公司 1996 年版，第 15 页。
③参见林东茂著：《危险犯与经济刑法》，台湾五南图书出版公司 1996 年版，第 4 页。

域的犯罪上,也就是使多数人在时间上、场所上处在相同状态受到侵害,其损害性具有"不确定性"的特征。如果一个的风险性行为,并非刑法所预定的可容许性的风险行为,而且对公共秩序及其利益将造成相当大的影响,那么基于利益的衡量,必须提前防堵其行为造成的损害。①

刑法学理上的抽象危险犯的成立在于,一旦立法者所规定的构成要件被实现时就可以成立犯罪,而不需要法官在个案中个别地确定与具体判断是否存在危险。行为的"危险性"是这种构成要件存在的根据。而所谓的"危险性",是指法益侵害的遥远可能性或风险性(或不确定性)。"风险"之"风"一词本来已经为我们做出了"不确定性"的暗示,"风险"有"不确定性"的涵义。"危险性"即"风险"。抽象危险是"法益受侵害的不确定性",对抽象危险犯构成要件所描绘出来的特定行为方式,可以称之为"危险性行为"或"风险性行为"。正如德国学者 Schrder 所指出,抽象危险犯在现代附属刑法中被大量使用,如处罚持有武器或交易爆炸物等刑法规定。这类构成要件也被使用与有关道路交通的法规中。他特别指出,与交通有关的刑法规定如果要完全建立在具体危险犯原则之上,则注定会遭遇问题,因为证据上的困难会使它的"实用性"遭到怀疑。②

有学者认为,如果从刑事政策着眼于将来更富有成效的观点而论,刑法仅处罚"危险结果"是不够的,而必须着眼于"行为的危险性",即放在"不允许这样做"。刑法中危险犯的立法理由不是仅在那些在外在世界中严重、可以确定的结果,而应包括对他人法益安全性升高风险的行为方式的禁止。因此,以法不允许的特定行为方式为处罚对象的抽象危险犯构成要件有存在的价值。也有学者指出,抽象危险犯构成要件与具体危险犯构成要件都是法益提前保护的规定,也就是避免损害发生,以致于在侵

---

①参见林建宏:《刑法危险概念的思考研究》,中原大学财经法律学系 2004 年硕士论文,第 48 页。

②参见蔡慧芳:《从危险理论论不能安全驾驶罪》,台湾大学法律研究所 2000 年博士论文,第 109 页。

害发生的前阶段便予以处罚。但是,就改进实害犯缺点的目的而言,抽象危险犯构成要件比具体危险犯构成要件好。尽管具体危险犯也是在实际损害发生前便对行为加以处罚,但在判断"具体危险"时所遭遇到的困难,会使适用具体危险犯构成要件的机会变小。这是由于刑事司法实务上经常将具体危险的确定诉诸于侵害是否已经发生,主张除非实际损害已经发生,否则很难去证明具体危险已出现过。由于这实际上的困难,使具体危险犯原本企图提前法益保护变得落空,而这种犯罪类型比起实害犯(或称侵害犯)的效能不会更高。而抽象危险犯只要求确定某构成要件所规定出的行为方式,就避免侵害犯的目的而言,是个较为适当的手段。①

抽象危险犯(也可称为抽象危险性犯)所强调的是行为的危险性与义务违反性,但却没有制造出任何的危险结果。在刑法学理上的性质是单纯的举动犯。很清楚,当行为人已经制造出危险之时,他就已经侵害他人的物理空间,但如果行为人只是从事危险性行为,他只是侵害他人的心理空间,这里"心理空间"可以用"公众安全感"或"精神侵扰"来说明。从表面上看,并没有被害人,但有可能伤害每一个,每个人都是潜在的被害人,这种态势会诱发社会共同体成员形成恐惧或忧虑。由于构成公众心理空间上的精神侵扰,社会将隐藏性的多付出成倍与无形的损害。当然,任何一种犯罪成为普遍现象时都会引发大众安全感的缺失。如果大规模、不定时发生时,一定会造成社会混乱。冒险性的交通行为在本质上经常性地处于大规模、不确定的状态。没有道路使用,几乎就不能营造社会生活,如果不对危险性的驾驶行为加以禁止,而允许人人都可以实施这种危险性的行为,这种行为普遍化后所累积的大规模行为效果足以影响社会的稳定。这就是所谓的累积犯或积蓄犯,"是指每个单独行为自身的危险性程度都很低,但作为其累积的结果,危险性明显表露出来时,其危险的程度无论在质上还是量上都已经达到有必要动用刑事法加以防止的必要"。"虽然可以认为危险经过长时期的累积已明显化是累积犯观念的

---

① 参见蔡慧芳:《从危险理论论不能安全驾驶罪》,台湾大学法律研究所 2000 年博士论文,第112 页。

核心,但通过同时大量的数次实施危险性程度低的行为,给该行为群的指向人带来危险甚至造成一种公共的危险时,这也可以解释为是危险犯。"①而在人类的需求中,安全感仅次于生理需求,这正是国家必须介入规制的原因之所在。因为抽象危险犯只是侵害他人的心理空间,抽象危险犯应该比具体危险犯更强调个人对自己行为的控制权与决定权。个人可以自由决定他自己、他与公众之间的行为空间。如果刑法恣意的决定出何种行为是危险的或某种活动具有危险性,这可能会侵犯个人自主权与隐私权。因此,我们也必须找到适当的限制,该限制可大致如下:一般而言,唯有实际的行为者能了解其所处的环境,并对所发生的问题作最适当的对应与处理,因此决定权应在于行为人自己。我们应该提供行为人运用自己知识获得最佳效果的自由,而赋予该自由的前提是要让行为人负行为或决定的责任。但当行为人的决定与行为侵犯到公众的"心理空间"时,我们便无法认同他所行使的自由。②

抽象危险犯是内涵于某行为方式内的潜在的危险性。这种危险性是立法者根据这类行为所具有经验上的"损害发生关联性",从中抽离出一般性要素而安排于构成要件之内的一般性标准而论证,所以,具有抽象危险性的行为本身是与个案相分离的。由于抽象危险犯的特色是"一般性禁止",因此它着眼于一般预防理论。换言之,抽象危险犯所处罚的行为是具有"危险性"的行为,而生活中大部分的行为都隐藏有"危险性",因此,抽象危险犯所要对抗的行为是本身并无特定犯意(即无针对性),从事合法社会活动的社会大众的行为。就刑罚理论而言,它强调的重点在"一般预防"。③基于一般预防的刑事政策,社会对于损害的容许承受力不足,必须要作行为非价的判断,以制裁手段来恫吓、镇压所带来的社会风

---

①［日］伊东研祐:《现代社会中危险犯的新类型》,载《危险犯与危险概念》21世纪第四次中日刑事法学术研讨会论文集,第139页、第140页。

②参见蔡慧芳:《从危险理论论不能安全驾驶罪》,台湾大学法律研究所2000年博士论文,第229—230页。

③参见蔡慧芳:《从危险理论论不能安全驾驶罪》,台湾大学法律研究所2000年博士论文,第232页。

险,因此,行为有无危险,应以行为时客观存在的具体情状作为判断的标准。其目的不外乎是基于更周全地保护法益。

但是,在抽象危险犯的立法刑事政策上要考虑,并非所有的行为都能以抽象危险犯的形式出现,所要求的必须是具有危险量高的行为,要从法益保护的必要性角度加以检验,从公法上的限制进行平衡的思考。在现代法治国家中,人民的行为受到宪法上的保障,一个行为究竟应以刑罚来加以科处还是以行政不法作处罚,是立法选择的难题。对于危险犯的立法及所采取的刑事政策相对于犯罪行为,虽然立法者有完全的立法裁量范围及空间,但作为刑法规范,仍然要受到比例原则的限制,才能符合宪法的要求,尤其是立法者在创设危险犯时,除了要考虑行为所具有的特质外,也要考虑国家刑罚权是否有发动的必要性。在行为侵害法益相当轻微时,如果能以行政罚的手段来加以评价,就能满足维护社会公共秩序或防卫国家安全的需要时,就不必非要发动刑罚权来加以制裁。因为刑法是最严厉的法规范,出于谦抑性原则,在迫不得已的情况下发动刑罚权来加以制裁才有意义。况且,刑法的最终目的是确保法律秩序的维持,具有最后手段性及补充性,除非已经没有其他方法时,入罪化才会具有充分的理由。除了宪法上的比例原则的限制外,立法者在选择制裁方式时,应注意刑法的最后手段性及补充性,如果有其他可以采取的手段而且也能达到规制的目的时,即应选择最小的侵害(干预),除非基于公共利益的要求,如果不以刑罚手段加以处罚,则重大法益将造成无法挽回的损害时,在不得已的情况下,才能对行为人动用刑罚权加以制裁。刑罚并不是万能的,如果在不知不觉中恣意扩大刑事不法所应有的界限,将一些本应赋予行政罚或秩序罚等法律效果的行政不法行为强加植入刑罚的法律效果,或者改变为附属刑法来加以规范,势必造成刑法的肥大症,不仅无益于法秩序的维持,甚至会造成司法机关的不胜重负。立法者在进行立法选择时要受到宪法上比例原则的检验和审视,第一是必要性,是否为保护重要的社会利益,刑法的设定规范才不会与宪法所保障的自由相冲突,刑法是社会正义防卫的最后一道防线,如果能以其他方式就能达到防卫的目的,就不必要动用刑罚来加以制裁。第二是正当性,为了吓阻一些潜在的犯罪人从事类似行为,通过重刑的宣告来处以超过其罪责的刑罚,去追求附加目的,是不正当的。任何人不得成为阻止他人犯罪的工具。①

综上所述,一般认为,立法者之所以将某些犯罪设置为抽象危险犯类型,或者说创立独立的抽象危险构成要件的原因在于更周延的保护法益。而且,抽象危险犯的存在,对于刑法规范的维持有着积极的价值。首先,抽象危险犯的构成要件设置是一种对于法益的提前而周延的保护,也可以说是对法益保护的前置化措施。因为刑法规范除了承载着报应思想之外,还承担着预防犯罪的作用,而且这种预防应该是积极的。其次,对于抽象危险犯的处罚,也可以被视为一种对法益实现条件的确保。因为法益保护并不是对孤立或静止状态的个人利益加以保护,还要考虑到保护人们得以理性支配与运用这些个人利益的机会、条件与制度。没有实现机会与条件的利益只是虚假的利益,同样,没有制度性保障的利益也不可能持久而真实的存在。但是,对于那些作为法益得以实现与发展的机会、条件与制度,不能认为其理所当然地存在,而应该通过一些前瞻性的法律措施,使其能够得到保护和维持。那么,抽象危险犯的存在,可以说是立法者为了避免个人利益的支配可能性得以实现与发展的条件遭到攻击或陷入危险而通过法律化的方式所作出的保证。第三,抽象危险犯的正当性还可以从行为规范的功能面予以揭示。立法者将某些从生活经验中累积而知的具有典型危险性的行为予以规范化,并借此彰显一种示范的作用。即通过对某些危险行为的处罚来警示并进而引导个人的行为。因为任何一个社会系统的自我维持都需要利用各种不同的工具预防纷争的出

---

①参见林建宏:《刑法危险概念的思考研究》,中原大学财经法律学系 2004 年硕士论文,第62 页。

現。可以说,抽象危险犯是为了维持规范的效力而存在的。① 最后,风险社会的复杂性条件下自我决定能力的有限性,也有待于国家通过对某些行为抽象危险犯类型化以充分履行国家保护人民的职责。② 正如德国著名学者拉德布鲁赫所言:"法律秩序所关注的是,人类不必像哨兵那样两眼不停的四处巡视,而是要能使他们经常无忧无虑地仰望星空和放眼繁茂的草木,举目所及乃实在的必然和美好,不间断的自我保存的呼救声至少有一段时间沉寂,以使良心的轻语终能为人们所闻。"③也就是说,国家的终极目标在于人民的普遍的幸福感受,这是国家存在的前提和基础。在古代和近代社会,社会复杂程度较低,人员流动迁徙比较困难,且科学技术的进步并不突出,行为所导致的后果程度一般能够为人们所认识。因此,自我负责理论即以此条件为基础并被提出。但是,当今社会复杂的技术和社会组织使任何个体对于诸多行为的后果或危险性无法有具体而明确的认识和把握。那么,在这种情况下,绝对的强调个体的自我决定能力或者自我负责原则反而不利于对个体的幸福和自由的保护。如驾车时使用安全带及禁止酒后驾车的规范,即是建立在一般个体很难对交通事故的发生可能性和危险作准确的评估和认识的基础之上,由国家限制个体的自我决定能力以更有效地保护个体和人民的幸福。德国学者罗克辛指出:"当我们有时不得不超越具体法益的保护,通过'与未来有关的行为规范'在刑法上保护'生命关系'的时候,也应当在这个范围内适用辅助原则。尽管在这里表现出一种发展趋势,在 21 世纪的刑法中很可能具有重大意义,但是,这种发展最多只能导致一定程度的局限性,而不是对法益思想的背离。"④

①参见[德]克劳斯·罗克辛著,王世洲译:《德国刑法学总论(第 1 卷)》,法律出版社 2005 年版,第 253—256 页。
②参见高巍:《抽象危险犯的概念及正当性基础》,载《法律科学》2007 年第 1 期。
③[德]拉德布鲁赫著,米健等译:《法学导论》,中国大百科全书出版社 1997 年版,第 11 页。
④[德]克劳斯·罗克辛著,王世洲译:《德国刑法学总论(第 1 卷)》,法律出版社 2005 年版,第 21 页。

武汉科技学院·人文社科文库

第二节 交通刑法中的危险犯

一、抽象危险犯是抑制交通犯罪的重要手段

(一)抽象危险构成要件的刑事政策功能

随着科技的进步,在交通方面,也逐渐被辨识出失去控制的机动车辆也像失去控制的水或者火一样是危险源。机动车辆之间撞击的力量往往造成人身伤亡或财物毁损。据统计,交通意外事故丧命者是死亡原因的首位。尽管"安全性"是近年来汽车销售时重点需求之一,但驾驶人的技术能力与生理状况也会影响汽车的安全性。因此,我们可以说,无法安全驾驶或失去对机动车辆的控制这一行为方式有"抽象危险性"。这就是近年来有关交通犯罪的抽象危险犯立法的背景,这种抽象危险犯的立法随着交通与工业化的发展,就逐渐被立法者所采用。

台湾学者张丽卿教授认为,对于酗酒与嗑药驾车的处罚规定,不论是行政法或刑法上的构成要件,都属于抽象危险犯。运用抽象危险犯构成要件的主要理由是:可以避免实害犯举证上的困难,减轻追诉机关的负担,是非常有实用性的构成要件。另外,抽象危险构成要件也符合刑法所要求的一般预防功能,由于任何人都可能是交通犯罪的潜在犯罪人,所以,抽象危险构成要件被认为是对抗交通犯罪的重要手段。抽象危险构成要件的刑事立法目的,是对法益作前置性的保护。普通刑法中,抽象危险构成要件并不少见,但附属刑法中的抽象危险构成要件数量更多,例如,食品卫生管理法、银行法、药事法、森林法、水土保持法等。这种种的法,是在保护各式各样的生活利益。在这些生活利益还没有遭到现实的侵害,或危险状态还没有出现之前,用刑法的规定介入,是为了更周密地

保护各种的生活利益。运用抽象危险构成要件,必须是因为整体社会利益可能遭到违规者的伤害,不必等到违规行为惹起具体危险状态,就用刑法手段介入,是因为个别的违规行为虽然还不足以让整体的交通功能瘫痪,但不能放任交通功能发生现实的破坏或接近于瘫痪。① 抽象危险犯,是指由于其本身所包含的对正当法益的严重侵害可能性而被具体构成要件禁止的行为。抽象危险犯的规范特征是,危险不是该犯罪构成的要件,而是该行为可罚的实质违法的根据。抽象危险犯的理论特征是,它的成立并不要求行为对法益侵害的危险具体地达到现实化的程度。②

危险刑法就是将来刑法(看将来),不同于以实害犯为中心思考的过去刑法(看过去)。因为即使未遂犯标榜预防性格,但它所着重的是行为人"性格"的危险性,预防其将来再犯,与危险犯着重于危殆行为或危险性行为的对某类行为模式的禁止不同。危险犯的刑事政策就是为了将来,而改变现在的行为模式。课危险责任是假设消极性地阻却某种行为模式,预设性认为形塑符合法律所要求的大众行为模式,对社会整体而言会有较好的结果(社会的正效用)。更积极的意义在于教导人们在可资比较的将来情境中应如何思虑,如何采取行动,以达到社会利益的最大化。③

对抗法益实害(即法所不容许的实害结果)是传统刑法的任务,但现今刑法规制对象已经由损害往前移至危险,甚至危险性(风险性)。危险(即具体危险)是一种法益陷入险境的状态,而此状态呈现出法益侵害的密接可能性,损害没有发生是因为偶然因素的出现。危险性用来形容个人行为、物品或设施的性质,指法益损害的不确定性,也可称为风险性。危险与危险性都是刑法必须要面对的问题。面对现代社会上的危险或危

---

① 参见张丽卿:《酗酒驾车在交通往来中的抽象危险——评台北地方法院八十八年度北简字第一四八四号等判决》,载《月旦法学杂志》1999 年 11 月第 54 期。张丽卿著:《新刑法探索》,台湾元照出版有限公司 2006 年版,第 357—359 页。

② 参见李海东著:《刑法原理入门(犯罪论基础)》,法律出版社 1998 年版,第 133 页。

③ 参见蔡慧芳:《从危险理论论不能安全驾驶罪》,台湾大学法律研究所 2000 年博士论文,第 232—233 页。

险性时,刑法有三个阶段的任务:

第一阶段,是对社会上行为"危险性"(后简称为"风险")分配进行规划,区分出何种社会活动或个人行为是刑法所容许的合理风险。法益的安全是建立在可容忍限度内的合理风险之上的,只要风险在一定程度以下,法律是可容许的。例如,某些激烈的运动活动,是社会容许的风险行为,也是合法的活动。大部分风险者所从事的行为,在一定程度上是个人自主性的体现。因此,在设定合法的界限时必须注意比例原则的适用。进一步而言,必须是在符合以下两个条件下,才是法所容许的:首先,社会成员能够以合理成本作出努力以保护自己的法益;其次,对风险者而言,变更特定风险活动的成本不能很高,如果有其他的代替活动,应予以鼓励。例如,如果邻居养了两只老虎作为宠物,对饲养者而言,他所能做的仅仅是谨慎地监控两只老虎,但对其他的社会成员而言,保护自己免受老虎侵害的成本很高。或许对其他社会成员而言,最好的预防措施可能是不养老虎,但如果从风险者自由限制的观点来看,这种全部禁止是对高度自由权的限制。所以,权衡两方利益之后的合理界限,是鼓励该人去饲养其他危险性较小的动物,并不是完全限制。尽管饲养其他危险性较小的动物仍然是风险行为,但却是法所能容许的。

第二阶段,是要阻止法所不容许的"风险"发展成"危险"或实害。这一阶段的刑法任务有赖于抽象危险犯构成要件才能达成。不同于造成法益陷于险境的实际存在"危险","风险"概念对刑法所保护的法益而言,仍然属于不确定与不明显,甚至本身是合法的社会活动,例如使用道路的驾驶车辆,但"风险"有时会转化为"危险",甚至是"实害",例如,在意识不清的醉态下超速行驶,这一行为具有危险性或风险性,有时会对他人造成威胁,使其面临被侵害的危机,但却幸运的没有受到侵害。但有时就直接酿成严重事故,车毁人亡。抽象危险犯之所以能处罚某一行为方式,是因为依据一般的生活经验法则,足以侵害法益,即具有经验上的"损害发生关联性"。因为这一危险的概念并不是现实上个案中的危险,为了作出一些区分,称之为"危险性"或"风险性"较为适当。因此,刑法的任务是阻止法所不容许的"风险"发展成"危险"。在此,我们不能期待法益的保护在于偶然因素或侥幸的出现,更不能容许失手的风险。行为人的危险性或风险性行为对社会而言是一项法益可能受侵害的预警或征兆,即使没有立即且直接地表现出来,但行为的倾向已经趋近发生损害,刑法不能不予以重视。这就是刑法要在此处提前介入,用刑罚加以禁止的理由。德国学者认为,如果从刑事政策着眼于将来与更富成效的观点看,刑法光是处罚"危险结果"是不足够的,而是必须着眼于"行为的危险性",即放在"不允许这样做"。这就是抽象危险犯的立法理由。

第三阶段,是防止"危险"发展为"损害"。危险是指实际上有发生实害可能性的状态,但不发生侵害结果纯粹是偶然的。危险只是实害的前一步,它与实害是相临接与逼近的,情况没有从危险恶化到实害,纯粹是偶然或幸运。偶然是指行为人所不知的情况或无法控制的因素阻止了结果的发生。我们处罚造成危险的行为其实就是要防止危险发展为实害。最重要的是,法益没有受侵害不是在社会风险规划范围内。由于这种制造风险的行为不能为社会所信赖,必须用刑法加以对抗。而这一阶段的刑法任务有赖于具体危险犯构成要件才能达成。

具体而言,在现代社会,法律制度的设计就是依据社会分工原则分散责任。在风险社会中,社会成员除了各自分担风险而彼此信赖对方,还要求自己为了防止进一步的危险发生,而采取安全措施去防止事故发生,但是防止危险发生的负担必须是在通常生活计划范围内。如果人们必须在一般正常的自由保护措施之外再增加保护措施,那么会增加社会的不安全感。这种社会运作方式是我们所不能信赖的。

在立法论上,就立法者而言,何种行为可被归为具有危险性的行为而利用抽象危险犯构成要件加以对抗,除了要有经验上的"损害关联性",还必须经过是否是允许风险的价值衡量,让相冲突的利益在较量中达到平衡。如果立法者无法预见将来的事实情况,无法以经验为本而筛选出具有经验上"损害关联性"的行为方式而周全的用构成要件描述,则可以由法官在个案中进行具体的判断。①

(二)抽象危险犯的不法构成要件要素

最近新的立法趋势是采用抽象危险犯,因此,不管在立法上要选择抽象危险犯的立法或在解释时遇到抽象危险犯构成要件,都必须先了解抽象危险犯构成要件的构成要件结构。抽象危险是依据一般日常生活中,社会所累积的许多经验中呈现出某一类型的行为方式对法益的侵害有"风险性"或"不确定性",立法者就用构成要件描绘出此一特定的行为方式。不同于具体危险是现实、实际上的危险,抽象危险所要求的只是一个形式上、经验常则上的行为的危险性。

1.客观构成要件要素:危险性行为

抽象危险犯构成要件中仅规定一定的行为方式,即立法者用构成要件规定指出具有危险性特质行为的"表征",以供法律适用者决定是否构成要件行为已经构成。所以,抽象危险犯的前提是,立法者必须写下其认为具有危险性的构成要件行为。换句话说,构成要件行为可被称为"危险性行为",用以区别具体危险犯中的引起现实危险的"危殆行为"。

2.主观构成要件要素

抽象危险犯的主观要件是对构成要件所指出的类型化的或一般性的行为情状有故意,即故意的范围及于构成要件中所有的客观构成要件。当构成要件所描述的行为方式要求已将被实现时,必须伴随着对此有故意,犯罪才能成立。此外,抽象危险犯并没有将招致危险纳入构成要件中,因此行为人不需要有危险故意。相似的,对抽象危险犯是否需要行为人有发生具体危险的认识的问题,台湾刑法学说采取否定说。因此,抽象危险犯构成要件内并没有"危险"作为构成要件要素,只需要行为人认识

---

① 参见蔡慧芳:《从危险理论论不能安全驾驶罪》,台湾大学法律研究所 2000 年博士论文,第 154—157 页。

其所实施的是构成要件行为,至于行为人有无发生具体危险的认识,则是无关重要的。[1] 在交通刑法领域内,仅因疏失违反某些交通规则时就必须被处罚,而不必去考虑个案中是否有证据证明这一交通违规行为是否事实上对其他的交通使用者造成危险。

(三)抽象危险犯在交通刑法中的适用

Schünemann 区分出了三种不同类型的抽象危险犯[2],同时设计出了与之相对应的不同的解决抽象危险犯适用上问题的方法。

第一类是立法者抽象危险犯,所涉及的是立法者对于单纯违反禁止规范的行为,即加以处罚。对于这类抽象危险犯,要用主观的注意义务违反去限制其违法性。

第二类是与大众行为有关的抽象危险犯,主要是交通犯罪。出于社会学习理论的理由,更直接的说就是基于一般预防的理由,不必用主观的注意义务违反去限制其违法性,这种规范应该毫无例外地被遵守。该类型抽象危险犯的典型案例群是德国刑法第 316 条的"酩酊下从事交通驾驶"。即使是具体、个案判断上,没有造成危险的行为,仍然应该受到处罚。立法者通过强硬的规定处罚这一类型的犯罪,是希望相当程度地形成社会大众的自动化,以避免发生不该有的危险。也就是对于大众行为所希望达到的效果是"符合规则行为的自动化",这最后将有利于"法益的整体",即法益保护达到整体性与一致性。

第三类是与保护"精神化的中介法益"(精神生活的法益,即超个人法益)有关的抽象危险犯。这类型的犯罪,如贪污罪与伪证罪,贪污罪中所保护的法益是国家公务人员职务执行的纯洁性,伪证罪所保护的法益是法官真实的发现。这类抽象危险犯规定不要求构成要件行为在个案中已经造成危险。其理由与第二类与大众行为有关的抽象危险犯相似。对中

---

①参见蔡墩铭著:《刑法基本问题研究》,台湾汉苑出版社 1990 年版,第 212 页。

②参见林东茂:《危险犯的法律性质》,载《台大法学论丛》1994 年第 24 卷第 1 期,第 30 页以下;林东茂著:《危险犯与经济刑法》,台湾五南图书出版公司 1996 年版,第 48—49 页。

介法益的侵害就已经说明了"值得刑罚的不法",仅行为不法本身就足以说明"可刑罚性"。只有在"最低程度违反",即对于程度较为轻微的违反行为,才能通过严格构成要件的解释将其排除在构成要件之外,从而限制处罚的范围。换句话说,法益在抽象上并没有被影响,是允许限制解释适用的情形。

由此可见,对于第一类型抽象危险犯构成要件,才有引用"主观注意义务"违反的证据来限制适用的情形。而对第二类型抽象危险犯构成要件,是要求严格适用,社会大众一体遵守的,不需要对其可罚性进行限制。对第三类型抽象危险犯构成要件,则原则上要求严格适用,但如果能够证明规范违反的轻微性则可以允许限制解释适用。

在适用抽象危险犯时应当注意的是类型化的问题,必须看立法者的立法目的,并参考所要保护的法益,以确定是个别性禁止还是一般性禁止。例如,放火罪在于保护住宅内的居民,属于个别法益保护,个别性禁止的抽象危险犯。但在交通犯罪的情形,在保护对象上并不像放火罪那样特定,无论在范围、对象上都极为广泛,涉及大众集体行为,则属于一般性、全部性禁止的抽象危险犯,因此,不适宜附加限制条款来限制适用。①

Schünemann 还明确指出,抽象危险犯如果与大众行为有关,主要是与交通行为有关,出于"学习理论"的理由不必用主观注意义务违反去限制其违法性,这种规范应毫无例外地被遵守。这里需要进一步去探究 Schünemann 所提出的"学习理论"②。首先,从刑罚与心理学上学习理论的关联性进行说明。Schünemann 曾指出,在大众均参与的交通行为中,所要建立的是"自动化行为",而心理学中的"反应学习理论"就是致力于描述人自动或非自主行为的形成模式。反应学习理论的内涵是建立在

①参见蔡慧芳:《从危险理论论不能安全驾驶罪》,台湾大学法律研究所 2000 年博士论文,第117—134 页。
②在犯罪学上有所谓的"社会学习理论",该理论是史金纳(Skinner)发展了心理学上的学习理论而引进犯罪学的讨论中,将犯罪学与心理学相结合,发展为"社会学习理论"。该理论的特点是将社会环境加入学习过程。我们不仅向周围的人学习,也可能向电视或电影学习。

· 154 ·

"制约反应"或称为"反射"反应之上的,这种反射通常自动出现,因此也称为自动或非自主行为。另一个与"反应学习"相区别的是"操作学习"①,该理论致力于解释人类有目的的发展过程。操作学习不是一种反应,而是冀求获致某种结果的行为,换言之,该理论着重于说明行为后所产生的后果,如何改变或增加同样行为下次发生的可能性。如果就"反应学习理论"而言,刑法上有关交通安全的抽象危险犯构成要件是要建立起人民对法律的遵守的自动化。更确切的说,它所建立的是法律遵守的"制约反应",不容许交通参与者对遵守法律与否有思考判断的机会。就"操作学习"而言,从事法律所禁止的某一行为的后果是刑罚的严厉性,刑罚作为其"反面刺激",目的在于减少行为发生的次数。当某个行为人曾经因酒醉驾车而接受刑罚处罚之后,就会形成"反面刺激",而阻止了其之后再犯的机会。"操作学习"比较接近一般预防理论,即用刑罚威慑社会大众,产生阻吓犯罪的预防功能。对不能安全驾驶的处罚最适当用来说明的是建立在"反应学习理论"之上的人民对法律的遵守的自动化。酒后或服用麻醉药品后驾车的这类行为人于行为时虽然知道驾车是不应当的,但由于自信能够安全驾驶,良心上没有不安。对这类行为人而言,冒险心理与侥幸心理经常会使刑罚的威慑力变得无效。因此,最好的方式是训练人民的自动化遵守规范行为,而全面禁止不能安全驾驶的行为。这是从心理学的观点论刑罚对社会大众心理的影响,但最足以支持对不能安全驾驶行为以抽象危险犯构成要件对抗的理论是在于大众行为的累积性效果。

Brehm 提示了分析伦理学的方向。分析哲学下的道德理论可大概分成"行动功利主义"与"规则功利主义"。"行动功利主义"是在每个人的个别的行动中去考虑功利原则,即识别对的或有义务的事要直接诉诸于功利原则。换言之,要试图看"我"在"这个"场合里做"这个行为",对于普遍

---

①操作学习又称工具制约。通常一个人学习一种反应是在这个反应已经发生之后。在操作学习中,有些事件会增加以后行为发生的次数,这就是"正面强化"或称"奖励"。而"反面刺激"则是减少行为发生的次数。参见林山田、林东茂著:《犯罪学》,台湾三民书局1990年版,第147页。

的善大于恶之差会有什么效果。"规则功利主义"要试图看"每一个人"在"这类"场合里做"这类行为",对于普遍的善大于恶之差会有什么效果。所以,依据 Brehm 所提示的思维纲领,在交通事件中的抽象危险犯应该采用"规则功利主义"而非"行动功利主义"。具体而言,每天都有无数的人使用道路,而因车辆普及,开车也早已成为大众行为。我们或许可以允许一个十分谨慎、遵守交通规则与驾车技术优异的人在酒后驾车,而合理预测在酒精影响下,他仍能不肇事。但是,如果容许所有的人都这么做(不论个人的驾车习惯与本身身体素质、能力如何),则交通事故数字必然升高。惟有规范对社会全体均有拘束力,才可能确实达到降低车祸事故发生次数的目标,因此,不允许依据个案而限缩适用范围。①

Lackner 在德国有关交通刑法立法时指出,刑法并不是对抗交通不幸的万灵药,它也不能提供能够消除道路上的死亡事故的魔法。然而,刑法对道路交通的安全并非完全无益,只要在社会心理上与法律上被适当运用,它是能够在对抗交通意外事故上作出贡献的。②

(四)交通犯罪的抽象危险不法内涵

交通刑法所要保护的是没有冲突的道路交通安全功能,让安全流畅的道路交通得以实现。交通刑法所干涉的违规行为,是一个没有具体攻击对象的行为,交通刑法所保护的是超个人的集团利益。通过良好交通秩序的创造与维护,可以将交通危险的可能性降到最低。对于还没有造成实际侵害的交通违规行为,运用抽象危险构成要件予以规范,就是为了保护超个人的法益。③

---

①参见蔡慧芳:《从危险理论论不能安全驾驶罪》,台湾大学法律研究所 2000 年博士论文,第 175—179 页。

②参见蔡慧芳:《从危险理论论不能安全驾驶罪》,台湾大学法律研究所 2000 年博士论文,第 153 页。

③参见张丽卿:《交通刑法中的抽象危险犯——以德国刑法第 316 条为例》,载《罪与罚——林山田教授六十岁生日祝寿论文集》,台湾五南图书出版有限公司 1998 年版,第 227 页。

二、交通刑法中的过失危险犯问题

　　近现代刑事立法严格限制过失犯罪的处罚范围,一般将过失行为规定为只有在发生实害结果甚至严重实害结果时才构成犯罪,这样,危险犯就被限定在故意犯罪的范围内。随着生产力的发展,科学技术得到了广泛的运用,从而极大地提高了经济效益,但与此同时,社会生活中的致险源也大大增加。那些从事与致险源有关工作的人员稍有疏忽和懈怠,就会造成极其严重的危害后果,而且即使没有造成实际的危害结果,其在客观上所导致的足以使重大法益遭受重大损害的危险状态,也是丝毫不能容忍的。在这样的背景下,不少国家调整了对过失犯罪所实行的事后预防、消极惩罚的刑事政策,在刑法上将某些基于过失导致严重危险状态的行为予以犯罪化。例如,作为大陆法系代表国家的德国、日本在其刑法典中就规定了为数不少的过失危险犯。自 1999 年 1 月 1 日起生效的《德国刑法典》在第 28 章"危害公共安全的犯罪"和第 29 章"污染环境的犯罪"中集中规定了 10 多种过失危险犯,如第 306 条 d 规定的失火罪、第 306 条 f 规定的(过失)引起火灾危险罪、第 307 条规定的(过失)引起核能爆炸罪、第 308 条规定的(过失)引爆炸药罪、第 315 条 a 规定的(过失)危害铁路、水路及航空交通安全罪、第 315 条 b 规定的(过失)侵害公路交通安全罪、第 315 条 c 规定的(过失)危害公路交通安全罪、第 316 条规定的(过失)酒后驾车罪、第 318 条规定的(过失)损坏重要设备罪、第 330 条规定的(过失)放毒造成严重危害罪等等。日本现行刑法典有关过失危险犯的规定也相当可观。如《日本刑法典》第 129 条(过失导致交通危险)第 1 项规定:"过失致使火车、电车或者船舶的交通发生危险,或者致使火车、电车颠覆或破坏,或者使船舰颠覆、沉没或者破坏的,处 30 万元以下罚金"。除德、日刑法以外,其他一些大陆法系国家或地区的刑法也对过失危险犯作出了规定。《瑞士刑法典》第 220 条规定:"忽略公认之一般建筑工程的规则,过失危及人身体与生命者处轻惩役或罚金"。《巴西刑法典》第256条规定:"过失引起倒塌或崩溃,使他人的生命、身体或财产遭受危险的,处6个月或1年监禁"。《意大利刑法典》第450条规定:"因自己过失之作为或不作为引发铁路车祸、水灾、毁船、沉船或其他浮动建造物沉没之危险或使其危险存续者,处2年以下徒刑"。《澳门刑法典》第277条和279条就不仅规定了危险驾驶交通工具罪和危险驾驶道路上之车辆罪,而且还规定了过失的危险犯。《丹麦刑法典》第184条也规定了故意或过失违反交通规则而危害交通安全的危险犯。《奥地利刑典法》第177条、《印度刑法典》第336条都作了类似的规定。

在苏联,1962年以后的苏俄刑法典中新增加的11条过失犯罪,其中就有7条涉及过失危险犯,加上原有的过失危险犯,使此类犯罪达到21种,而且其他加盟共和国刑法典规定的过失危险犯数量也大致相同。1997年《俄罗斯联邦刑法典》也对过失危险犯做出了规定。如该法第215条第1款规定:"在原子能工程的分布、设计、建设和应用方面违反安全规则,可能造成人员死亡或者周围环境的放射性污染的,判处数额为最低劳动报酬200倍至500倍的或被判刑人2个月至5个月的工资或其他收入的罚金,或者3年以下限制自由,或者3年以下剥夺自由,可以并处3年以下剥夺担任一定职务或从事某种工作的权利"。

作为实行判例法国家的美国,在实践中也确立了惩治过失危险犯的判例。如1987年7月23日,一架美国波音747客机从纽约飞抵伦敦,机上有乘客380人。降落前,驾驶人员忘记打开机翼升降器,在降落前45秒时,被机场指挥人员发现并及时通知机组人员,驾驶人员匆忙驾机升高,在空中盘旋一圈放下升降器,再次着陆,才避免了一场机毁人亡的惨祸。事后,美国法院追究了机组人员的刑事责任。他们认为,机组人员的这一过失,虽然由于发现及时而未造成严重后果,但其危险性已极为严重,因而构成过失犯罪。①

　　我国刑法第116、117条规定的破坏交通工具罪、破坏交通设施罪为具体危险犯。这些危险犯罪构成对有效保护公民生命、财产安全和公共安全无疑不可或缺。但是,我国刑法规定的危险犯犯罪构成目前仅局限于故意危险犯,而几乎没有规定过失危险犯的犯罪构成。有学者认为,这是我国现行刑事立法的一个重大缺陷。我国刑法第131条至第139条规定的消防责任事故罪、交通肇事罪、重大责任事故罪、工程重大安全事故罪等九种重大责任事故罪,均以造成重大人员伤亡或者财产损失为犯罪构成要件。如果重大过失危险行为尚未造成人员伤亡或者财产损失的重大后果,则不具有可罚性。我国近年来接连不断发生的动辄死伤数十人、数百人的重大安全事故说明,我国刑事立法政策上这种只重事后惩戒而不关注事前防范的政策思维以及刑法理论上坚守结果无价值论而排斥行为无价值论的基本立场,显然已经不足以有效地保护公民生命财产安全和公共安全。因此,鉴于公共安全关系不特定的多数人的生命、健康以及重大公私财产的安全,公共安全作为超个人法益具有远远大于个人法益的刑法保护价值,对生产、生活过程中可能危害重大公共安全利益的不法行为,无论是故意行为还是过失行为,刑法对其进行干预的范围都应当大大向前推置。刑事立法不仅应当规定造成危害公共安全实害结果的犯罪构成,而且应当规定仅造成公共安全损害危险的危险犯罪构成;不仅应当在故意犯罪中规定危险犯罪构成,而且应当对重大过失行为规定过失危险犯罪构成,因为实践中许多重大过失危险行为其实已经使重大公共安全特别是众多人员的生命安全处于严重危险之中,已经具有了可罚性,根本无须等到重大人员伤亡和财产损失的事故发生才认定其可罚性。将重大过失危险行为或者故意与过失混合过错(混合罪过)危险行为犯罪化,是有效保护公共安全这一特别重大法益的客观需要,并不违背刑法谦抑

①参见刘仁文著:《过失危险犯研究》,中国政法大学出版社1998年版,第18—20页。

性和最后手段性的原则,因而当今许多国家刑法典纷纷规定过失危险犯,我国刑事立法政策应当反映我国社会遏制重大过失犯罪急剧上升的客观需要,同时顺应世界刑法改革与发展的历史潮流。因此,我国刑事立法应当仿照刑法第114条至130条的立法技术,在现行刑法规定的九种重大责任事故罪之前,相应地规定九种重大责任事故危险罪。只有这样,才能警戒、威慑从事具有高度公共危险作业的生产经营者或者作业者保持必要的谨慎和注意,消除重大安全隐患,防患于未然。① 对这种观点,我们深以为然。例如,一般而言,酒后驾车者是"冒险者",他们所具有的特征是:都知道酒后驾车行为危险性的存在,并且,一方面将自己暴露于危险中(冒险),失去自我保护能力,另一方面对他人造成威胁(法益损失的危险),失去保护他人的能力。但是却让人无法理解的自信有害的结果不会发生,能够安全驾驶,而制造这一危险发生的机会。"这事不会发生在我身上"是这类行为人惯用的说法。在这里,所牵涉的是注意义务,因此,过失危险犯应当是最主要的行为形态。

我们认为,应当在危害公共安全类罪中设立过失危险犯。近年来,各地重特大事故频频发生,严重危害了公共安全。然而,这些事故的最大遗憾之处也许并不在于其后果的严重性,而是在于相关责任人心存侥幸,在第一次过失行为发生后未能及时"亡羊补牢",采取有效措施,防患于未然。因此,应在危害公共安全类罪中设立过失危险犯。其理由如下:第一,从设立过失危险犯的积极方面考察:(1)基于有效保护公共安全的迫切需要。依现行刑法的罪刑法定原则,对于基于过失,但尚未对公共安全造成现实危害结果的行为,即使对法益造成的危险很大,也不能追究行为人的刑事责任。坐等严重后果发生之后才去刑事介入,刑法就成了十足的"马后炮"。若刑法规定过失危险犯,这对保护生命财产安全和正常的生活秩序都有不可估量的作用。(2)基于建立保护重大法益安全的"过失

---

① 参见梁根林著:《刑事政策:立场与范畴》,法律出版社2005年版,第329页。

危险预防机制"的需要。对某些严重的过失危害公共安全犯罪的危险行为予以犯罪化,可使过失行为人充分意识到过失危险行为可能的危害性和国家、社会对过失高度危险行为的警惕;刑法对过失危险行为给予超前的评价和干预,对这种容易引起严重后果的故意、过失违法行为及时给予适当的刑罚威慑,在一定程度上减少乃至避免侥幸心理,预防严重后果的发生,实现防患于未然。(3)发挥刑法惩罚犯罪和预防犯罪的应有功能的需要。过失行为人主观上漠视不特定多数人的生命、健康和重大公私财产安全;客观上没有严格遵循规章制度,而非业务技能不佳、应急能力不强。因此,对过失危险行为予以犯罪化,一方面是对行为人客观存在的危险行为进行制裁,另一方面基于预防的功利性考虑,促使从业人员以更高的要求对待业务,严格按照操作规则办事。第二,从不设立过失危险犯的消极方面考察:(1)背离了犯罪的社会危害性的本质特征。犯罪的本质特征是其严重的社会危害性,这些危害公共安全的行为一经实施,无论结果是否发生,都产生了极大的社会危害性。例如四川"6·22"合江特大水上交通事故,只能乘一百人左右的船挤上了二百多人,结果船因超载而翻沉,致乘客一百多人死亡。该案中,超载的行为一经实施,就使得乘客的生命处于一种危险状态,船主也就违反了法律规定的保护乘客人身安全的特定职责和义务,可以认为从船主超载时起,就危害了乘客的人身安全,从而产生了极大的社会危害性。没有将具有极大的社会危害性的危险行为规定为犯罪,应该说是立法的重大疏漏。(2)不符合危害公共安全罪的一般特征。危害公共安全罪是一类社会危害性特别严重的犯罪,其危害的客体是公共安全,即不特定或者多数人的生命健康或重大公私财产的安全,其所危害的是人类生存的基础。正因其关系重大,刑法分则从114条至130条规定的32种危害公共安全犯罪都属于危险犯,只要使刑法所保护的社会关系处于危险状态就构成犯罪,特定的后果是否发生不影响定罪,只作为加重情节考虑。为了保护社会,立法者选择了积极的事前防范,而不是消极的事后惩戒。如此规定,就是与危害公共安全罪的社会危害性相适应的:如果危害公共安全的特定后果已经发生,对责任人再课以重罚也无法使得受到损失的社会关系得以恢复了;只有强调事前防范,才能促使每个人以最大的谨慎和足够的注意处理涉及公共安全的事务。因此,注重防患于未然应成为危害公共安全罪的一个重要特征,而刑法将这些危害公共安全犯罪规定为结果犯,不符合危害公共安全罪的这一特征。(3)无法控制此类案件的高发性。上述危害公共安全的行为一经实施,其社会危害性就是显而易见的,但危害结果是否发生却是不确定的,因而以结果论会助长人们的侥幸心理。比如,用烂泥代替水泥施工,给钱塘江大堤带来的危害是极其严重的,而该堤何时倒是不确定的;同样,在四川合江"6·22"翻船事故之前,船主经常超载,每次超载都存在危险,但只有在那一天才发生了翻船事故。违章经营所带来的利润是现实的,但其所带来的风险却是不确定的,危害结果既可能发生也可能不发生。这种状况往往会刺激经营者以危害公共安全的方式去追求最大限度的利润。由此导致豆腐渣工程、群死群伤事故层出不穷也就不足为奇了。因此,这些危害公共安全罪应属于危险犯而不是结果犯,只要行为使得公共安全处于危险状态就应加以处罚,以保护公共安全。特定的结果的发生只能作为加重处罚的条件,而不能作为构成犯罪的必备要件。

纵观世界各国各地区过失危险犯的立法例,无不体现出人类对于与自身生存和与生活密切相关的社会公共安全法益的特殊关切。过失危险犯的设立一般在危害公共安全罪中居多,确立过失危险犯是当今世界刑事立法的一个普遍趋势,而我国刑法在危害公共安全罪中没有过失危险犯的立法例。越来越多的国家面对过失犯罪造成损失日益增大的严峻现实,为防患于未然,逐渐在刑法中规定了危险状态的过失犯。[①]

现代人类社会正向以新技术、新能源、新材料为内容的第三次文明浪潮即新的世界产业革命迈进。科技的发展伴生了越来越多的机械危

---

①参见储槐植、蒋建峰:《过失危险犯之存在性与可存在性思考》,载《政法论坛》2004 年第 1 期。

险源与技术危险源,而且这些危险源渗透到人们的生产、运输、服务乃至日常生活的各个领域,由此在很大的程度上增加了人类活动的危险性,提高了过失行为的概率,尤其是在工矿、医疗、交通、建筑等领域,行为人的业务过失经常发生。从某种意义上讲,大量的过失行为致使人们面临着亘古以来未曾有过的物质文明的伴生灾害。刑法的基本机能之一是保障机能,即刑罚所具有的保护国家、社会、公民的利益和安全的作用。因此,只有对危害公共安全等重大社会利益的过失行为提前到危险阶段处罚,才能更好地发挥刑罚的保障功能。目前世界上许多国家的刑事政策由事后预防、消极惩罚转向于事前预防、积极惩罚,相应地在立法上的体现是法律明文规定了致人生命、健康于直接危险状态或发生其他重大危险的过失犯罪。因此,确立过失危险犯是世界刑事立法的一个普遍趋势。

第三节　不能安全驾驶行为的可罚性探讨

一、酒精与交通安全的关系

麻醉品及酒类能够导致心身麻痹症,使心理活功与身体动作发生困难,尤其是服用麻醉品的人易成习惯,对于麻醉品的需求会愈来放大,以致积重难返,最终成为麻醉品的中毒者。据研究,人在服用麻醉品和大量饮酒(醉酒)之后,生理及心理会发生下列变化:(1)色彩觉和视觉能力下降,使人在辨认颜色方面易发少错误。(2)触觉能力下降,使人不能靠触觉获取有用信息。(3)思考判断能力下降,血液中酒精浓度达到0.94%时,判断能力可降低25%。(4)记忆力受阻,人在服用麻醉品或醉酒后,无法进行有效的识记,即使平时记得很牢的东西也回忆不起来。(5)注意力下降、不能有效地集中和保持稳定,而且注意力容易固执地偏向一方,不能合理地分配和转移。(6)情绪不稳定,容易陷入激情状态之中。(7)性格发生暂时性改变,如有的人在饮酒后一改平时谨慎、严肃的态度,变得说话随便,行动轻率。所有这一切变化,都容易使人作出错误的行为,引起重大事故。据法国的研究表明,经常喝酒的人,事故发生率比不喝酒的人高35%,事故的后果也比不喝酒的人严重得多。日本有关的统计数字表明,因驾驶员酒后开车发生的交通事故约占全部交通事故的4%以上,因酒后开车肇事死亡的人数,约占各种车辆死亡总人数的10%。关于嗜酒与交通安全问题,第三届国际代表大会公布,在驾驶员血液中中的酒精含量达 0.3‰—0.9‰时,运输事故的概率增加 6 倍;酒精含量达1‰—1.4‰时,运输事故的概率增加 30 倍;酒精含量达 1.5‰时,事故概率就增加 127 倍。另外还有人发现,由于酒精引起的死亡事故大约占死亡事故的30%。①

　　酒后驾车是导致交通事故的重要危险因素之一。国外研究表明:在欧盟国家,1%—3%的驾驶人处于酒精的影响之中;在低收入和中等收入国家,车祸死亡的驾驶人中有 33%—69%、受伤者中有 8%—29%的血液中检测出酒精;在南非,因酒精所致车祸此亡的驾驶人中有 47%、非死亡的车祸中有 27%、因车祸受伤者有 52%的人的血液中可检测出过量酒精;在印度新德里,在送医院治疗的两轮摩托车驾驶人中,有 1/3 承认是酒后开车。目前,我国在饮酒与交通安全方面的形势也十分严峻。据公安部统计,自 1996 年至 2002 年的 7 年间,因饮酒所导致的道路交通事故、人员伤亡及经济损失仍逐年大量增加,2000 年因饮酒所致的道路交通事故数、死亡人数、受伤人数和经济损失分别达到 1996 年的 263.6%、180.4%、325.3%和 144.3%。2004 年统计,因酒后驾车造成的死亡人数为 4658 人。因此,饮酒过量或醉酒驾驶是导致恶性交通事故的重要因

---

①参见侯国云著:《过失犯罪论》,人民出版社 1996 年版,第 18—19 页。

素。①

　　我国《道路交通安全法》第 22 条第 2 款规定:"饮酒、服用国家管制的精神药品或者麻醉药品,或者患有妨碍安全驾驶机动车的疾病,或者过度疲劳影响安全驾驶的,不得驾驶机动车"。根据国家标准 GBl9522－2004《车辆驾驶人员血液、呼吸酒精含量阀值与检验》的规定,车辆驾驶人员血液中的酒精含量大于或者等于 20 毫克/100 毫升,小于 80 毫克/100 毫升的驾驶行为为饮酒驾车;车辆驾驶人员血液中的酒精含量大于或者等于80 毫克/100 毫升的驾驶行为为醉酒驾车。

　　驾驶人饮酒后会因血液中的酒精浓度增高,而出现中枢神经被麻痹,理性、自制力降低,视力下降、视线变窄,注意力不集中、身体平衡感减弱等状况,从而导致驾驶员运动机能低下,操纵制动、加速、离合器踏板时反应迟钝、行动迟缓等现象,极易引发因转弯不够飞出路外或撞到建筑物上、无视过路行人将其撞伤、无视交通信号或不注意交叉路口而迎面相撞、转错方向盘而迎面撞上驶来的车辆等事故。

　　医学上研究证明,酒精的麻醉作用,可以抑制大脑中枢神经系统内控制和调节大脑皮质的功能。此功能正常时,能约束自己的日常行为。饮酒后,受酒精麻醉抑制,大脑皮质部分摆脱中枢神经控制,产生兴奋的幻觉,而有亢奋的现象。科学研究发现,驾驶员在没有饮酒的情况下行车,发现前方有危险情况,从视觉感知到踩制动器的动作中间的反应时间为0.75 秒,饮酒后尚能驾车的情况下反应时间要减慢 2～3 倍,同速行驶下的制动距离也要相应延长,这大大增加了出事的可能性。资料表明:人呈微醉状开车,其发生事故的可能性为没有饮酒情况下开车的 16 倍。所以,饮酒驾车,特别是醉酒后驾车,对道路交通安全的危害是十分严重的。

　　酒精对驾驶员身体的影响:酒精在人体血液内达到一定浓度时,人对外界的反应能力及控制能力就会下降,尤其是处理紧急情况的能力下降。

---

①参见宁乐然编著:《道路交通安全通论》,中国人民公安大学出版社 2006 年版,第 58 页。

驾驶员血液中酒精含量越高,发生撞车意外的几率越高。人体中呼气酒精浓度与肇事率之间的关系大致可见下表:

酒精浓度与肇事率之间的关系①

表1

呼气中酒精浓度 (血液中酒精度)	肇事率	呼气中酒精浓度 (血液中酒精度)	肇事率	呼气中酒精浓度 (血液中酒精度)	肇事率
0.25mg/L (0.05 %)	2 倍	0.55mg/L (0.11 %)	10 倍	1.5mg/L (0.30 %)	迷醉, 仍能开车
O.40mg/L (0.08 %)	6 倍	0.75mg/L (0.15 %)	25 倍	2.0mg/L (0.4 %)	迷醉, 无法开车
0.50mg/L (0.10 %)	7 倍	0.85mg/L (0.17 %)	50 倍	2.5mg/L (0.50 %)	会致死

根据世界卫生组织的报告显示:当驾驶人血液中酒精含量达 80mg/100ml 水平时(约相当于饮用 3 瓶 500ml 的啤酒或一两半即 80ml56 度白酒),发生交通事故的机会是血液中不含酒精时的 2.5 倍;达 100mg/100ml 水平时(约相当于饮用 3 瓶半 500ml 的啤酒或二两即 100ml56 度白酒),发生交通事故的机会是血液中不含酒精时的 4.7 倍。由此可见,即使在少量饮酒的状态下,交通事故的危险度也可达到未饮酒状态的 2 倍左右。②

综上所述可见,一方面,酒精容易对人的生理和心理产生不良影响,破坏人的外显行为,导致形成与犯罪有关的心理现象,冒险意识升高,内心极易冲动,理性地衡量事情的能力降低,对现实状态的了解受限制,任意地放纵自己的行为,在人群中容易显现攻击倾向。另一方面,人体内酒精浓度的多少会影响驾驶人的驾驶行为和驾驶能力,从而增加肇事率,对公共交通安全造成极大损害和危险。因此,酒精与交通安全有极为密切的关系。

---

①黄舜榕:《酒后驾驶违规行为处罚政策之研究》,台北大学公共行政与政策学系 2003 年硕士论文,第 116 页。

②人民网 http://auto.people.cn/GB/14556/4153029.html。

交
通
刑
法
基
本
理
论
研
究

二、不能安全驾驶行为的可罚性

就实然面的事态观察,酒类只是装在瓶子内的液体,饮酒行为本身不是犯罪,但可能会与犯罪有关。即当饮酒后酒精在人体内发挥一定程度影响,达到酒醉或烂醉后所从事的社会活动。同时,酒精对身体的影响是一个渐进的过程。而在不能安全驾车的案例中,关键点就在于开车时的谨慎程度。谨慎程度降低会使自己与他人的利益处在不确定状态,即不安全的状态。由于酒精影响身体对外界的注意能力,使身体丧失对车子的控制能力与无法正确地认识和理解外界,驾驶人对路况反应时间也会因此变慢、车辆操作难度增加、车辆速率变得不正常加速或减速,最终使得路况发生异常或紧急情况发生时,行为人作出适当反应的能力降低,而防护自己与其他交通参与者的能力也相应的降低。正由于所强调的重点是对其他交通参与者所应采取照顾措施,而且该交通安全上的照顾义务也必须随着不同时代、不同时间、不同地点的交通设施、交通状况、交通工具而作出调整。因此,研究不能安全驾驶行为是否需要动用刑法进行规制,对保障安全顺畅的交通功能,保障公共交通安全利益以及广大人民的生命、身体和重大财产安全具有重要的意义。

除了交通工具的快速化加深了交通安全问题的严重性,近年来受到普遍关注的是饮酒后受酒精影响下或服用药品后在药物影响下驾驶交通工具的行为。即使在正常意识下适当操控的交通工具都可能发生意外,更何况在酒精等麻醉药品影响下精神恍惚的冒险驾驶。日本学者藤木英雄认为:"刑事政策要兼顾考虑'非犯罪化'和'现代类型犯罪'之间的关系,但是从刑法的角度看,刑事政策的重点问题是研究'现代类型犯罪'问题,即在'现代类型犯罪'问题上应当强调'犯罪化'。"①

①李海东主编:《日本刑事法学者》(下),法律出版社、成文堂1999年版,第211页。

(一)将不能安全驾驶行为规定为犯罪的立法例考察

酒后驾车是一个世界性的问题,历来被世界各国政府明令禁止。很多国家和地区将酒后和醉酒后驾车的行为直接规定为犯罪。德国刑法对酒后驾驶作了规定;英国刑法以及香港的《道路交通条例》中也有类似的规定。之所以规定酒后驾驶罪,是因为醉酒后驾驶者精神处于涣散状态,而且容易困乏,易发生交通事故,属于性质比较恶劣且人为能控制的行为。日本在其《道路交通法》中也规定了饮酒运输罪,在日本各种违反法令造成事故之情形中,死亡率最高者,在车辆驾驶者违规方面,以超速居第一位(死亡事故率为 16.2%),酒醉驾驶居第二位(死亡事故率为12%)。① 在日本刑法中规定了危险驾驶致死伤罪;芬兰刑法对酒后驾驶规定得最为全面,将酒后驾驶、严重酒后驾驶、水路交通醉酒、空中交通醉酒、铁路交通醉酒、放弃交通工具给醉酒人使用以及非机动车交通醉酒的行为都规定为犯罪。我国台湾地区"刑法"第 185 条之三也规定了酒后驾驶罪。

在德国,其刑法中与醉酒不能驾车有关的条文是第 315 条 c 第一项第一款与第 316 条,这两个条款都出现了"由于引用酒类或其他麻醉药品,处在不能安全驾驶交通工具的情况而驾驶"。即把饮酒或服用其他麻醉药品与不能安全驾驶两者可能时间上前后或同时关系与因果关系表达出来。酒类只是装在瓶子里的液体,饮酒行为与驾车行为都不是犯罪,只有酒醉下达到不能驾驶才有可能构成犯罪。可见,在酒精影响下驾驶是立法的重点。德国立法上明文列出了各种造成不能安全驾驶的原因,而不仅限于酒后驾驶。用"不能安全驾驶"较能涵括条文所描述的各种情形。德国刑法第 315 条 c 列出了两种构成要件:第一种是由于饮用酒或其他麻醉药品,或精神或身体又缺陷,导致不能安全驾驶而驾驶;第二种

---

① 参见吴景芳著:《刑事法研究》(第一册),台湾五南图书出版公司出版 1999 年版,第 120 页。

是由于没有注意优先路权、违规超车等重大交通违规或疏失行为,导致不能安全驾驶而驾驶。可见,"不能安全驾驶"一词源自德国立法例而被德国学说为方便所设计出的概念。

在日本,对于性质恶劣、危险性及违反社会正义的交通行为,都规定处以拘束人身自由的徒刑(惩役或监禁)或罚金。在其附属刑法《道路交通法》中,对于酒后驾车的规范是相当严格的,其主要规定是:(1)《道路交通法》第 117 条之二:酒醉驾驶者(指受酒精的影响而有不能正常驾驶之虞的状态),处 2 年以下徒刑或 100000 万圆以下罚金。(2)《道路交通法》第 119 条第一项第七款之二:带有酒气驾驶者(指其驾驶时身体酒精成分达到政令所规定程度以上的情形),处 3 个月以下徒刑或 50000 圆以下罚金。(3)《道路交通法施行令》第 44 条之三:道路交通法第 119 条第一项第七款之二依政令订定的身体酒精程度为血液酒精浓度 0.05% 或呼气酒精浓度 0.25mg/L。

在新加坡,在其附属刑法《道路交通法》中,对于酒后驾车的规定更为严格的,其主要规定是:(1)《道路交通法》第 67 条:任何人在酒精或药物影响下,不能正确控制车辆而驾驶,或意图驾驶机动车辆者,处 6 个月以下徒刑或 1000 元以上 5000 元以下罚金;再犯或连续犯,处 12 个月以下徒刑,并科 3000 元以上 10000 元以下罚金。(2)《道路交通法》第 68 条:任何人在酒精或药物影响下,不能正确控制车辆而有可能驾驶车辆但尚未驾驶者,处 3 个月以下徒刑或 500 元以上 2000 元以下罚金;再犯或连续犯,处 6 个月以下徒刑,并科 1000 元以上 5000 元以下罚金。

在美国,由于实行联邦制,对于道路交通管理,各州有各自的法律,而对于"饮酒不能安全驾驶"的法律规范也各有不同,但都是严格禁止酒后驾驶,处罚程度与方式并无太大差异。关于喝酒驾驶行为,犯罪学、刑事实体法、刑事程序法等学理上与习惯上使用的有三种称为:第一种用得最普及,为"酒醉驾驶"(Drunk Driving);第二种简称为 DUIA,即"在酒精影响下驾驶"(Driving under the influence of Alcohol),更清楚的法律语句为"在酒精、麻醉药品或迷幻药的影响下而导致正常能力受损"(Driving while ability impaired by alcohol, DWAT),即血液酒精含量达 0.05% 以上的驾驶者;第三种称为 DWI,即"醉态驾驶"(Driving while intoxicated),即血液酒精含量达 0.10% 以上的驾驶者。第二种和第三种是立法上的用语。上述规定仅仅是适用于一般驾驶人,另外,对于职业驾驶人和 21 岁以下的驾驶人所规定的血液酒精含量更为严格,处罚更重。只要检验证据达到规定的血液酒精含量基准值以上的即构成犯罪,或者依据警察对当事人的外观行为表现的作证,也可判决有罪。

从美国法所使用的"在酒精影响下驾驶"、德国刑法第 316 条所提出"酩酊中从事交通驾驶"或"酒醉驾驶"等措辞可以清楚地说明,"不能安全驾驶"被理解为附随于驾驶行为的客观外在事实情状或状态。造成此状态的原因不只有酒类,还包括服用麻醉药品类。因此,饮酒或服用麻醉药品的行为可能是驾驶行为出现前的先行事态(如先喝后开),或者是同时相伴存在的事态(如边喝边开)。可见,"不能安全驾驶"如果仅仅只是一种状态,无论如何都不能作为刑法可罚性的基础,处罚的基础在于"不能安全驾驶而驾驶"。既然"不能安全驾驶"是事实状态,基于刑事政策的理由①,可将其视为刑法上的客观处罚条件,而"驾驶"是该事实状态下所从事的构成要件行为。只要客观处罚条件存在(不需要行为人对此状态有故意或过失),即行为人驾驶时本身与周围状态是"不能安全驾驶"状态存在,该构成要件就可以被满足,行为人的行为就可以入罪。

(二)不能安全驾驶行为可罚性的理论

1. 不能安全驾驶行为的可罚性基础——抽象危险犯的法律性质

随着科技的进步,在交通方面,逐渐被辨识出失去控制的机动车辆也像失去控制的水或火一样是危险源。机动车辆之间撞击的力量往往造成

---

①许多驾驶人在服用多量酒类后,尽管不胜酒力,但都宣称自己酒量很好,不会酒醉,开车也安全,因此,如果不当成客观处罚条件,则很难证明行为人对自己的"不能安全驾驶状态"有故意或过失。

人身伤亡或财物毁损。据统计，交通意外事故丧命者是死亡原因的首位。尽管"安全性"是近年来汽车销售时重点需求之一，但驾驶人的技术能力与生理状况也会影响汽车的安全性。因此，我们可以说，无法安全驾驶行为或失去对机动车辆的控制这一行为方式有"抽象危险性"。这就是近年来有关交通犯罪的抽象危险犯立法的背景，这种抽象危险犯的立法随着交通与工业化的发展，就逐渐被立法者所采用。①

饮酒行为是人们的自由基本权，即使个人因饮酒过度而有违反社会规范的行为，其行为如果仅限于单纯饮酒行为，仍属于基本权利的范畴，国家没有介入干涉的必要。随着社会发展，科技进步，社会繁忙，人们为争取时间而利用交通工具代步，已经成为现代社会的特征。然而，驾驶交通工具是社会所容许的高危险性行为，为了避免或者降低危险的发生，确保道路交通安全，整顿驾驶环境，安全驾驶的车辆、适当的交通方法以及适性能力的驾驶人就成为基本要素，其中，适性能力的驾驶人是避免或降低驾驶交通工具的高危险性行为发生危险的最重要因素，即不适性的驾驶人是不容许其驾驶交通工具的。酒后驾车的行为，依照一般社会的通念，不但对具有危险性的交通行为无所助益，甚至升高了事故发生的危险性，为防卫社会一般人的安全，维持道路使用人彼此的信赖，将酒后驾车行为视为对社会秩序有重大的妨害而具有可罚性，具有宪法上的正当性。②

在很多国家，酒醉驾车行为在以往被认为是行政不法，在有关交通管理的法律法规中加以规范处罚，例如我国台湾地区在其《交通管理处罚条例》中加以规范处罚，但是，由于酒醉驾车行为对社会造成相当大的危害，

①参见蔡慧芳：《从危险理论论不能安全驾驶罪》，台湾大学法律研究所 2000 年博士论文，第80页。

②参见林添进：《酒后驾车之刑事责任问题研究》，中央警官大学法律学研究所 2000 年硕士论文，第9页。

其不法内涵不断在提升,甚至已经达到典型的危险行为,有必要加以入罪化。① 通说所称的"抽象危险"即指"危险性",即损害发生的不确定性。尽管抽象危险是损害发生的不确定性,但此不确定性之所以引起刑法重视是当某行为具有危险性时,就是指该行为具有足以造成"具体危险",甚至是"实害"的"潜在危险性"。例如,在酩酊状态下在公路上高速驾车行驶,该行为方式具有危险性。②

　　无论人们对刑法的权利保障功能寄予多大期望,在风险无所不在的社会中,刑法的秩序保护功能注定成为主导。现代国家当然不可能放弃刑法这一秩序保障利器,它更需要通过有目的地系统使用刑法达到控制风险的政治目标。刑法由此成为国家对付风险的重要工具,公共政策借此大举侵入刑事领域也就成为必然现象。它表征的正是风险社会的安全需要。在风险成为当代社会的基本特征后,刑法逐渐蜕变成一项规制性的管理事务。作为风险控制机制中的组成部分,刑法不再为报应与谴责而惩罚,主要是为控制风险进行威慑;威慑成为施加刑事制裁的首要理由。③

　　张丽卿教授认为:运用抽象危险构成要件的理由是,可以避免实害犯举证上的困难,减轻追诉机关的负担,同时也符合刑法所要求的一般预防功能。由于任何人都可能是交通犯罪的潜在犯罪人,所以,抽象危险构成要件被认为是对抗交通犯罪的重要手段。交通刑法所要保护的是没有冲突的道路交通功能,让安全流畅的道路交通得以实现。道路交通的参与者数量众多,即使是一个奉公守法的市民,也有可能发生交通事故。对于没有造成实际侵害的交通违法行为,运用抽象危险构成要件,在立法上规

---

　　①参见林建宏:《刑法危险概念的思考研究》,中原大学财经法律学系 2004 年硕士论文,第63 页。
　　②参见蔡慧芳:《从危险理论论不能安全驾驶罪》,台湾大学法律研究所 2000 年博士论文,第78 页。
　　③[美]波斯纳著,苏力译:《法理学问题》,法律出版社 2002 年版,第 210 页。

定为犯罪,这种立法设计是正当的。

2.不能安全驾驶行为可罚性的刑法基础

交通工具是科技进步的产物,尽管其使用具有一定危险性,但基于快速便捷的需要,仍然容许在一定的风险程度下的行为,不构成刑法上的犯罪行为。虽然容许一定危险程度内的行为不构成犯罪,但并不是使用交通工具就没有构成犯罪的可能性,正因为其具有高度的危险性,因此在驾驶人因自己的行为导致使用交通工具的风险提高而有产生严重结果可能性时,基于社会已经无法承受这种严重结果的发生,就需要在结果发生之前,加重其行为的责任来加以处罚。应刑罚性所代表的是行为人的行为受到无价值评价,不管是行为不法还是结果不法,只要是会导致国家或社会发生灾难的可能性,也就是发生危险的高度盖然性或可能性的行为,就会促动国家刑罚权的发动,由国家强制力的介入以防止灾难的发生。除了公共利益的考量外,规范的妥当性、必要性及狭义比例原则,也是危险犯的核心问题,毕竟如何适当地限制行为人的自由,比例原则的运用非常重要。限制人民的自由,必须遵循比例原则,评价一个行为的可罚性,除了适当性、必要性和狭义比例原则外,还要求立法者不得以大炮轰小鸟的过度手段禁止人民的自由。

交通刑法的规范目的,在于对社会多数参与交通者的集体利益作一般预防的保护。立法者想要通过抽象危险犯的构成要件来规避举证责任的困难,从而达到吓阻酒醉驾车的行为。这种立法例向来为各国交通刑法立法所采取,如德国、日本、芬兰等。交通刑法所要保护的是没有冲突的道路交通功能及其规则,让安全顺畅的道路交通得以实现,也因为要回避举证的困难,立法者在构成要件的设置上要更为严谨。而酒醉驾车(不能安全驾驶行为)最少违反了以下刑法原则:

第一,违反信赖原则。刑法上信赖原则的概念,是德国联邦最高法院

---

① 参见张丽卿:《酗酒驾车在交通往来中的危险》,载《月旦法学杂志》1999 年 11 月第 54 期。

1935年所创设,以行为人于行为时假设信赖其他社会生活参与者尽其规范上的义务,并且在此信赖基础上为行为的反应。信赖原则背后的基础理由是容许风险,是以透过社会生活规则利益加以强化的容许风险形态。因为在技术上人们不能坚持生活规则的权威性,势必回复到没有生活规则的状态。信赖原则是通过社会分工的方式有效达到社会的利益状态,是在强化社会生活规则的稳定度,以社会分工的方式降低每一个人的义务负担,从而有效地实现社会规则所欲达到的目的。

在道路交通事故的刑事案件上信赖原则的运用,是指参与交通行为的一方,遵守交通法规秩序,得信赖同时参与交通行为的对方或其他人,也必然会遵守交通法规秩序,不会有违反法规秩序的行为发生,即在最原始的意义下,着重于交通危险的适当分配,除非有例外特殊情形,否则不需要时时防范他人的违规行为,也就是可以信赖其他人也会同样遵守交通规则及秩序。因此,对于对方或其他人因违反交通法规秩序的行为所导致的危险结果,由于没有注意防免的义务,从而得以免负过失责任。德国刑事司法实务为因应现代科技的进步以及动力交通工具的普遍使用,针对道路交通提出了"信赖原则"。其主要的意旨在于动力交通工具的速度极为快速,对于一般社会大众虽然极为方便,但同时也有相当程度的危险性,为了整体社会的发展,不可能全面禁止动力交通工具的使用,因为这种必要的容许风险,是为了维护社会及人际之间的往来所不可缺少的。但是立法者在允许这种容许的危险存在时,也必须对这种高度危险的行为加以限制。换言之,立法者应让所有交通参与者都有遵守交通规则的义务,并且信赖彼此都会遵守交通规则,也只有这样才能把可能的交通危险降到最低程度。因此,从客观归责理论的角度,信赖原则可以用来作为行为人是否制造法所不容许风险的判断标准。

第二,喝酒驾车是危险升高的行为。喝酒驾车的行为,不仅违反道路交通管理处罚的规定,也违反刑法上的信赖原则,既然交通参与者的行为已经使他人不能再信任其能安全的驾驶机动车辆,行为人的行为已经不是容许风险的行为,自然有必要受到相当程度的约束。如果其行为不受限制,则国家的任务就无法达成,交通参与者也将受到相当大的危险威胁。酒后驾车的行为在本质上有相当的公共危险性,是一种升高危险的行为,也使他人无法依据信赖原则而进行社会生活。

将酒醉驾车行为予以犯罪化,是世界的立法趋势。酒醉驾车行为所造成的损害往往不可预测而且结果相当严重,为了保护交通安全法益,只有加入刑罚的制裁才能遏止这种行为。危险犯的立法目的,并非只是在威吓,而是在追求社会的正义及刑法规范的目的性。

酒醉驾车行为的入罪化并不限制人们喝酒的自由,只是要求在喝酒后要采取适当的措施避免驾车行为。一般而言,饮用同量酒精之后其对每一个人的身体影响较为类似,而且酒精浓度与肇事率之间的关系是:当呼气酒精浓度达每公升零点五五毫克时,肇事率即高达十倍,酒后驾车是造成意外交通事故的主要原因之一。我国台湾地方法院认为,人们从交通事故的痛苦教训中,渐渐深切地体认到酒精在交通事故伤亡中所扮演的恶性角色,导致现在世界各国都明文规定,禁止人们在酒后驾驶汽车或大众运输工具,并且加重对酒后驾驶者的罚责。英、美以及欧洲各国都陆续立法,明文规定驾驶汽车或大众运输工具的驾驶者,有饮用酒精的限制和强制受检查的义务,其主要目的在于减少交通事故的伤害,并保障社会大众的安全。只有重视交通事故与酒精之间的关系,宣传引导社会大众酒后不驾车的守法习惯,才能降低酒后交通事故的伤亡,确保社会大众的出行安全。这是基于一般预防理论刑事政策,在交通刑法中的立法基础,要求的是如何减少因酒醉驾车所造成的危害,正是因为酒醉驾车可能造成生命、身体以及财产上的重大损害,唯有强化一般预防,才能遏止这种危害行为的不断出现。酒醉驾车的禁止,并非是禁止人们饮酒,只是在要求行为人在饮酒之后如何节制其行为,而节制其行为的法规范,必须考量其行为的必要性及适当性,是否符合刑法危险概念的法理,是否遵守了比

交通刑法基本理论研究

例原则的要求,从而对行为人的行为作出合理的评价。① 同时,刑法具有最后手段性,除非有充分的理由,否则将行政不法行为提升为刑事不法行为,仍有其界限而无一定标准可作为分野,尤其在现代危险概念被广泛的运用,如果不是基于社会的损害性及刑法介入的必要性及正当性,自然应以行政罚的手段作为达到防卫社会的目的,而不能轻易藉助刑法手段作为达到管制的目的,这是法治国刑法的基本要求。虽然立法者对行为判断是否有必要入罪化有困难之处,但仍应注意刑法谦抑性原则为防卫社会的补充性,作为限制行为人行为的手段。

3. 不能安全驾驶行为所侵犯的法益——抽象危险犯法益论

在概念上区分"法益客体"与"行为客体",为区别实害犯、具体危险犯与抽象危险犯提供了一种可能性。抽象危险犯与具体危险犯虽然都属于法益的提前保护,但在某些抽象危险犯构成要件下,法益概念无法通过"行为客体"实质化或成形化。换句话说,抽象危险犯并不要求犯罪行为所攻击的"行为客体"之上有"法益客体"受侵害或危殆,在这种情形下,抽象危险犯构成要件的功能是将一些抽象的、精神化的法益观念纳入,而某些精神化法益的情形并无法从被攻击的"行为客体"直接、立即辨识出被侵害、被影响的"法益客体"。例如,伪证罪所保护的法益客体是国家审判运作的正当性,但与被攻击的"行为客体"即伪证的对象无直接关连。但不可否认的是,有些抽象危险犯构成要件却有着与结果犯相似的结构,即法益概念可以通过"行为客体"实质化或成形化。例如,德国刑法第306条第二项的放火于有人居住住宅的放火罪,虽然不以人受侵害或陷于险境为必要,但其所保护的法益仍然是人的生命。也就是说,从"行为客体"可以直接辨识出法益,即从有人居住住宅辨识出该构成要件所要保护的法益是个别的人的生命或不特定的多数人的法益。但法益仍是传统的法益,如他人的生命、身体与财产。与交通行为有关的抽象危险犯构成要件

---

① 参见林建宏:《刑法危险概念的思考研究》,中原大学财经法律学系 2004 年硕士论文,第64—90 页。

所要保护的法益,其性质介于上述两种情形之间。首先,参考德国交通危险犯的立法例。从法益的观点分析以酒后不能安全驾车为规范对象的两个分属于具体危险犯的第 315 条 c 与抽象危险犯的第 316 条的条文,依据学说的见解,被归为具体危险犯的第 315 条 c 所保护的法益除了他人的生命、身体与财产,还包括"道路交通安全"。所以,在受危险威胁人同意的情形下(经常出现的是有关同车之人的同意),由于保护法益还有一般性的道路交通安全,并非属于被威胁人所能支配的法益。通说的见解是不适用被害人同意阻却违法。第 316 条所保护的法益是"交通安全",因为抽象危险犯并不要求去审查在个案中是否有攻击对象陷于危险中。例如,依据德国学说,在德国第 316 条"交通中醉态"抽象危险犯构成要件的适用上,即使没有其他的道路上的通行者因为酒醉驾车行为而遭受危险,本条仍可以成立。从上述可知,使用此较特定与较广泛对比的用语区分出"道路交通安全"与"交通安全"其实来自于以下背景:第 315 条 c 只适用于道路上的交通行为,而第 316 条则是广泛适用于所有的交通,包括海、陆、空。但这是否意味着两者所保护的法益,即"道路交通安全"与"交通安全"是不同的? 关于这个问题的答案可先由竞合观点反推。由于通说认为以上所述的两个条文之间属于法条竞合的补充关系,第 316 条是补充条文或称为"拦截要件",必须是无法依据第 315 条 a 与第 315 条 c 处罚时,才有适用第 316 条的余地。因此可知,两个条文所保护的法益必然具有同一性①,此同一性法益究竟是什么呢? 基于以上论述可知,与交通行为有关的抽象危险犯所保护的法益是"交通安全"。由于法益提前保护是抽象危险犯的处罚基础,将不特定的多数人的个别法益(如其他用路者的生命、身体或财产)的保护作为"交通安全"法益的具体化内涵,亦无

---

①依据黄荣坚教授所提示的指导原则,即如果一个行为已经同时侵害了两个法益,就会构成想象竞合,而不是一行为侵害一法益而触犯数罪名的法条竞合。参见黄荣坚:《双重评价禁止与法条竞合》,载黄荣坚著:《刑法问题与利益思考》,国立台湾大学法学丛书 1995 年版,第 371—395 页。黄荣坚:《行为犯》,载黄荣坚著:《刑罚的极限》,台湾元照出版有限公司 1999 年版,第 224 页注二十。

不可。换句话说,提前保护了个人法益。要说明的是,除了上述传统的法益,"交通安全"还包括其他种的"精神化"的中介抽象法益,此种法益应当相当于传统学说上所说的社会法益与国家法益。此种法益并未必体现在现实之物或状态之上,属于概念、思想层次上的法益,必须经由论证而达到共识,从而对某价值概念内涵的确立。这是立法过程中所不可或缺的要素,也唯有当法益概念确立后才能在司法层次的法条解释与适用上,特别是法官适用目的解释时,提供指引。① 至于可运用的论证可以依循陈志龙教授所极力倡导的抽象的超个人法益必须与个人法益有关联的原则,即唯有在超个人法益是为了个人的人格发展的目的下,且该超个人法益是保护个人法益的可能性上之条件时,才有资格为"超个人法益"。②"抽象危险犯系指一特定的行为仅仅因为行为中典型隐藏的潜在风险而受处罚,仅有当所涉及之法益,其随后的实害会被认真地认为是有意义时,那么抽象危险犯才会以能被精确分析的方式表征出具体危险犯和实害犯的前阶段。在这种意义下,我们可以说酒醉驾车对于其他交通参与人的身体和生命是一种抽象的危险,因为在此种事物的典型流程中,随后会发生意外并因而造成他人受伤。"③

4. 风险社会刑法任务与不能安全驾驶行为的立法

在面对风险时,刑法有三个阶段的立法任务,这可以用来说明不能安全驾驶行为的立法问题。第一个阶段是划分何种为法所不容许的风险,第二个阶段是防止风险转变为危险或实害,第三个阶段是防止实际危险结果发生。

首先,要说明的是喝酒而驾驶在社会风险分配的规划上是否是法所容许的合理风险。对一个有饮酒嗜好或经常必须以饮酒作为社交活动的

---

① 参见蔡慧芳:《从危险理论论不能安全驾驶罪》,台湾大学法律研究所 2000 年博士论文,第114—117页。
② 参见陈志龙著:《法益与刑事立法》,台湾大学法学丛书 1990 年版,第 157 页以下。
③ [德]许乃曼著,陈志辉译:《从下层阶级刑法到上层阶级刑法》,载许乃曼等合著:《法治国之刑事立法与司法》,春风煦日论坛—刑事法丛书系列 5,1999 年版,第 16 页。

车辆驾驶员而言,他本身具有交通参与者与道路使用者的身份,对他而言,使用动力车辆与公共道路在社会与经济生活上有重要性。同时他也是个消费者,消费酒精对他而言有正效用,例如,饮酒满足感与便利性,特别在饮酒社交文化中,饮酒让人有近似于自我实现的需求。交通参与者拥有其他法所容许的风险性,但同样有能达成目的的方法来代替,如乘坐出租车回家。我们并不是要求行为人以高额成本去防止极低的发生事故几率。对受此法律规定制约的潜在行为人而言,法律只是要求以微不足道的时间成本(坐公车较慢)或金钱成本(坐出租车较贵)避免了高发生几率的价值重大的损害(他人生命、健康、财产)。在与喝酒有关的交通事故中,饮酒驾驶者是最有效率的事故避免者,因此,刑法是针对这一风险行为设计最有效的机制,课以行为最终责任,这是对交通安全的最佳资源分配,也是客观上符合比例原则的交通秩序。处罚是对行为人的风险性行为起威慑作用,以便能起到一种保障作用,犹如建立一道看不见的围墙。

其次,刑法第二个任务是防止风险恶化为危险或实害。前一阶段已经说明了喝酒(服用麻醉药品情况相同)的驾车行为是社会上的风险性行为。这里要讨论的是,在何种情况下要介入此风险性行为,而将这类行为评价为法所不容许的风险性行为?此种风险行为必须已达到不能安全驾驶的程度,并且也必须达到足以造成法益侵害的危险性或已经造成危险。据此来对应我国台湾地区"刑法"第185条之三可知,本条规定不论如学说或实务所说的是抽象危险犯还是具体危险犯,都具有防止风险转变为危险或实害的功能。尽管如此,如果以刑法第二阶段立法任务来检视我国台湾地区"刑法"第185条之三的规定,还可以发现以下缺点:"立法院"在修正刑法时,只增加喝酒与服用药物后不能安全驾驶的规定,却遗漏了损失频率与损失幅度都与喝酒不能安全驾驶不相上下的超速驾车。换言之,通常我们所说的重大交通违规与驾驶疏失行为其实都是具有危险性的行为,但立法却仅将注意力放在酒精、麻醉药品有关的不能安全驾驶行为上,其他重大交通违规行为,如果没有肇事,不但无法依据我国台湾地区"刑法"第185条之三处罚,也找不到刑法内的法益提前保护的其他条文。

最后,要讨论的刑法的第三阶段任务,即防止实际危险结果发生。由我国台湾地区"刑法"修正关于道路交通安全的规定第185条之三,并以抽象危险犯的形态出现可知,目前刑法所欠缺的法条是针对一些重大的违规行为所造成的具体危险的行为的前置性处罚规定。如果比较分析抽象危险犯与具体危险犯的法定刑可知,前者往往较轻。这是因为前者的不法性较低。在这种情形下,如果要思考对人民权利限制的比例原则,可以考虑以具体危险犯为主,以抽象危险犯为补充。

因此,有学者认为,对于动力车辆安全驾驶与公众对道路使用的立法设计,具体可以考虑如下①:

第一,参照德国立法例的具体危险犯立法设计,将导致事故发生的重大交通违规行为设计为具体危险犯的规定。对此,可以仿照德国刑法第315条c,该条所包含的具体危险犯情形可分成两大类:第一类是饮用酒或其他麻醉药品,或精神或身体有缺陷,不能安全驾驶而驾驶,因而危害他人的生命或身体。第二类是列出七款严重违反交通规则或严重疏忽的情形。喝酒、服药、疲劳驾驶等这些行为方法本身虽然具有法益侵害的危险性,但如果没有造成危险,则还属于可容许的风险范围内,因此,不适宜将之纳入抽象危险犯,必须等到该行为已经制造出"危险"时,刑法才要介入处罚。这就是避免过度介入侵害个人生活领域的自律过程。对照德国刑法第315条c所规定的具体危险犯的第一个大类型,就是与驾驶人本身身体状态与能力有关的规定,其规定为:"由于饮用酒或其他麻醉药品,或精神或身体有缺陷,致不能安全驾驶而驾驶,因而致危险于他人的生命、身体或有价值的财产"。

第二,除了上述的具体危险犯外,也可以考虑选择与喝酒驾驶并称为

---

①参见蔡慧芳:《从危险理论论不能安全驾驶罪》,台湾大学法律研究所2000年博士论文,第204—211页。

交通事故两大杀手的超速驾驶为抽象危险犯的立法,作为"网罗性构成要件"。当无法依据具体危险犯构成要件处罚时,也可用"网罗性构成要件"加以处罚。以德国刑法第 316 条为例,该条规定:饮用酒或其他麻醉药品,不能安全驾驶交通工具,如果其行为未按第 315 条 a 或第 315 条 c 处罚者,处一年以下有期徒刑。依据通说的见解,德国刑法第 316 条的抽象危险犯只是作为如台湾学者所强调的在交通管理处罚上创设抽象危险犯为"截堵构成要件"。① 因为抽象危险犯介入的时点是比具体危险犯与实害犯还要往前,也就是在距离法益侵害还有一段距离之处。因此它所扮演的功能可以用现实生活中水库所设的拦截设备相类比。也就是在最后出口设置拦截过滤网,作为最后的过滤功能。德国刑法第 316 条本身就是抽象危险犯构成要件。"酩酊中从事交通驾驶"所涵盖的酒醉或服用麻醉药品后不能安全驾车行为,不仅在道路上,也包括铁路与海上交通的驾驶行为,所保护的是比"道路交通"更广的"交通安全"。它所要求的条件不多,能被涵射范围就愈大,也因此抽象危险犯的法定刑不能过高。因此这种构成要件只能作为补充构成要件,否则会违反比例原则。换言之,真正在交通犯中履行功能的应该是具体危险犯,而不是抽象危险犯。

5.用抽象－具体危险犯解释不能安全驾驶行为的见解

抽象－具体危险犯,是由德国已故刑法学者 Schrder 创设的,是抽象危险犯与具体危险犯之间的混合类型,是介于行为犯及实害犯的行为类型。以德国刑法第 316 条的规定,对于酒醉驾车的情形,立法者不能明确指明血液中的酒精含量到了何种程度属于完全丧失驾驶能力或只是驾驶能力减弱,这需要作司法上的评价。在德国刑事司法实务上"不能安全驾驶"的标准可以分为两种情形:第一种是绝对无驾驶能力,其血液中的酒精含量在千分之一点一是抽象危险犯;第二种是相对无驾驶能力,其血液

---

① 参见张丽卿:《酗酒驾车在交通往来中的抽象危险》,载《月旦法学杂志》1999 年 11 月第 54 期,第 175 页;张丽卿:《交通刑法中的抽象危险犯——以德国刑法第 316 条为例》,载《罪与罚——林山田教授六十岁生日祝寿论文集》,台湾五南图书出版有限公司 1998 年版,第 229 页。

中的酒精含量在千分之零点三到一点一之间,并加上特定具体的危险情况时,是抽象具体危险犯或潜在危险犯。创设该犯罪类型,其目的在于将抽象危险行为的可罚性与特定具体危险要素连接,由裁判官认定是否出现危险,与立法者以推测方式规定的构成要件相比,其就个案判断更符合正义的要求。即立法者将特定危险行为与具体危险出现时加以结合,犯罪构成要件该当加以处罚。换言之,立法者并无法自己决定危险要件,而是委任法官依据一般原则来作判断,即依法官自己的心证推论出结果是否符合特定具体的危险情况。①

Schröder 虽然提倡在抽象危险犯中允许被告提出行为不具有具体危险的反证,但却不是可以适用于所有类型的构成要件。因此,他又做了以下区分:如果抽象危险犯构成要件是为了保护某种特定的、具体化的客体,则在个案中必须能极为肯定的确定出行为对构成要件所保护的客体已经造成实际上的危险,因此,在这种情形下,允许被告提出行为不具有危险的反证。与之相反,如果抽象危险犯构成要件是要对抗一般性的法益危险,或者在行为时客体尚未确实存在或可确定,那么就要遵从立法者所做的危险判断。他指出,交通刑法中违反交通规则的行为的抽象危险犯的处罚,并不必要去考虑个案中的危险。但对不能安全驾车抽象危险犯必须进一步说明:放火罪在于保护住宅内的居民,而不能安全驾车的保护对象并不像放火罪如此确定。因为放火的行为就其手段性质而言,仅是某一建筑物或至多某个社区,但不能安全驾车的行为,在车辆的行经路线上,从启动开始到抵达目的地为止,它在持续的流动中。很显然,不能安全驾车的危险性与放火行为相比,无论在范围、对象上都极为广泛,很难去确定被侵害的客体。此外,由于现代交通工具具有大型化、高速化的质的特征,而且在量上也快速增加,对应于现代都市生活的密集化,交通安全与交通所伴随的危险更呈现出紧张关系,这类行为对"公众安全感"

---

① 参见林建宏:《刑法危险概念的思考研究》,中原大学财经法律学系 2004 年硕士论文,第29页。

的侵害已毋庸置疑,因此,不适当如放火罪一般被允许提出反证来限缩适用。

虽然很多学者主张对抽象危险犯必须限制解释,但他们同时又主张构成要件应该区分不同类型而决定是否限制适用。而他们都不认为交通犯罪中的抽象危险犯应该限制解释。

参考德国处罚酒后驾车的条文,具体危险犯所保护的是个人生命、身体与财产以及道路交通安全,而抽象危险犯所保护的除了上述个人法益之外,也包括交通安全。由于抽象危险犯处罚的基础只在危险性行为所具有的法益侵害的不确定性或风险性,而没有现实上陷在危险状态下的法益或法益客体。因此,与交通安全有关的以抽象危险犯形式出现的构成要件,所保护的交通安全这项法益的实质内容,除了不特定与多数人的生命、身体与财产法益之外,可能还包括心理层面上的影响,即"公众安全感"这项"精神化的中介法益"。在这里,将"公众安全感"定位为"精神化的法益"就是表明了它具有客观性,因此,不容许个案中的行为人去辩称被害人的安全感没有受到影响。更进一步说,就道路交通而言,道路是供公共使用以进行动态与静态的交通,这是所有人生活所不可或缺的,也是必然参与的活动。因此,这类与交通安全有关的法条最重要的特征就是"公众性"。即使在个案中,酒醉不能安全驾车者最后安全返家或抵达其他目的地,但并非船过水无痕。就像小偷只是恶作剧到此一游,但惊魂过后的恐怖感和不安全感却是久久挥之不去的。如果再经过群众感染力的发酵,这种最初为个人主观的感觉,最后会扩散为客观社会成员的安全感。我们认为,从更广泛的观点看所谓交通安全,它不仅包括事故防止,还包括上述社会心理层次上"公众安全感"的影响,此外,还有排除使用道路的心理障碍,避免处处提防,付出过高份额的成本。这些都是值得保护的法益。可见,即使行为只有"抽象危险性",但由于群众的感染性与交通行为的公众性,如果不对具有"抽象危险性"的行为加以处罚,则会增加道路交通场所利用者心理上的不安感与恐惧感。除了"公共安全感",事实上,在机动车辆事故的预防上,最困难的是公众警觉的缺乏。唯有用"抽象危险性"才能禁止存有侥幸心理的冒险行为。换言之,对付这种冒险或赌博的方法就是根本性的禁止这种赌博。基于交通工具驾驶行为的公众性与累积效果,特别是我国的道路交通状况与集约式都市生活形态,例如交通流量大与人口稠密,我们当然赞成一般性禁止。①

"刑罚前置化"在于强化行为的规范目的,着重限制行为的自由性,从预防法益受侵害的角度来看,基于行为的强化,势必不容许法益受到损害。刑法的防卫线为何要向前移置,在侵害结果出现前就给予处罚,所考量的是行为对法益侵害的危险性相当高,如果不予以处罚,可能将会造成更大的损害,因而在实害尚未发生前即给予堵截处罚,并进而维护社会秩序及公共安全,人民的生命、财产等法益将因而受到更为周全的保障。危险是一种违反常规的非常状态,在具体情况下依据客观的预测,很有可能不久即将发生实害而言。只要在客观上可以预测行为对保护客体存在着实害的可能性,即可认定为危险。至于行为人是否预见或能否预见危险的存在,或行为人有没有发生危险的确信,都与有无危险的判断无关。

我国有学者认为,根据我国国家机关的分工,交通管制权主要由行政机关行使,有关交通的法律法规,也是行政法远比刑法、民法发达。但行政法对交通的管制有其局限性,在交通不法行为日趋频繁复杂的现代,加强交通不法行为的刑法规制,已是大势所趋。对比国外立法,应当看到,我国刑法关于交通犯罪的规定十分简略,远没有国外的详尽丰富。例如,在西方有些国家中,把我国认为是行政违法行为的醉酒驾驶、超速驾驶、无证驾驶、未经保险驾驶、超时停车、越过双白线、闯红灯等违反交通运输安全规则的行为都认为是犯罪,其处罚措施也远比我国的行政处罚措施严厉。例如,英美刑法违反道路交通规章的犯罪,由许多具体犯罪构成,涉及道路、交通、车辆、车主及车辆使用过程的各个方面,基本都是制定法

---

① 参见蔡慧芳:《从危险理论论不能安全驾驶罪》,台湾大学法律研究所 2000 年博士论文,第181−182 页。

创造的。英国 1972 年和 1974 年《道路交通法》是这方面的重要法规。在英美国家,大量交通犯罪都属于违反管理规定的行为,与交通事故无关,也不要求必须发生致人重伤、死亡或重大财产损失的后果。在主观要件方面,除冒险或疏忽外,还有许多故意犯罪,如超速驾驶,以及一些严格责任。在严格责任的情况下,只要发生了违反交通规章的事实即构成犯罪,与行为人是否存在主观过错无关。概括起来,英美国家属于交通方面的犯罪主要包括以下几类:(1)关于使用车辆资格方面的犯罪,诸如无证驾驶、未带驾驶证的驾驶等;(2)关于危险驾驶和粗心驾驶的犯罪,诸如超速、闯红灯、逆向行驶等;(3)关于无安全保障行车的犯罪,诸如使用未经保险的车辆、使用有缺陷的车辆、在药物或酒精麻醉下驾车等;(4)交通事故方面的犯罪,诸如碰撞车辆、损坏财产或者致人伤残或死亡;(5)关于车辆停放及使用控制方面的犯罪,诸如违章停车、不合理停车或者违反规定用途使用车辆等;(6)有关道路使用方面的犯罪,诸如抢占路面、不遵循道路标记、在不允许停车的地段停车休息等;(7)有关交通违章处理方面的犯罪,诸如未在规定时间内报告已发生的交通事故、未按要求提供血液或气味检验标本或拒绝提供识别违章者的情况等。在交通犯罪日益猖獗的现代社会,加大打击交通犯罪的力度,已成为一种必然。因此,应借鉴国外立法,将一些严重的交通不法行为归入刑法的调整范围,充分发挥刑法的犯罪预防功能,以达到防患于未然的效果,造就良好的交通、社会秩序。①

---

① 参见季安照、邓瑶萍:《我国的交通犯罪》,载《交通与社会》2002 年第 1 期。

第五章　肇事逃逸行为研究

　　在交通犯罪中,从中外发生的交通事故犯罪来看,肇事后逃逸占有很大的比重。由于肇事者的逃逸,往往使得事故责任难以认定,同时也使许多本可得到及时救助而免于死亡的受害者增加了死亡的概率,因而无论是从伦理的评价出发,还是从结果的无价值考虑,肇事逃逸的行为皆值得法律的非难,而不同国家和地区对于交通肇事后逃逸行为定性与处理上的不同规定,使得该问题不仅受到立法者的极大关注,也备受刑法理论界的重视。

第一节　肇事逃逸行为的立法例

一、域外肇事逃逸行为的立法

　　对于交通肇事逃逸的处理,各国(或地区)的规定各不相同。有的国家或地区的刑法典将其作为独立的罪行而规定为单独的罪名——交通肇事逃逸罪,与其他交通犯罪数罪并罚。德国、俄罗斯、芬兰、我国台湾地区"刑法"典等,对肇事逃逸行为都采用这种立法处理方式,但又各有不同的构成要件。例如,《德国刑法典》第 142 条规定了擅自逃离肇事现场罪。从该条文规定的具体内容来看,其所保护的法益不在于保全交通安全,也不是基于对被害者的救助义务,而主要是为了防护交通事故中被害者的损害赔偿请求权。《俄罗斯刑法典》第 265 条规定的逃离交通事故现场罪,其犯罪客体是复杂客体,其主要客体是交通安全和交通工具使用安全,不仅包括预防对依法受到保护的社会关系所造成的损害,而且包括排除损害或减轻可能发生后果的严重程度;其次要客体是交通事故(即交通工具行驶和有交通工具参与的过程中发生的事件)中的受害人的生命和健康安全。因而如果受害人在发生道路交通事故时当场死亡就不存在该罪的构成。由此可见,俄罗斯刑法典对该罪的规定很大程度上考虑了对被害者的救助义务。① 《芬兰刑法典》在其交通犯罪专章第 11 条中规定了从交通事故现场逃逸罪,从其规定来看,其保护的法益既包括交通安全,又包括被害人的生命、健康安全。我国台湾地区"刑法"第 185 条之四规定,驾驶动力交通工具肇事,致人死伤而逃逸者,构成交通肇事逃逸罪。该罪是新增的罪名,增设理由是为维护交通安全,加强救护,减少被害人死伤,促使驾驶人于肇事后能对被害人即时救护。② 但对该罪的保护法益及其在刑法中的设置位置,存在较大的争论。有学者认为,如果按照章节排列,将交通肇事逃逸罪摆在公共安全罪章,似乎在于保障公共安全,但肇事致人死伤而逃逸,逃逸行为并没有公共安全的危害,在立法上显得突兀。这是在侵害超个人法益的犯罪中,又加入属于侵害个人法益的犯罪形式,是立法上的错误。另外,本罪似乎也不是在保障生命或身体的法益,因为如果从保护个人法益的观点来看,同属生命或身体法益的保障,肇事逃逸行为属于一行为触犯肇事逃逸罪与遗弃罪的想像竞合或与不作为杀人罪的竞合,经从重处断的原则,也只是成立刑责完全相同的遗弃罪或不作为杀人,在刑度上并没有提高,应该不是立法者所乐见的结果。因此,只能解释为保障民事上的财产请求权才有意义,但肇事逃逸所要规范

①参见[俄]斯库拉托夫、列别捷夫主编,黄道秀译:《俄罗斯联邦刑法释义》(下册),中国政法大学出版社 2000 年版,第 740—741 页。

②参见许玉秀:《学林分科六法——刑法》,台湾学林文化事业有限公司 2001 年版,第 319 页。

的大多数情形,可能根本并未致人死伤,本罪的成立要件却必须达到有人死伤的前提,如此不但大大限缩本罪适用的情形,恐怕也使得立法的目的无法发挥。①

在日本,虽然刑法中没有对这类行为的直接规定,但在《道路交通法》规定了违反救护负伤者义务罪和违反报告事故义务罪。《道路交通法》规定,发生交通事故时,必须立即停止驾驶车辆,救护受伤者,采取必要措施防止发生危险。不过,关于这类义务的性质,通常的理论和判例都认为是为了保障交通安全和畅通而规定。② 但也有观点认为其侵犯的法益应理解为身体安全。③ 在日本刑法中,逃逸行为一般是指车辆等的驾驶员因驾车而致路人等受伤或死亡时,行为人虽已认识到这一点仍然逃离现场的行为。它主要包括两种情形,一是弃被害人于现场而不顾,称为"单纯逃逸";二是把被害人从现场移至他处后再逃离,称为"移动逃逸"。④ 在上述逃逸行为中,就驾车等而致路人等受伤或死亡这一先行行为而言,如有故意存在,则构成伤害罪、伤害致死罪、杀人罪;如仅有过失,则构成业务过失致人死伤罪。日本刑法判例与理论对此均无特别异议。但就不救护被害人并弃被害人于现场而不顾,或者把被害人移至他处之后逃离这一后续行为而言,是判处行为人构成道路交通法上的"救护义务违反罪"

---

① 参见张丽卿著:《交通刑法》,台湾学林文化事业有限公司 2002 年版,第 57-58 页。
② 参见[日]日高义博著,阎修权译:《关于交通肇事后逃跑的罪责问题》,载《刑法问题与争鸣》(第 3 辑),中国方正出版社 1999 年版,第 450 页。
③ 参见[日]曾根威彦:《ひき逃げの罪责》,载植松正等编:《现代刑法论争Ⅱ》,劲书草房 1985 年版,第 20 页以下。
④ 参见黄明儒:《日本刑法中逃逸行为的判例与理论介评》,载《法学家》2001 年第 6 期。

（日本《道路交通法》第 117 条）①，还是以"报告义务违反罪"论处（日本《道路交通法》第 119 条第一款第 10 项）②，同时给受伤者的生命、身体带来危险的行为，又是否构成刑法上的遗弃罪；因行为人的后续行为而导致被害人死亡的，是否构成遗弃致死罪或杀人罪；再者，将因行为人的先行行为而死亡的被害人移至他处后再遗弃的，又是否构成尸体遗弃罪，这些问题在日本判例和理论上则存在较大争议。逃逸行为不仅增加了对被害人生命、身体的危险性，而且由于行为人意欲逃避刑事责任，因此在日本被视为一种极为恶劣的交通事故肇事犯。但尽管如此，在日本判例上更多的只是作为"业务过失致死罪"和"道交法违反罪"来处理。可见，在日本，关于逃逸行为，既有判处保护责任者遗弃致死罪的判例，也有判处不作为杀人罪或杀人未遂罪的判例，而且两种判例都是关于"移动逃逸"的案件。但前者是以被告人并无杀人犯意为前提，后者则是强调尽管是未必的故意但仍能被认定有杀人犯意，因此，我们可以这样理解，在日本，有关逃逸行为的判例是以杀人犯意的有无而分别认定作为杀人和与遗弃致死罪的。③

综上可见，对于交通肇事逃逸的行为，各国或地区一般是以以下罪名来处理的：

1.保护责任者遗弃罪。本罪的主体必须是对老幼、残废或因疾病而需要扶助者具有保护责任的人，一般来说这种保护义务来源于以下四个

---

①日本《道路交通法》第 117 条规定，车辆等的驾驶员在该车引发人员伤亡时，如违反本法第 72 条（发生交通事故时的措施）第一款前段之规定，处 3 年以下惩役或 20 万日圆以下罚金。该法第 72 条第一款的规定是，因驾车而致人伤亡或毁损财物（以下称'交通事故'）时，该车之司乘人员（以下称'司机等'）必须立即停止驾驶、采取必要措施救护伤员、防止道路上的危险。在此场合，肇事司机（当司机死亡或受伤而不能时，由其他同乘人员，下同）必须向现场警官，当现场没有警官时向最近警署（包括派出所或驻在所，下同）的警官汇报该交通事故发生的时间、地点、死伤人数及伤员受伤程度、所毁损之物及毁损程度、肇事车辆所载何物、就该交通事故所采取的措施等。参见日本《模范六法》，三省堂 1999 年版，第 544 页、第 525 页。

②日本《道路交通法》第 119 条第一款第十项规定，没有履行本法第 72 条（发生交通事故时的措施）第一款后段之报告者，处 3 个月以下惩役，或 5 万日圆以下罚金。

③参见黄明儒：《日本刑法中逃逸行为的判例与理论介评》，载《法学家》2001 年第 6 期。

方面:一是法律、法令所规定的保护义务,如父母对未成年子女的抚养照顾;二是基于合同所产生的保护义务,如雇员和雇主之间;三是基于事务管理所产生的保护义务;四是基于习惯所产生的保护义务,这种义务是根据具体情况,从法律精神上引申出来的。行为人过失撞伤行人作为一种先行行为,使行为人产生了对被害人的保护义务,如果行为人不履行这一义务消极离去,就会在构成交通肇事犯罪之外,又构成保护责任者遗弃罪。有的国家对此作出了明文规定,如瑞士1971年修订的刑法典第128条规定:"遗弃自己所伤害之人或为自己使用之交通工具、骑用或拖拉之畜兽所伤害之人者,处轻惩役"。没有类似规定的国家,一般也认为,这种情况成立两罪,一是业务上的过失致死伤罪或者其他交通犯罪,二是保护责任者遗弃罪。① 保护责任者遗弃罪的行为,既可以是积极移置,也可以是消极离去,还可以是单纯不保护。

2.不救助罪。现行《瑞士刑法典》(1996年修订)第128条规定:"具备下列情形之一的,处监禁刑或罚金:对受其伤害之人或处在直接的生命危险之中者不予救助,而根据当时的情况可以救助的,阻止他人为此等救助,或妨碍他人进行救助的"。日本的《道路交通法》第72条第1项前段及第117条第3项,都规定了引起他人人身伤害的交通运输人员负有救护事故被害者的义务,违反此义务者,处1年以下有期徒刑及5万日元以下罚金。②

3.交通肇事逃逸罪。有些国家或地区将交通肇事后逃跑的行为单独规定为独立于交通肇事罪之外的犯罪,与交通肇事罪进行数罪并罚。例如,《德国刑法典》第142条规定的擅自逃离肇事现场罪,规定交通肇事参与人在发生交通事故后,未完成肇事后证实身份、车辆情况等一系列义务而离开肇事现场的,要负相应的刑事责任。《俄罗斯刑法典》第265条规定了逃离交通事故现场罪。我国澳门地区在其《道路法典》中也规定了逃

---

① 参见张明楷编著:《外国刑法学纲要》,清华大学出版社1999年版,第497页。
② 参见黎宏著:《不作为犯研究》,武汉大学出版社1997年版,第169页。

避责任罪。

二、我国肇事逃逸行为的立法

关于交通肇事后逃逸的行为,我国 1979 年刑法没有予以明确的规定。该刑法第 113 条规定:犯交通肇事罪,处 3 年以下有期徒刑或者拘役;情节特别恶劣的,处 3 年以上 7 年以下有期徒刑。按照 1987 年 8 月 12 日最高人民法院、最高人民检察院《关于严格依法处理道路交通肇事案件的通知》第 1 条第(二)款和第(三)款的规定,犯交通肇事罪,畏罪潜逃,或有意破坏、伪造现场、毁灭证据,或隐瞒事故真相,嫁祸于人的,且又造成 2 人以上死亡,或者造成公私财产直接损失的数额起点在 6 万元至 10 万元之间的,视为特别恶劣的情节之一。即交通肇事后逃逸行为不具有独立意义,依附于先行肇事行为所造成的人员死亡或财产损失结果,作为一个从重处罚情节发挥作用。1997 年刑法第 133 条规定:违反交通运输管理法规,因而发生重大事故,致人重伤、死亡或者使公私财产遭受重大损失的,处 3 年以下有期徒刑或者拘役;交通运输肇事后逃逸或者有其他特别恶劣情节的,处 3 年以上 7 年以下有期徒刑;因逃逸致人死亡的,处 7 年以上有期徒刑。2000 年 11 月 15 日最高人民法院公布的《关于审理交通肇事刑事案件具体应用法律若干问题的解释》第 2 条第 2 款规定,交通肇事致一人以上重伤,负事故全部或者主要责任,并具有下列情形之一的,以交通肇事罪定罪处罚:(一)酒后、吸食毒品后驾驶机动车辆的;(二)无驾驶资格驾驶机动车辆的;(三)明知是安全装置不全或者安全机件失灵的机动车辆而驾驶的;(四)明知是无牌证或者已报废的机动车辆而驾驶的;(五)严重超载驾驶的;(六)为逃避法律追究逃离事故现场的。第 3 条规定,"交通运输肇事后逃逸",是指行为人具有本解释第二条第一款规定和第二款第(一)至(五)项规定的情形之一,在发生交通事故后,为逃避法律追究而逃跑的行为。第 5 条规定"因逃逸致人死亡",是指行为人在交通肇事后为逃避法律追究而逃跑,致使被害人因得不到救助而死亡的情形。交通肇事后,单位主管人员、机动车辆所有人、承包人或者乘车人指使肇事人逃逸,致使被害人因得不到救助而死亡的,以交通肇事罪的共犯论处。第6条规定,行为人在交通肇事后为逃避法律追究,将被害人带离事故现场后隐藏或者遗弃,致使被害人无法得到救助而死亡或者严重残疾的,应当分别依照刑法第232条、第234条第2款的规定,以故意杀人罪或者故意伤害罪定罪处罚。第7条规定,单位主管人员、机动车辆所有人或者机动车辆承包人指使、强令他人违章驾驶造成重大交通事故,具有本解释第二条规定情形之一的,以交通肇事罪定罪处罚。2003年10月28日全国人大通过,自2004年5月1日起施行《中华人民共和国道路交通安全法》第70条第1款规定,在道路上发生交通事故,车辆驾驶人应当立即停车,保护现场;造成人身伤亡的,车辆驾驶人应当立即抢救受伤人员,并迅速报告执勤的交通警察或者公安机关交通管理部门。因抢救受伤人员变动现场的,应当标明位置。乘车人、过往车辆驾驶人、过往行人应当予以协助。2004年4月30日国务院第405号令公布的《中华人民共和国道路交通安全实施条例》第92条规定,发生交通事故后当事人逃逸的,逃逸的当事人承担全部责任。但是,有证据证明对方当事人也有过错的,可以减轻责任。当事人故意破坏、伪造现场、毁灭证据的,承担全部责任。2004年4月30日公安部第70号令公布的《交通事故处理程序规定》第45条规定,当事人逃逸,造成现场变动、证据灭失,公安机关交通管理部门无法查证交通事故事实的,逃逸的当事人承担全部责任。第74条规定,"交通肇事逃逸",是指发生交通事故后,交通事故当事人为逃避法律追究,驾驶车辆或者遗弃车辆逃离交通事故现场的行为。

可见,我国刑法典没有对肇事逃逸行为作出单独规定,而是将其作为交通肇事罪中的量刑情节考虑。

我国有学者认为,对交通肇事逃逸行为在刑法中的意义的问题而言,无论是把交通肇事逃逸作为独立的犯罪,还是作为交通肇事罪的特别情节,从立法规定的合理性角度看,如果单纯因为交通肇事后制造了危险的交通环境,从而有必要课以行为人排除危险维护交通安全的义务而增设肇事逃逸罪(或作为交通肇事罪的加重情节),则未免对交通犯罪行为人过于苛责。诚如有的学者指出的:"果真如此,则至少妨害秩序罪和公共危险罪章的犯罪行为人都应该有犯罪后不逃逸的义务,放一把火或倾覆大众运输交通工具是何等的危险? 如果制造更严重危险的犯罪行为人都有逃走的权利,何独交通肇事行为人没有此种权利?"①这种规定"违反平等原则,实属违宪之规定"。因此,从救护被害人、防止危害结果的扩大的立场考虑上述问题或许更为妥当。②

第二节 肇事逃逸行为的理论争议

一、域外肇事逃逸行为论争

(一)逃逸行为是否构成遗弃罪

《德国刑法典》第221条规定了遗弃罪,遗弃在方式上包括两种:一种是不作为的遗弃;另一种是作为的遗弃。同样地,《日本刑法典》第27章也规定了两种类型的遗弃罪,即单纯遗弃罪与保护责任者遗弃罪。我国台湾地区"刑法"第293条和第294条也分别规定了无义务的普通遗弃罪和有义务的违背法令契约义务之遗弃罪。这些立法规定的共同点在于:一般的观点认为,具有保护责任的人的遗弃行为可以是作为的移置,也可以是不作为的单纯的遗弃(如消极离去或单纯的不予保护等);而没有保

---

①许玉秀:《学林分科六法——刑法》,台湾学林文化事业有限公司2001年版,第51页。

②参见许成磊:《交通肇事逃逸问题比较研究》,载高铭暄、赵秉志主编:《刑法论丛》(第8卷),法律出版社2004年版,第336页。

护责任的人,只有实施积极的移置行为才构成遗弃罪,即只存在作为的遗弃方式。而在交通肇事逃逸的场合,肇事者的逃逸行为既可能表现为单纯的逃逸,即把被害者留置在现场、放任不管,径自离去的情形,也可能表现为"移置"之后再逃逸,即通过积极的作为,把被害者移离现场而将其置于可能危及生命、健康安全的场所之情形。那么,这种逃逸行为究竟是构成单纯遗弃罪,还是构成保护责任者遗弃罪?如果按照通说的观点,单纯逃逸行为不应构成单纯遗弃罪,但有可能构成保护责任者遗弃罪;而移置逃逸行为则既可能在单纯遗弃罪中加以探讨,也可作为保护责任者遗弃罪来考虑,关键是看这种情况下逃逸人是否属于具有作为义务(保护义务)的"保护责任者"。而哪些人属于保护责任者呢?按照德国刑法的规定,保护责任者包括对孩子或受其教育或照料之人,及因其行为致被害人的健康遭受严重损害的人。按照我国台湾地区"刑法"的规定,则为法令契约上扶助、养育、保护责任之人。日本刑法虽未明确保护责任者的范围,但理论界通说认为,是指依法令、契约、事务管理、习惯、道路先行行为而产生,在逃逸的情况下,依照法令或先行行为便可证明肇事者有保护责任。① 根据德国刑法的规定,交通肇事逃逸人可以认为是"因其行为致被害人的健康遭受严重损害的人",从而可以成立由不作为构成的遗弃罪。

在日本,基于通说的立场,则可以基于法令或先行行为而肯定交通肇事单纯逃逸人负有保护的责任而成立保护责任者遗弃罪。但具体的保护责任根据是什么,则有不同的观点。从法令寻求保护责任根据的观点认为,日本《道路交通法》第 72 条第 1 款规定的交通事故肇事者负有救护、报告义务是刑法第 218 条保护责任的证明根据。② 从先行行为中寻求保护责任根据的观点则认为,肇事者的过失致人受伤这一先行行为可以和

①参见黄明儒:《日本刑法中逃逸行为的判例与理论介评》,载《法学家》2001 年第 6 期。
②参见[日]山火正则:《判批》,载《判夕》303 号(1974 年),第 109 页。

日本《道路交通法》上的救护义务一起为刑法第218条的保护责任提供根据。① 不过这两种观点都受到了质疑。因为日本《道路交通法》第72条第1款是对所有司乘人员规定了义务,而不问事故情形如何,也不问原因人是谁,并对这种违法行为分别根据该法第117条、第117条之三、第119条第1款第10项之规定加以处罚。而且日本的判例也并未对单纯逃逸行为根据刑法第218条进行处罚。于是有学者提出,刑法第218条中的保护责任,是比一般不真正不作为犯中的作为义务层次更高的义务,这种义务是依据行为人应继续照看被害人生活的特定身份、地位而产生的。为了能认定刑法第218条的保护责任,仅凭法令或先行行为还不足以成立,还必须存在"接受"对要保护者的保护,并置其于自己的"管理"之下的"排他依存关系。"②如果按照这种观点,则单纯逃逸行为无论如何不能构成保护责任者遗弃罪。其结果就是要么仅构成道路交通法上的救护义务违反罪,要么可以构成刑法第217条的单纯遗弃罪。而要构成刑法第217条规定的单纯遗弃罪,就需突破传统所认为的单纯遗弃罪只能由作为遗弃方式构成的观点,即单纯遗弃罪也包括作为义务者的不作为遗弃。由此看来,日本刑法第217条、第218条究竟作何种解释,目前尚无定论。但是,持该种观点的学者同时指出,这种不作为,同样不能理解为该作为义务仅凭法令或先行行为而直接产生并以其为充足,如果不能认定事实上的"接受"乃至"排他支配",也不能肯定作为义务的存在。③

在我国台湾地区,对保护责任的根据也存在不同的见解:

1. 双重根据说。即认为保护责任的根据既来自《道路交通管理处罚条例》上规定的保护义务,也来自先行行为产生的作为义务。陈朴生、洪福增教授认为,我国台湾地区"刑法"第294条将保护责任根据限于"法令

---

① 参见[日]日高义博:《ひき逃げの罪责》,载植松正等编:《现代刑法论争Ⅱ》,劲书草房1985年版,第24页以下。

② 参见堀内捷三著:《不作为犯论》,青林书院新社1978年版,第263页。

③ 参见刘志伟、聂立泽主编:《业务过失犯罪比较研究》,法律出版社2004年版,第105—106页。

或契约"而发生,但所谓"法令",通说认为应包括公法、私法及行政法令在内。《道路交通管理处罚条例》第62条规定的救护义务,即属于刑法第294条规定的法所要求或期待行为人应尽的保护义务,从而在交通肇事逃逸致人死亡的场合,可以成立有义务的遗弃罪。同时,肇事者基于过失行为的先行行为而引起他人伤害结果,负有防止被害者死亡的作为义务,且这种作为义务的程度较前者更高。因此在行为人履行义务时,前者的保护义务可以包括在后者的作为义务之内。① 也就是说,这种情况下逃逸人负有法令和先行行为引起的双重作为义务。甘添贵教授也认为,我国台湾地区"刑法"第294条所谓的"法令"是泛指一般法令而言,并无种类限制,《道路交通管理处罚条例》所规定的救护义务,即使具有行政目的,惟对于负伤者已发生生命、身体之危险,也有使其止于最小限度的目的。此项救护义务,在内容与性质上,与遗弃罪中的保护义务相符,因而条例所规定的救护义务作为遗弃罪中依法令所生保护义务的一种,应无问题。同时,基于刑法第15条第2项所规定的先行行为之作为义务,也应成为保护义务发生的根据。②

2. 法令义务说。持该观点的许玉秀教授认为,《道路交通管理处罚条例》的规定,内容上是属于前行为保证人地位的规定,但既然这种保证人地位已为法律所规定,则属于刑法第15条第1项的法律规定的保证人地位,而不是该条第2项规定的前行为保证人地位。理由是,虽然该条第2项的前行为保证人地位被解释为例示的规定,但第1项的规定仍不包括第2项的规定,因此如果已经引用条例的规定,则认定肇事者的作为义务,应该用刑法第15条第1项,而不是第2项。③

3. 先行行为、法令义务同时否认说。持该观点的蔡墩铭教授认为,在

---

①参见陈朴生、洪福增著:《刑法总则》,台湾五南图书出版公司1994年初版,第28页。
②参见甘添贵著:《刑法之重要理念》,台湾瑞兴图书股份公司1996年版,第325-329页。
③参见许玉秀:《最高法院七十八年台上字第三六九三号判决的再检讨——前行为的保证人地位与客观归责理论初探》,载《刑事法杂志》第35卷第4期。

交通肇事致他人重伤,行为人放任不管逃逸因而致人死亡的情况下,并不另外成立不纯正不作为犯罪。不仅不成立不纯正的故意杀人罪,而且也不成立违反法令契约义务遗弃罪(大致相当于日本刑法中规定的保护责任者遗弃罪)。也就是说,交通肇事无论如何不应当引起作为义务,尽管《道路交通管理处罚条例》规定汽车驾驶人如肇事致人受伤或死亡,应即采取救护或其他必要措施,并向警察机关报告,不得逃逸,违者吊销其驾驶执照。但这只是行政法上的行政责任,而不会直接引起刑法上的刑事责任。除《道路交通管理处罚条例》规定了车祸肇事者的义务外,别无其他法律有类似义务之规定,所以车祸肇事者救助无自救力人并无法令上的明文规定。因此其行为不仅不构成不纯正的故意杀人罪,也不应构成违背法令契约义务遗弃罪,除非其另外有积极的遗弃行为而构成无义务之遗弃罪(相当于日本刑法中的单纯遗弃罪)①,即该观点同时否认法令和先行行为引起的作为义务在交通肇事逃逸案件中的存在。

(二)逃逸行为是否构成杀人罪

1.肇事后逃逸致人死亡中的"逃逸"是作为还是不作为的判断问题

在理论界,一般把交通肇事逃逸致人死亡的情形分为单纯逃逸和移置逃逸两种。单纯逃逸行为无论是被评价为不作为杀人罪的场合,还是被评价为有义务的遗弃罪的场合,其在所构成的犯罪范围内,行为的刑法意义只能是不作为。但在移置逃逸中,如何评价移置行为? 是作为,还是不作为? 理论界对此存在不同的认识:

第一种观点认为,在他人急需救助的情形下,行为人不但未予救助,反而以作为提高法益的危险性。这时刑法评价的重点,应在作为而非不作为。例如,卡车所有人 A,某日凌晨无照驾驶,不慎肇祸,撞伤行人 B,B 被撞倒地,昏迷不省人事。A 即停车,得行人 C 的帮助,共同将被害人 B

---

①参见蔡墩铭著:《刑法总则争议问题研究》,台湾五南图书出版公司 1997 年版,第 60—61 页。

抬扶上车后,竟然意图脱卸肇祸责任,驾车开往郊外偏僻处,将 B 弃置于草丛中。在该案中,A 撞伤 B 后,没有将 B 送往医院救助,属于不作为;但 A 除了未予救助之外,还积极地以其行为改变 B 所处场所的状态,则属于作为。就 A 的行为所具有的社会意义考量,如果 A 没有将 B 弃置于荒郊野外,只是单纯逃离现场,则 B 还有可能被其他路人救助而免于一死。因此,A 弃置 B 于荒郊野外的行为,已经明显地降低了 B 获救的可能性,提高其生命法益的危险程度,所以,刑法评价的重点在于 A 将 B 弃置的作为,而非未将 B 送医院救治的不作为。至于 A 究竟是出于杀人故意还是遗弃故意,而成立不作为的杀人罪还是作为的遗弃罪,则属于杀人罪与遗弃罪主观不法构成要件的问题。①

第二种观点认为,这里的故意杀人由作为构成实为误解。A 将 B 在撞伤后,先将被害人抬上车,并载往偏僻处抛弃的整个过程,从表面看似一连串的行动,但是判别作为与不作为的标准,本来就不是在于行为人身体外表的动静,而是在于他所违背的法律规范的期待方式:违背禁止规范的犯罪行为是作为犯,而违背命令规范的犯罪行为是不作为犯。事实上,法律之所以禁止人去做什么事情,意思是在禁止人制造破坏现状的风险或实害。相反,法律之所以要求或命令人去做什么事情,意思是在要求人改变现状,要求人消灭眼前存在的风险。可见,作为犯是法律禁止制造新风险,但是行为人却制造新风险,而不作为犯是法律期待行为人消灭既有风险,但行为人却未消灭既有风险。在上述案件中,A 把 B 载往偏僻处,并未制造 B 死亡或加速死亡的风险。如果 B 在此过程中逐渐失血而趋近死亡,那是先前被 A 撞伤所产生的既存的风险状态,而不是新制造的风险。因此,如果 A 应负杀人的刑事责任,那么只可能是因为他的不作为,而不是因为他的作为。② 这里涉及作为与不作为的区分问题。从物

①参见林山田著:《刑法通论》(下册),林山田自版 2003 年增订八版,第 219—220 页。
②参见黄荣坚:《不作为犯与客观归责》,载黄荣坚著:《刑法问题与利益思考》,台湾元照出版有限公司 1999 年版,第 142—143 页。

理意义上,不作为本为"无",但刑法中的行为概念应当是规范的概念,是一个包含价值判断的评价性概念,也只有在这种意义上不作为才能获得刑法中的"行为"属性;同时,作为与不作为的区分具有相对性,可能同样的行为对于不同的行为主体来说其行为是作为还是不作为的性质判断是不同的。因而对于交通肇事逃逸中的弃置行为(即所谓的移置逃逸)的评价,应从交通肇事逃逸致人死亡整个行为过程的法律意义来考虑,而不应孤立地考察逃逸行为是作为还是不作为。固然,人的身体动静对于区分作为与不作为具有一定的意义,一个人没有自然概念上肢体活动的行为现象,在现存的犯罪构成要件类型上,无论如何不可能被评价为作为。但也并非只要具有积极的身体运动就可以评价为作为,这最终要取决于其在犯罪构成类型中的法律评价。对于交通肇事逃逸而言,无论是单纯的逃逸,还是将被害人移置他处之后逃逸,法律评价的重心都在于行为人肇事后应当积极救助的作为义务上。对此,我国有学者指出,作为的本质特征是违反禁止性规范,不作为的本质特征是违反命令性规范,实施不作为的犯罪行为,不意味着行为人为达到犯罪目的而没有任何积极的行动。在交通肇事逃逸案件中,被害人死亡的根本原因是没有得到行为人应当给予的及时救助,而转移被害人的行为只是排除了其他人实施救助的时机与条件,致使死亡未能避免,因而在本质上这种移置逃逸对于不作为的故意杀人罪这一构成要件类型而言,应属于不作为形式。①

2."单纯逃逸"、"移置逃逸"是否构成杀人罪的问题

在单纯逃逸,也就是将被害人弃置原地逃逸的场合,行为人是否构成不作为的故意杀人,在学说上存在肯定说与否定说的对立,而肯定说中关于成立故意杀人的限制性条件的设定标准也不同②:

---

①参见高铭暄主编:《刑法学专论》(下册),高等教育出版社 2002 年版,第 666 页。

②参见刘志伟、聂立泽主编:《业务过失犯罪比较研究》,法律出版社 2004 年版,第 114—115 页;许成磊:《交通肇事逃逸问题比较研究》,载高铭暄、赵秉志主编:《刑法论丛》(第 8 卷),法律出版社 2004 年版,第 357—358 页。

第一种观点认为,即使在单纯逃逸的时候,由于先行行为引起被害人死亡的危险,行为人能够防止而不防止,致使发生死亡结果,应与积极行为发生结果的情形相同,从而成立不作为的杀人罪。

第二种观点认为,单纯逃逸的时候,一般具有基于先行行为的作为义务的救助被害者义务、作为的可能性及容易性的要件,但是为了使不作为同作为的杀人在违法上等值,其主观要件必须是积极的故意,未必的故意是不充分的。理由主要是,不真正不作为犯本来仅对于业已存在的因果流程加以利用而已,具有消极性存在,而未必故意,也具有消极性存在。两种消极性相加,其消极性更为显著,无法与积极作为等同视之。为弥补此项违法性薄弱的缺陷,使其具有与作为同等的违法性,在主观上应有结果发生的积极意欲存在为必要。① 但反对者认为,不真正不作为犯与作为犯的等值判断,属于客观方面的问题,行为人主观意思并不重要,并无例外加以限制的必要,因而即使在未必故意下也可以成立不作为的杀人罪。②

第三种观点认为,单纯逃逸的场合,在夜间交通频繁的道路上,昏倒的被害人被后面的车轧死的危险性很高的时候(即使从伤者自身来说没有达到濒临死亡的危险性),产生防止结果发生的义务,在这时行为人逃逸则成立不作为的杀人罪;相反,在白天行人很多的道路上使伤者身负重伤而面临濒临死亡的危险,即使从现场逃走,不能说预想到了有他人可能的救助的这个违反作为义务的态度里包含了杀人罪的实行行为中必须包含的对生命造成的危险。③

第四种观点认为,在单纯逃逸的场合,行为人的逃逸行为并不能与作为等值,不能成立不作为的杀人罪,只有在移置逃逸的场合才成立不作为

①参见[日]川端博:《不作为犯における主観要件(反论と批判)》,载植松正等编:《现代刑法论争Ⅰ》,劲草书房1983年版,第98页。
②参见[日]日高义博:《不作为犯における主観要件(问题提起と自说の展开)》,载植松正等编:《现代刑法论争Ⅰ》,劲草书房1983年版,第91~93页。
③参见[日]神山敏雄:《ひき逃げ》,载《法学セミナー》1982年第11期。

的杀人罪。在日本刑法理论界,移置逃逸的场合行为人成立不作为的杀人罪,学说上几乎无异议。

在日本,判例在肯定将逃逸作为由不作为引起的杀人罪问题上采取了谨慎的态度。例如,有下级法院的判例认为:在负重伤后应该救护被害人,让被害人坐上车从事故现场出发,途中害怕事故被发现,即使认识到了有死亡的可能性,仍将被害人移置到难以被发现的地方(横滨地方法院昭和3.7.530下刑法集四卷五=六号四九九页=杀人未遂等),还有在寻找放置场所的时候,被害人在车上死亡(东京地方法院昭和40.9.30下刑法集7卷9号1828页=杀人既遂),等只限于伴随转移的逃逸行为才成立不作为的杀人罪。在单纯逃逸的事件中,即使肯定了由不作为引起的杀人的客观要件的作为义务,但是因为无法确定杀人的意图,结果有判决否定将此定为杀人罪(歧阜地方法院大恒支法院昭和42.10.3下刑法集9卷10号1403页)。德国的判例在单纯逃逸的场合,在过失的先行行为的案件中往往承认作为义务、承认不作为的故意杀人罪。①

3.逃逸行为成立不作为故意杀人罪的限定理论

为了限定交通肇事逃逸的场合行为人构成不作为杀人罪的存在范围,学说上从不同的角度进行限定②:

第一种观点,强调行为人的逃逸行为中包含剥夺生命法益的现实危险性。日本大塚仁教授认为,关于逃离是否相当于杀人的问题,为了使驾驶人员的逃离行为能够相当于杀人罪的实行行为,需要其不给保护的不作为中包含着剥夺被害人生命的现实危险性。在交通肇事逃逸致人死亡案件中,可以说许多情形下驾驶人员在主观方面存在着未必故意(即间接故意),但是否说这种逃离不给保护的不作为就直接相当于杀人罪的实行

---

① 参见[日]神山敏雄:《ひき逃げ》,载《法学セミナー》1982年第11期。
② 参见刘志伟、聂立泽主编:《业务过失犯罪比较研究》,法律出版社2004年版,第115—117页;许成磊:《交通肇事逃逸问题比较研究》,载高铭暄、赵秉志主编:《刑法论丛》(第8卷),法律出版社2004年版,第359—361页。

行为呢？很显然不能。为了把不作为与作为同视,就必须考虑其不作为中是否包含着实现某种犯罪的现实危险性。① 根据这种观点,不仅在移置逃逸中存在成立不作为杀人罪的可能,在单纯逃逸中也存在成立杀人罪的可能。

第二种观点,强调行为人的原因设定。这种观点以等值性为前提,认为这种等值必须且只能是构成要件的等值,而考察构成要件是否等值,重要的因素就是行为人因自己的故意或者过失行为设定了向法益侵害方向发展的因果关系。但这种设定的因果关系不同于不作为犯的因果关系。在不作为犯罪中,可以说所有的不作为都和危害结果有因果关系,但仅此不能认定不作为和作为犯的构成要件等值,否则就会无限或过度地扩张不纯正不作为犯罪的成立范围。② 这种观点认为,只要行为人客观上有这种原因设定,主观上具有利用起因中设定的因果关系的认识和意志,就可以成立不真正不作为的故意犯罪。在交通肇事的场合,只要汽车司机的过失行为给被害人造成死亡的危险,而不论这种危险的迫切程度如何,就可以认为不作为人有原因设定。如果考察客观方面的构成要素,由于汽车司机过失的先行行为设定了对于被害人死亡的因果关系而有作为义务,并有行为可能,而且也存在构成要件的等值性;如果考察主观方面的构成要素,对于汽车司机来说,有符合构成要件事实的认识,从"死了才好"这一点来看具有实现他人死亡的意志,这样就可以认定成立杀人罪的不真正不作为犯。这种观点强调原因设定,从原因设定来寻求不作为犯与作为犯实行行为的等值,实质上无异于强调危险的前行为(危险的先行行为)是不纯正不作为犯作为义务的惟一理由并且仅此就可以实现与作为犯在构成要件上的等值。但这样一来,一方面缩小了不真正不作为犯

①参见[日]大塚仁著,冯军译:《犯罪论的基本问题》,中国政法大学出版社 1993 年版,第 86 页。

②参见[日]日高义博著,王树平译:《不作为犯的理论》,中国人民公安大学出版社 1992 年版,第 143 页。

交通刑法基本理论研究

的存在范围,另一方面又过于扩大不真正不作为犯的成立范围。根据这种见解,因自己的故意或过失行为,设定结果的原因,都负有作为的义务。这样一来,过失犯或者结果加重犯,在事后只要认识到防止结果产生的可能性而仍放任不管的,就都成立不作为的杀人罪。而关于危险的前行为能否成为不作为犯罪作为义务的来源,在日本刑法理论界还存在着争议。

第三种观点,强调行为人对被害者的排他性支配关系。这种观点从不作为者与法益之间的密切关系来寻求作为义务的实质内容,并为作为义务限定成立范围。其中又有堀内捷三教授主倡的"事实的承担说"、西田典之教授倡导的"具体的事实支配关系说",以及许乃曼教授的"实际支配"理论等观点。他们都强调行为人对受害法益的支配关系,认为只有具有这种支配关系才可能成立不作为的杀人罪。根据"事实的承担说",行为人必须具有意图使法益维护和存续的开始行为,如开始救助交通肇事的受害者,这样在单纯逃逸以及并非基于救助意思而将被害者移置他处的行为并不构成不作为的杀人罪。但该说也存在判断上的困难,因为该说还强调使法益维护和存续行为的反复性、持续性,然而在交通肇事逃逸案件中如何使这种条件得以满足,很不明确。许乃曼教授主张以支配理论作为构筑保证人地位的实质法理基础,由于他所强调的支配是实际的、事实的支配,是绝对的支配、现在的支配,而认为先行行为人在造成发生结果的危险后,对危险结果欠缺实际的支配,从而否认先行行为保证人类型,自然交通肇事逃逸致人死亡的案件中也不存在不纯正不作为杀人罪成立的余地。但交通肇事的场合,行为人虽然不是故意开启因果流程,但他实际上完全有机会改变这种因果流程,所以可以认为存在事实的支配。许乃曼教授一定要认为这种支配只是可能的支配而非现实的支配,是没有道理的。而且如果按照他的这种绝对的、现实的支配理论,试图构建不纯正不作为犯的实质基础,实际上是不可能实现的。因为对于作为犯而言,的确存在现实的支配,但不作为犯不可能像作为犯那样现实操纵因果流程,应当承认一定场合下规范意义的支配。

二、我国肇事逃逸行为论争

（一）肇事逃逸行为的含义论争

关于肇事逃逸行为的"逃逸"的含义，我国刑法理论存在不同的观点，主要有：

第一，交通肇事后"逃逸"，是指行为人明知自己的行为造成了重大交通事故，为逃避法律追究逃离事故现场的行为。[1]

第二，交通肇事后"逃逸"，是指交通运输肇事后为逃避追查而逃跑。[2]

第三，"逃逸"是指不依法报警、保护现场、等候处理而私自逃跑的行为。[3]

第四，"逃逸"是指发生交通事故后，不依法报警保护事故现场、等候处理，而是私自逃跑，逃避法律追究的行为。

第五，"逃逸"是指发生交通事故后，行为人没有履行法律所规定的，对于受害人或受毁损的财物未做必要的救治或者处理的义务，未按法律规定向公安机关报告，而逃离现场，使交通事故所引起的刑事、民事、行政责任无法确定和追究的行为。[4]

上述对交通肇事后"逃逸"含义的表述，相互间均有出入。第一种观点在表述中使用"明知"、"为逃避"；第二种观点使用"为逃避"的词语来表现"逃逸"行为的主观因素；第三种观点和第四种观点，则用"私自"逃跑来表达"逃逸"的主观因素，当然使用"私自"有词不达意之嫌，就违法的逃跑

---

①参见高铭暄、赵秉志主编：《新编中国刑法学》，中国人民大学出版社1998年版，第542页。齐文远主编：《刑法学》，法律出版社1999年版，第425页。

②参见高铭暄、马克昌主编：《刑法学》（下编），中国法制出版社1999年版，第657页。

③参见陈明华主编：《刑法学》，中国政法大学出版社1999年版，第421页。

④参见林亚刚：《论"交通运输肇事后逃逸"和"因逃逸致人死亡"》，载《法学家》2001年第3期。

行为来说,不存在被允许就可逃跑的情况,在行为外在表现上逃逸就是逃跑。① 几种观点的区别在于,第一种观点将交通事故界定在"重大"上,而第二、三种观点,则并未限定发生的交通事故必须是"重大交通事故"。正是对"交通肇事后逃逸行为"的理解上存在分歧,最高人民法院《关于审理交通肇事刑事案件具体应用法律若干问题的解释》第3条规定:"'交通运输肇事后逃逸',是指行为人具有本解释第2条第1款规定(交通肇事具有下列情形之一的,处三年以下有期徒刑或者拘役:(一)死亡一人或者重伤三人以上,负事故全部或者主要责任的;(二)死亡三人以上,负事故同等责任的;(三)造成公共财产或者他人财产直接损失,负事故全部或者主要责任,无能力赔偿数额在三十万元以上的。)和第2款第(一)至(五)项规定(交通肇事致一人以上重伤,负事故全部或者主要责任,并具有下列情形之一的,以交通肇事罪定罪处罚:(一)酒后、吸食毒品后驾驶机动车辆的;(二)无驾驶资格驾驶机动车辆的;(三)明知是安全装置不全或者安全机件失灵的机动车辆而驾驶的;(四)明知是无牌证或者已报废的机动车辆而驾驶的;(五)严重超载驾驶的)的情形之一,在发生交通事故后,为逃避法律追究而逃跑的行为。因此,根据1997年刑法第133条的立法本意和最高人民法院《关于审理交通肇事刑事案件具体应用法律若干问题的解释》第2条的规定,"交通肇事后逃逸"是指交通肇事者在构成交通肇事罪的前提下,为逃避法律追究而逃跑的行为。②

但是,"逃逸"是逃避法律追究还是逃避先行行为义务,学界对此争议很大。我们比较赞同上述第五种观点,认为"交通肇事后逃逸"是指在发生交通肇事后,肇事者放弃救助伤者、保护现场等先行行为义务、逃避接受法律追究的法定义务的行为。

(二)肇事逃逸行为的定性纷争

1979年刑法没有明确规定肇事后逃逸行为,交通肇事后逃逸行为不

---

① 参见《现代汉语词典》(修订本),商务印书馆1998年版,第1231页。
② 参见高秀东著:《交通肇事罪的认定与处理》,人民法院出版社2005年版,第157页。

具有独立意义,依附于先行肇事行为所造成的人员死亡或财产损失结果,作为一个从重处罚情节发挥作用,而 1997 年刑法明确规定了肇事逃逸行为,使其与肇事行为相区别。比较我国新旧刑法对交通肇事后逃逸行为的规定可以看出逃逸行为性质的改变。首先,逃逸情节在 1997 年刑法中作为一个极其重要的事实而被加以特别规定,因而凸显于所谓"特别恶劣情节"之中,逃逸情节本身已经成为一种独立的量刑情节而在司法适用中发挥作用,不再依附于或者必须与先行的交通肇事行为所造成的人员死亡或者财产损失相结合,即能发挥其量刑价值;其次,逃逸情节在 1997 年刑法中已经不仅是情节加重犯的构成要件,它在不同的法定刑幅度中具有不同的意义,并且一般的逃逸行为和引起死亡结果的逃逸行为在量刑上有了不同的价值区别,从而提高了交通肇事罪的整体法定刑。① 第三,最高人民法院《关于审理交通肇事刑事案件具体应用法律若干问题的解释》第 2 条第 2 款规定,"交通肇事致 1 人以上重伤,负事故全部或者主要责任,并具有下列情形之一的,以交通肇事罪定罪处罚,……(六)为逃避法律追究逃离事故现场的"。显然该规定又将逃逸行为从量刑情节的地位,提升为构成犯罪的条件。②

交通肇事后逃逸行为是否具有独立性,是只作为量刑情节,还是可以如最高人民法院《关于审理交通肇事刑事案件具体应用法律若干问题的解释》中的规定成为犯罪构成的条件?有学者认为,1997 年刑法第 133 条的规定中,交通运输肇事后逃逸只是构成犯罪后在决定刑罚时的量刑情节,最高人民法院《关于审理交通肇事刑事案件具体应用法律若干问题的解释》将立法作为量刑情节的规定提升为构成犯罪条件的规定,不仅仅只是属于越权解释的问题,而且直接造成了与 1997 年刑法第 133 条的规定相冲突和矛盾。逃逸行为的人身危险性和社会危害性尚未达到必须予

---

①参见林维:《交通肇事逃逸行为研究》,载陈兴良主编:《刑事法判解》(第 1 卷),法律出版社 1999 年版,第 249 页。

②参见林亚刚著:《危害公共安全罪新论》,武汉大学出版社 2001 年版,第 393 页。

以独立评价的意义和程度,最高人民法院《关于审理交通肇事刑事案件具体应用法律若干问题的解释》将先行行为的交通肇事致人重伤后实施的"逃逸"行为,作为构成犯罪的条件之一,理由是不充分的。原因在于这里的重伤就是先行肇事行为的结果,其"逃逸"行为只是造成对责任划分和追究的困难,其危害性尚不足以达到必须予以犯罪化的程度,否则就必须否定 1997 年刑法第 133 条以"交通运输肇事后逃逸"作为量刑情节的立法规定。①

我们认为,由于上述弊端与争议的存在,不利于明确"肇事逃逸行为"的实质。根据《中华人民共和国道路交通安全法》第 70 条及《中华人民共和国道路交通安全法实施条例》第 86、87、88 条的规定,发生交通事故后,当事人应当按照法律的规定,区分不同的情况,采取适当措施,妥善处理,即当事人应当采取停车、保护现场、抢救伤员、报警等措施,未造成人员伤亡但造成了一定的财产损失,当事人对损害事实及成因无争议的,可以即行撤离现场、恢复交通、自行协商处理损害赔偿事宜。我们可以得出这样的结论,即发生交通事故的当事人,在发生交通事故后,因自己的交通事故行为而带来了七项应尽义务:(1)立即停车;(2)保护现场;(3)抢救伤者和财产;(4)必须移动时应标明位置;(5)迅速报告公安机关或者执勤的交通警察;(6)听候处理;(7)对仅造成轻微财产损失,基本事实清楚的交通事故,可先行撤离现场,自行协商解决后方可离开。交通肇事逃逸行为,是指行为人应尽这七项义务,而有意躲避,最终没有尽这七项义务,既是因自己的先行行为带来的义务,同时因这七项义务已被法律法规明文规定,所以也构成了肇事者的法定义务。因此,从性质上来看,"交通肇事后逃逸"的实质是不作为,即不履行因交通肇事后产生的应尽的法定义务的行为。"逃避法律追究"的逃逸行为仅是一个追附行为,逃逸行为本身不能成为逃逸的目的。虽然行为人逃逸行为的目的的确可能有"逃避法律

---

① 参见林亚刚:《论"交通运输肇事后逃逸"和"因逃逸致人死亡"》,载《法学家》2001 年第 3 期。

追究",但这个目的不是行为人逃逸的唯一目的,不能成为量刑或构成犯罪的理由。从某种意义上讲,法律只规定了自首适用从轻,并不规定逃逸法律追究需要从重。所以从法理上讲,"交通肇事逃逸"中逃逸的不应该仅是法律追究,而应该含括交通肇事后的先行义务。这种先行义务的不履行,可能会给受害者带来更大人身危险性、给社会带来更大危害性。因此,有的国家,如日本直接将这种义务的违反分别规定为"救护义务违反罪"和"报告义务违反罪"。①

在事故现场,促使肇事者救助伤者显然比阻止肇事者逃避责任追究更具有紧急性。我国刑法第133条交通肇事罪对交通运输肇事后逃逸行为和因逃逸致人死亡的规定,其立法本意就在于督促肇事者救助伤者。从逃逸者的主观上看,逃避抢救义务以及其后逃避责任追究是逃逸者的两个根本动机;从因果关系来看,造成伤者重伤甚至死亡的直接原因不是逃逸行为而是不予救助的行为。因而,在逃逸的目的上,将救助义务撇在一边,只强调法律追究是不符合客观实际的,而应将"交通肇事后逃逸"的目的限定于逃避救助伤者和保护现场的义务以及逃避追究法律责任上。因此,我们认为,对"交通肇事后逃逸"行为的外延必须做实质性的理解。即便在交通肇事后滞留事故现场而没有逃离,但是能够履行却没有履行"保护现场,抢救伤者"之义务的,也应当视为"逃逸"。这不仅体现了立法

---

① 日本《道路交通法》第72条第一款规定,因驾驶车辆等交通工具致人死伤或者物品损坏(以下称为交通事故),该车辆的驾驶员或其他同乘人员(以下称为驾驶员等),应立即采取停车、抢救负伤者、防止道路上的危险等防护措施。在此场合,该车驾驶员(驾驶员死亡或负伤而不能时,由其他同乘人员,下同)必须向现场警官,当现场没有警官时向最近警署(包括派出所或驻在所,下同)的警官汇报该交通事故发生的时间、场所、死伤人数及伤者受伤程度、所毁损财物及毁损程度、肇事车辆所载何物、就该交通事故所采取的措施等。第117条规定,车辆驾驶员在该车辆发生致人死、伤的交通事故时,违反第72条第一项前段之规定,处3年以下惩役或20万日圆下罚金。同乘人员违反第72条第一项前段之规定(称为救护义务违反罪),则依据第117条之三第一款规定,处3年以下惩役或10万日圆下罚金。第119条第一款第十项规定,没有履行第72条第一款后段规定的报告义务(称为报告义务违反罪)的,处3个月以下惩役,或5万日圆以下罚金。

的本意在于督促肇事者及时救助伤者,也体现了对逃避法律追究的打击。① 正如著名刑法学家张明楷教授所言:"刑法将逃逸规定为交通肇事罪的法定刑升格情节,是为了促使行为人救助被害人。所以,应当以不救助被害人为核心理解逃逸。"②

从 1997 年刑法第 133 条的规定来看,该条的第一种情形是该罪的基本犯,该条的第二种情形是该罪的情节加重,该条的第三种情形是结果加重。按照最高人民法院《关于审理交通肇事刑事案件具体应用法律若干问题的解释》第 2 条第 2 款第(六)项的规定,交通肇事致一人以上重伤的,若不具备(一)至(五)项规定的情形,本不构成犯罪,但若"为逃避法律追究而逃离事故现场的",就构成犯罪。这显然是把交通肇事后的逃逸作为犯罪构成的客观要件了。从 1997 年刑法的规定来看,逃逸仅作为交通肇事罪的加重量刑情节,而不是交通肇事罪的构成要件之一。该条的第二种情形是该罪的加重情节,逃逸作为加重量刑情节,逃逸的定义不准确、目的不明确。最高人民法院《关于审理交通肇事刑事案件具体应用法律若干问题的解释》第 3 条把逃逸的目的完全界定在逃避法律追究上,而把救助伤者的大事撇在一边,说明解释者对于交通肇事案件首先予以关注的是追究肇事者的法律责任,而不是救助伤者。这就把立法的本意给颠倒了。我们认为,刑法之所以规定对交通肇事后逃逸的加重处罚,其用意是在督促肇事者及时救助伤者,而不是为了督促肇事者不要逃避法律追究。支持这一论点的理由至少有以下五点:(1)从主观上看,逃避法律追究不是肇事者逃逸的唯一目的。实践证明,肇事者逃逸的目的至少有两个,一是逃避救助伤者的作为义务,二是逃避法律追究。甚至有的肇事者是以逃避救助义务为其主要目的。因而,在逃逸的目的上,将救助义务撇在一边,只强调法律追究是不符合客观实际的。(2)从现场的紧急情况

---

① 参见林文清:《交通肇事逃逸致人死亡的理论与适用探究》,载《云南警官学院学报》2007年第 4 期。

② 参见张明楷著:《刑法学》(第三版),法律出版社 2007 年版,第 543 页。

看,法律不应当只注重追究肇事者的责任,而不注重救助伤者的性命。当发生交通肇事致人重伤后,眼见伤者血流如注,危及生命,作为肇事者,是应当先救助伤者,还是应当先去自首,不逃避法律追究呢? 显然,正确的回答只能是先救助伤者。因为救助伤者刻不容缓,追究责任缓之无妨。因此,当肇事者逃跑的时候,他首先背弃的是救助伤者的作为义务,其次才是不逃避法律追究的义务。况且,就两种义务的重要性而言,显然也是前者大于后者。(3)从惩罚与救助的逻辑关系上看,法律也不应当把追究责任放在首位。发生交通事故后,肇事者身负两种义务,一是救助伤者的义务,一是接受法律惩罚的义务。为什么要救助伤者? 是为了恢复伤者的健康,维护人权;为什么要惩罚肇事者? 是因为他造成了伤害,侵犯了人权。可见,追究法律责任的目的正是因为造成了伤害。既然如此,就不能为了追究法律责任而耽误救助伤者。否则也就失去了追究法律责任的实际意义。(4)从社会关注的焦点看,也不应将追究逃逸者的法律责任放在首位。众所周知,交通肇事后逃逸,是 20 世纪 90 年代开始出现的社会问题。该问题一出现,立即引起全社会的普遍关注。社会关注的焦点恰恰是肇事者不救助伤者而不是逃避法律追究的问题。(5)从刑法原理上讲,也不应重点考虑追究逃逸的法律责任问题。这是因为,一般情况下,刑法只把犯罪后不逃避法律追究的自首行为作为从轻处罚的情节,但不把犯罪后逃避法律追究的行为作为加重处罚的情节。交通肇事罪同其他犯罪一样,尤其同其他过失犯罪一样,不应把犯罪后的逃跑行为作为加重处罚的理由。刑法第 133 条之所以规定交通肇事后逃逸的加重处罚,立法本意在于督促肇事者救助伤者,而不在于督促肇事者不要逃避法律追究。①

(三)从一则案例看肇事逃逸行为的定性

案件事实如下:被告人张某,36 岁。2004 年 8 月 28 日 20 时许,张某

---

①参见曾兴圣:《交通肇事逃逸行为及法律规范研究》,四川大学 2005 年硕士论文,第 21—22 页。

酒后无照驾驶报废面包车至北京市某路口时,将同向行走的行人安某撞倒,未停车,逃离现场至自家门前。后于当日 21 时 15 分左右到某派出所投案。与安某同行的师某(安某之妻)事发后用手机报警,安某被送往医院抢救,因伤势过重,于 2004 年 9 月 1 日死亡。

此案在处理过程中,对于张某的行为已经构成交通肇事罪没有异议,但对张某交通肇事后逃离现场又自动投案的行为是否属于交通肇事后的逃逸行为,存在着两种不同意见。

第一种意见认为,张某的行为属于刑法所规定的交通肇事后的逃逸行为,情节恶劣,应当加重处罚。至于其逃跑后又投案的行为,仅仅是量刑时考虑的一个从轻情节,并不影响交通肇事后逃逸的成立。

第二种意见认为,张某的行为不属于交通肇事后的逃逸行为,不能加重处罚。理由是:张某虽然在交通肇事后逃离现场,但很快又到公安机关投案,其主观上并没有逃避法律追究的目的。

交通肇事后逃逸的成立是以不履行法律规定的作为义务特别是救助义务而逃离现场为条件,还是以逃避法律追究为条件。我们赞同第一种意见,交通肇事后的逃逸应当以发生交通肇事后,不履行法律规定的义务,特别是救助义务而逃离现场为条件,理由如下:

第一,刑法禁止交通肇事后逃逸,目的在于最大限度地保护被害人的利益,维护交通管理秩序。交通运输关系着公民生命财产的安全,交通事故发生后,抢救伤者是肇事者第一位的任务。因为在遭受机动车撞伤后,被害人的生命安全处于危险状态,任何延误都可能导致被害人死亡的结果发生。正因为如此,《中华人民共和国道路交通安全法》才明确而具体地规定了交通事故发生后,车辆驾驶人应当履行救助等义务,我国刑法将交通肇事以后置被害人的生死于不顾的逃逸行为作为加重处罚的条件。如果将行为人交通肇事后的逃逸界定为为规避法律追究而逃跑,无疑会使法律规定行为人的保护现场、抢救伤者的义务化为乌有,极大地损害被害人的利益。从这个角度讲,将逃逸解释为在"发生交通肇事后,为逃避法律追究而逃跑的行为"值得商榷。

第二,将"交通肇事后逃逸"理解为逃离现场,不履行法律规定的救助义务更符合立法的本意。从字面上理解,交通肇事后逃逸可以做两种解释:一是逃离现场,不履行救助义务;二是为逃避法律追究而畏罪潜逃。刑法条文中逃逸应如何理解,立法机关并未作出解释。因此不能简单地得出逃逸就是逃避法律追究的结论。诚然,在大多数场合,交通肇事后的逃逸,都存在逃离现场、不履行救助义务及畏罪潜逃的情形,法律适用并不存在障碍。但是当"救助后逃跑或者不救助但又投案"的情形出现的时候,法律的适用则遭遇障碍。所以必须正确地把握我国刑法的立法宗旨。纵观我国刑法,无论是过失犯罪还是故意犯罪,法律均未将犯罪以后逃避法律追究的行为作为法定的加重处罚的条件,如果将交通肇事后的逃逸理解为逃避法律追究而逃跑的行为,有悖于法律条文之间的协调统一。众所周知,交通肇事罪是一种过失犯罪,行为人的人身危险性较小,法定刑也相对较轻。法律完全没有必要将这种涉嫌轻罪而逃避法律追究、妨碍国家追诉权利实现的行为作为法定的加重处罚的情节,而将那些严重危害社会治安的犯罪分子在犯罪后畏罪潜逃、妨碍国家追诉权利实现的行为排除在外。而且犯罪后逃避法律追究是犯罪人的本能选择,期待犯罪人犯罪后不逃逸是不现实的。由此,可以得出这样一个结论,在交通肇事发生后,国家追诉权利的实现与公民的健康权和生命权相比,法律更关注的是后者。从这个角度讲,将交通肇事后的逃逸理解为逃离现场,不履行救助义务的行为更为准确与科学。

此外,从刑法第133条的表述看,交通肇事后逃逸的加重处罚分为两档,一是有逃逸情节的加重;二是因逃逸致人死亡的结果加重。毋容置疑,法律规定"因逃逸致人死亡的",指的是不履行救助义务、逃离现场的行为与死亡结果之间存在因果关系。也就是说,如果交通肇事后,行为人不履行救助义务,逃离现场,或者造成致人死亡的结果发生,无论其事后是否投案,都构成刑法意义上的逃逸。本案就属于这种情形。与此相同,如果行为人履行救助义务后逃跑,则不能适用加重处罚的规定。因为交通肇事逃逸加重处罚原则设置的目的,在于禁止交通肇事者对公民生命权的漠视,而并非是为了保障国家追诉权的实现。如果将"逃逸"解释为发生交通事故后,为逃避法律追究而逃跑的话,那么交通肇事后,不履行法律规定的救助义务,乃至造成被害人死亡的犯罪嫌疑人会因事后投案而规避其应当承担的刑事责任,"因逃逸致人死亡的"的刑法规定将无法解释。

第三,交通肇事逃逸后又投案自首的行为不影响"交通肇事逃逸"的成立。如前所述,交通肇事后,只要是逃离现场,不履行救助的义务,就构成刑法意义上的逃逸。至于其逃逸后因畏惧法律或者其他原因又投案自首的,只是一个从轻处罚的情节,不能成为否定其肇事后逃逸的理由。这就如同一个杀人犯畏罪潜逃数年后又投案自首一样,逃逸是事实,投案自首也是事实,不能因为其投案自首就否认畏罪潜逃的事实存在。就本案而言,张某违反交通管理法规,发生交通事故后,不履行法律规定的救助义务而逃离现场,其行为已经构成交通肇事逃逸,应当按照刑法规定加重处罚。至于其后来又投案自首的行为,可以在量刑时给予适当的从轻考虑。①

(四)指使逃逸行为的定性纷争

关于指使交通肇事者逃逸的行为的定性问题,我国刑法理论存在不同的观点,主要有:

第一种观点认为,应当将交通肇事后指使肇事人逃逸的行为认定为交通肇事罪的共犯。其主要理由是:指使者虽未帮助或教唆实施肇事行为,但在明知肇事已经发生的情况下,仍指使、教唆肇事人实施逃逸行为。最终,肇事行为与逃逸行为共同造成了被害人死亡的后果,指使者和肇事

---

①参见刘祥林:《交通肇事后逃离现场又自动投案是否属于交通肇事罪的"逃逸"》,载《人民检察》2006 年第 9 期(上)。

者对肇事后的逃逸具有共同的故意,故指使者应与肇事者共同承担刑事责任,并且只能以交通肇事罪的共犯论处。① 这种观点得到了最高人民法院司法解释的肯定。最高人民法院在 2000 年 11 月 10 日通过的《关于审理交通肇事刑事案件具体应用法律若干问题的解释》第 5 条第 2 款中规定:"交通肇事后,单位主管人员、机动车辆所有人、承包人或者乘车人指使肇事人逃逸,致使被害人因得不到救助而死亡的,以交通肇事罪的共犯论处"。根据该《解释》的规定,单位主管人员、机动车辆所有人、承包人或者乘车人(简称为指使人)指使肇事人逃逸并造成被害人因得不到救助而死亡的后果的,指使人与肇事人构成交通肇事罪的共犯。

　　第二种观点认为,根据共同犯罪的基本原理以及交通肇事罪是一种过失犯罪,交通肇事罪不存在共犯,应当将交通肇事后指使肇事人逃逸的行为认定为包庇罪。其主要理由是:所谓包庇罪,是指明知是犯罪的人而帮助其逃匿或者作假证明的行为。首先,从客体上看,指使行为实际上是妨害了国家司法机关正常的诉讼活动。根据最高人民法院《关于审理交通肇事刑事案件具体应用法律若干问题的解释》第 5 条第 1 款的规定,逃逸目的是为了逃避法律追究,那么,指使肇事人逃逸的目的同样也是为了逃避法律追究。因此,指使行为造成的危害结果是使司法机关将来侦查犯罪的活动受阻,其侵害的客体应是司法机关的诉讼活动。其次,从主观方面看,由于指使行为发生在交通肇事罪产生之后,而从指使人的范围看,又大多在事发现场,因此他们是明知肇事人犯了交通肇事罪的。指使人为了使肇事人逃避法律追究,而指使肇事人逃逸,其主观方面符合包庇罪的主观特征。再次,从客观方面看,肇事人有受指使逃跑的行为,指使行为与肇事人的逃跑行为之间存在因果关系,也造成了将来司法侦查交

---

　　①参见孙军工:《〈关于审理交通肇事刑事案件具体运用法律若干问题的解释〉的理解与适用》,载最高人民法院刑事审判第一庭编:《刑事审判参考》(第 1 辑),法律出版社 2001 年版,第 78 页。

通肇事犯罪的难度。①

第三种观点认为，交通肇事罪不存在共同犯罪，最高人民法院关于"交通肇事后，单位主管人员、机动车辆所有人、承包人或者乘车人指使肇事人逃逸的"的行为，就其行为性质而言是一种连累行为。所谓连累犯，"是指事前没有与他人通谋，在他人犯罪以后，明知他人的犯罪情况并故意以各种形式帮助犯罪人的犯罪形态"②。连累犯有以下基本特征：第一，在主观方面，连累犯是一种故意犯罪。但其犯罪故意与共同犯罪故意的形成在时间上有明显的区别。共同犯罪故意的形成有两种情况：一是在共同犯罪行为实施之前形成的，即通常所说的事前通谋的犯罪故意。二是在共同犯罪行为着手实行后在共同犯罪行为过程中形成的，即事中通谋的犯罪故意。而连累犯的犯罪故意是在他人犯罪之后，对他人犯罪情况明知的状况下形成的。因而连累犯的犯罪故意的形成在时间上是在他人完成犯罪之后，客观上是在明知他人犯罪情况之后产生的。第二，在客观方面，连累犯表现为在明知他人犯罪情况下，对犯罪人实施了某种帮助行为。这种帮助行为严重地妨害了司法机关追究犯罪人刑事责任的诉讼活动，有明显的社会危害性，这正是追究连累犯刑事责任的客观依据。连累犯不是一种罪名，而是对一类犯罪现象的概括。同时，某人的行为是否构成连累犯也要看刑法上有无相应的规定，即必须遵守罪刑法定原则。对于指使肇事人逃逸行为如何认定，刑法上并无明文规定，可视案件的具体情况而定：（1）交通肇事案件发生后，公安机关向"指使人"进行调查时，不如实作证或故意作虚假证明的可认定为包庇罪；（2）在刑事诉讼过程中，"指使人"在涉及与案件有重要关系情节，故意作虚假证明的，可以认定为伪证罪；（3）仅有指使逃逸行为，没有其他妨害司法行为的，可不认定

---

①参见于力：《指使交通肇事者逃逸行为的性质认定》，载游伟主编：《华东刑事司法评论》（第2卷），法律出版社2002年版，第184—187页。

②参见阴剑峰、周加海主编：《共同犯罪中疑难问题研究》，吉林人民出版社2001年版，第389页。

为犯罪,但应对其连累行为批评教育。① 但有学者认为这种理论观点会出现放纵犯罪的问题,对指使逃逸行为不定罪,仅对指使逃逸后有包庇、伪证行为者定罪,是低估了"指使他人逃逸"的社会危害性;而且在实践中,指使肇事者逃逸,然后又有包庇、伪证行为的,毕竟不是多数,这样,对指使逃逸者刑法完全不能给予否定性评价,这对于遏制交通事故,保障被害人得到及时救助的权利,十分不利。②

第四种观点认为,对指使肇事司机逃逸的行为,以交通肇事罪共犯论处不合理,而应以窝藏罪定罪。其主要理由是:最高人民法院《关于审理交通肇事刑事案件具体应用法律若干问题的解释》第 5 条第 2 款的规定没有考虑交通肇事罪的因果联系究竟是什么,该罪是故意还是过失这些基本的问题。从客观上看,交通肇事罪的实行行为是违反交通运输管理法规,从而导致重大交通事故的行为。违章行为具体表现为违反交通运输法规的超速开车、酒后驾车、人货混装等行为。指使他人逃逸,没有违反交通运输管理法规,违反的是在他人犯罪以后,不得制造障碍,妨碍司法追诉的要求。行为是否构成交通肇事罪,不能以单位主管人员、机动车辆所有人、承包人或者乘车人对于直接肇事者的交通肇事行为所表现出来的态度和行为来评价。从因果关系上看,交通事故由直接肇事者先前的危害行为所产生,指使、教唆他人逃逸者对肇事人做出的逃逸指示发生在交通肇事之后。也就是说,当教唆人实施教唆行为时,交通违章行为已经实施完毕,违章行为引起的交通事故也已经发生,交通肇事罪已经构成。行为人指使肇事者逃逸,尽管发生致人死亡的严重结果,但毕竟与肇事者先前的违章肇事行为无关。将指使司机逃逸因而导致被害人死亡的情形,认定为交通肇事罪的共犯,缺乏行为人违反交通规则,因而发生事故,导致被害人受伤害的基本犯这一前提条件。在这种情况下,把教唆行

---

①参见冯金银:《交通肇事罪认定中的几个问题》,载《政法论坛》2004 年第 4 期。

②参见参见周光权:《指使交通肇事者逃逸应当以窝藏罪定性》,载《人民检察》2005 年第 7 期(下)。

为作为交通肇事罪的共犯,就在一定程度上等于认定教唆行为是交通肇事的原因。按照这种逻辑,指使过失重伤他人者逃跑,致被害人死亡的,岂不可以构成过失致人死亡罪的共犯? 又如,甲强奸乙,导致后者性器官严重受损,陷入重伤境地,此时甲的好友丙经过现场,指使甲尽快逃离。甲逃逸后,乙因为没有人救助而死亡,按照最高人民法院《关于审理交通肇事刑事案件具体应用法律若干问题的解释》的逻辑,丙应当和甲一起承担强奸致人死亡责任,构成强奸罪的共犯,但这明显是不合理的。实际上,不能仅仅因为逃逸行为是故意的,指使者和直接肇事者有共同的逃逸行为,就认定其成立共犯。在这里,还需要考虑:逃逸行为虽然是故意的,但逃逸行为本身并不构成刑法上的任何犯罪。不能以逃逸出于"有意为之"为由,就认定司机与指使者对死亡结果持故意态度。事实上,指使司机逃逸并不意味着指使者对被害人的死亡结果持间接故意,换言之,指使者完全可能对被害人的死亡只有过失的心理态度。① 对指使肇事司机逃逸的行为应以窝藏罪定罪。窝藏罪,是指明知是犯罪的人而为其提供隐藏处所、财物,帮助其逃匿的行为。提供隐藏处所、财物,与帮助其逃匿之间,不是列举与概括的关系,更不是手段行为与目的行为的关系,而是并列关系,是指为了避免被司法机关发现、逮捕而提供藏匿的场所、资金,协助其逃走的一切方法。换言之,帮助犯罪的人逃匿的方法行为,不限于为犯罪的人提供隐藏处所或者财物。窝藏行为的特点是增加司法机关开展有效司法活动的难度,妨害有关司法机关发现犯罪的人,因此,除提供隐藏处所、财物之外,向犯罪的人通报侦查或者追捕的动向,向犯罪的人提供化装用具、逃匿必须的工具,为犯罪的人指使逃跑路线等,都是窝藏行为。窝藏一般以有形的方式实施,如为犯罪的人化装、换衣服、提供逃走的资金、提供伪造的身份证、假扮嫌疑人站在司法机关追捕罪犯所必经的场所等等。但是,无形的方法也可以构成窝藏,例如,指使、劝告、怂恿犯

①参见张明楷著:《刑法学》(第二版),法律出版社2003年版,第570页。

· 217 ·

罪人逃避的,将搜查的形式告知逃避中的犯罪者,对欲告发犯罪的第三人施加压力,也可以构成窝藏。① 交通肇事后,单位主管人员、机动车辆所有人、承包人或者乘车人指使肇事者逃逸,致使被害人因得不到救助而死亡的,就是属于无形的窝藏行为。②

第五种观点认为,指使交通肇事者逃逸构成遗弃罪或者故意杀人罪的教唆犯。司法解释规定指使者与受指使逃逸的交通肇事者构成交通肇事罪的共犯,因违背共识性的共犯理论而不具有合理性。认为指使者构成窝藏罪的观点,只是对事故发生时的受伤结果及相应司法机关追诉活动的妨害进行了刑法评价,而遗漏了对"因逃逸致人死亡"结果的评价,因此不具有合理性和必要性。况且指使肇事者逃逸的行为,法益侵害性主要不在于妨害了司法机关的犯罪追诉活动,而是导致了重大的新的法益的侵害。不可否认的是,1997 年修订的刑法将因逃逸致人死亡的交通肇事罪的法定刑提升至 15 年有期徒刑,用意显然不在于对交通肇事逃逸致使司法机关难以追诉的行为进行严厉打击,而是要重刑威慑过失致伤他人后还漠视他人生命的交通肇事逃逸行为。指使肇事者逃逸,的确是一种窝藏行为,但在这里法律所评价的不是妨害司法机关追诉活动的法益侵害性,而是指使下的逃逸行为加剧了法益侵害,因此,用窝藏罪进行评价没有必要性和合理性。指使肇事者逃逸致被害人死亡的,应被评价为遗弃罪或故意杀人罪的教唆犯。指使者对于被害人死亡的结果不论主观上还是客观上都存在可归责性,那么,究竟应如何承担刑事责任呢?如事故发生在人来车往的地方,即被害人可能被他人救助地方,指使者构成遗弃罪的教唆犯;在人烟稀少、天寒地冻的地方,即在事故发生后被害人基本没有被他人救助的可能性的地方,指使者构成故意杀人罪的教唆犯。也就是根据被害人是否存在被救助的可能性的情况,肇事者还可能构成

---

①参见周光权:《刑法各论讲义》,清华大学出版社 2003 年版,第 426 页。
②参见周光权:《指使交通肇事者逃逸应当以窝藏罪定性》,载《人民检察》2005 年第 7 期(下)。

遗弃罪或不作为的故意杀人罪,指使者相应构成遗弃罪或故意杀人罪的教唆犯。交通肇事罪的加重情节已经对正犯的遗弃行为或不作为的故意杀人行为进行了包括的刑罚评价,对肇事者无须另以遗弃罪或不作为的故意杀人罪定罪处罚。①

第三节 肇事逃逸行为的独立可罚性问题

一、肇事逃逸行为具有独立的行为性

我们认为,肇事逃逸行为具有独立的行为性,有可以被刑法独立评价的一面,不能为原先的交通肇事行为所涵盖,理由如下:

第一,从主观罪过上看,肇事逃逸行为具有独立性。从现行刑法规定来看,刑法意义上的逃逸可以分为危害行为意义的逃逸与危害结果意义的逃逸。与此相对应,对"逃逸"主观内容的理解也可分为两种情况:第一种是行为人故意地为逃避罪责而离开现场,即行为意义的逃逸的主观内容。"毫无疑问,'逃逸'行为不可能是由'过失'而实施,只能是一种'故意'而为的行为。"②第二种是行为人选择对被害人死亡结果的态度而离开现场的主观内容,即结果意义的逃逸的主观内容。根据刑法理论,罪过是指行为人对自己行为危害社会结果的态度,并非是对行为本身的心理态度。行为人故意地为逃避罪责离开现场并不必然产生危害结果的加剧。这里的故意所支配的只是单纯的逃跑,与危害结果间并不直接关联。

①参见陈洪兵:《指使交通肇事者逃逸构成遗弃罪或者故意杀人罪的教唆犯——兼质疑周光权老师提出的"窝藏罪"说》,载《政治与法律》2008年第5期。

②参见林亚刚:《论"交通运输肇事后逃逸"和"因逃逸致人死亡"》,载《法学家》2001年第3期。

因此,第一种情况的"逃逸"主观内容不是犯罪罪过的要素,不具有犯罪构成上的意义,而是被包含在基本罪的罪过中了。在界定罪过属性时,还是被认为是基本罪的过失心态。第二种情况的主观内容支配下的逃逸是危害结果意义上的逃逸。而刑法理论认为,对结果犯的罪过必须结合犯罪结果进行衡量。因此,在死亡结果未发生前,危害结果意义上的逃逸行为对结果的态度不属于刑法要研究的罪过范畴。该主观罪过被包含在第三段的"因逃逸致人死亡"中,在界定罪过时,依据因逃逸致人死亡的罪过而定。而在交通肇事基本罪不成立时,逃逸第一种情况的主观内容便从先前的交通肇事的过失心态中剥离出来,呈现出独立的地位,成为犯罪构成要件之一,并在定罪中发挥重要作用。

第二,肇事逃逸行为有行为上的独立性。刑法意义上的犯罪行为与主观要素紧密联系。刑法中上的危害行为,是指"由行为人的心理活动所支配的危害社会的身体动静"[1]。在基本罪成立时,支配逃逸的心态不是罪过,无罪过即无独立的犯罪行为。在交通肇事基本罪不成立时,逃逸行为在主观上形成了新的罪过,在新罪过支配下,逃逸便不再从属于先前的肇事行为,也便具有其独立性。

第三,原因力上的独立性。先前的肇事行为对于死亡结果的发生具有一定的原因力,如果抛开逃逸行为这一因素,第三段的死亡结果也就不会发生。相反,正是逃逸这一行为,给整个事件注入了新的独立于先前肇事行为的原因力,促使了死亡结果的最终形成。因此,逃逸行为应是促使死亡结果发生的直接的现实成因,而不是所谓的"使肇事结果进一步加重的条件"[2]。

其实,在交通肇事的后果尚未达到基本罪要求的情况下,逃逸行为本

---

①马克昌主编:《犯罪通论》,武汉大学出版社 1999 年版,第 156 页。
②吴学斌、王声:《浅析交通肇事罪中"因逃逸致人死亡"的含义》,载《法律科学》1998 年第 6 期。

身已是被作为肇事行为以外的行为而独立评价了。① 它相对于交通肇事基本罪而言,只是作为量刑情节对待罢了。但从刑法理论上来讲,它也具有独立的定罪价值。因为按照刑法中行为机能的表现,只要是属于刑法中的行为,它必定具有既可以作为定罪要素,又可以作为量刑情节的功能。

二、肇事逃逸行为的独立可罚性思考

(一)肇事逃逸行为独立可罚性的人性基础

人性是人的本质属性。只要是人,皆有人性,无人性就不成其为人。广义的人性包括两个方面,即人的社会属性与自然属性,二者缺一不可。人生活在各种人与人之间的社会关系中,人的利益与道德、思想与行为都不可能不受各种社会关系的性质与特点的影响与制约。在人类社会中,人自始至终都存在社会属性,而且是人类的一个重要的本质特征。正如马克思所言:“人是最名副其实的社会动物,不仅是一种合群的动物,而且是只有在社会中才能独立的动物。”②脱离了社会、集体以及他人完全孤独的个人是根本不存在的。也就是说,人的本性在于人既是个体的存在,同时又是社会的存在。作为个体而存在的人,必然有着自己的私人利益和追求,因此,人的本性从根本上是追求自由,包括追求幸福和权利的自由以及道德行为的自由等。但人又是社会的人,是整个社会连带关系中不可缺少的环节和组成部分,这是人的社会属性所在。从而,人的价值是自我价值和社会价值的统一,人在追求自我价值的同时,也应对社会承担一定的责任。这样的责任是整个社会生存和发展所必不可少的条件,法律的基本职能就在于保护这些条件。正如洛克所言:“法律的目的不是废

---

① 参见林维:《交通肇事逃逸行为研究》,载陈兴良主编:《刑事法判解》(第 1 卷),法律出版社1999 年版,第 254 页。

② 《马克思恩格斯全集》(第 3 卷),人民出版社 1985 年版,第 7 页。

除或限制自由,而是保护和扩大自由。"①

交通肇事逃逸行为的独立可罚性符合人性基础。交通肇事行为给被害人的身体健康、生命安全造成危害或带来危险,如果行为人积极地实施救助而不是选择逃逸,其行为对他人、对社会的意义和作用将非常重大,其救助行为或许就能挽救交通肇事被害人的的健康和生命。从人道主义出发也应如此:同类相怜相救是最起码的人道(因为或许交通肇事者本人有一天也可能会成为交通肇事的受害人),它涉及人类最基础社会秩序的存在和维护。同时,随着社会的进步,文明的演进,人类社会不断关注人类的生存与发展,人本主义已经成为当今社会的主要思潮。以人为本,尊重人的尊严与价值,保障人权,已经成为时代的主流,文明社会的重要标杆。交通肇事逃逸行为的独立可罚性正好契合人本主义的理念与思潮,彰显了对被害人身体和生命价值的尊重和保护。

(二)肇事逃逸行为独立可罚性的刑法学思考

1.肇事逃逸行为的独立可罚性符合犯罪的本质特征

关于犯罪本质的论述,目前我国刑法理论的通说是社会危害性说。"从立法上看,犯罪的确是从本质特征中提炼出来的,立法者总是将那些社会危害性严重到足以破坏社会生存条件的行为规定为犯罪。"②因此,分析交通肇事逃逸行为是否具有独立的可罚性,必须首先考察交通肇事逃逸行为本身的社会危害性。第一,交通肇事逃逸行为破坏了交通运输正常秩序和交通运输安全。交通肇事逃逸行为对社会的危害性主要是对交通运输安全构成了威胁,对正常有序的交通秩序造成了破坏。这种威胁和破坏表现为两方面:其一,肇事逃逸行为使肇事后的救助工作无法及时正常进行,往往使原本可以挽救、避免的重大后果因而发生,使原本可以消灭的危险实害化,并使肇事责任无法认定,从而造成交通秩序的混

---

① [英]洛克著,叶启芬等译:《政府论》(下篇),商务印书馆1964年版,第36页。
② 陈兴良著:《刑法哲学》(修订二版),中国政法大学出版社2000年版,第184页。

乱。其二,交通肇事后,肇事者为了逃避责任,通常会以最快的速度逃之夭夭,时常会再一次违反交通管理法规,造成交通事故,对交通运输正常秩序和交通运输安全造成更大的威胁和破坏。第二,交通肇事逃逸行为恶化了交通肇事被害人的危险状况,往往侵害到他人的生命权利和身体健康权利。肇事者把他人撞伤后,为了逃避责任而逃逸,使受害人得不到及时救助,伤势恶化,甚至造成重伤和死亡,此类案例不胜枚举。第三,交通肇事逃逸行为将使被害人的损失不能及时得到赔偿。行为人对于自己的交通肇事行为造成的他人重伤、死亡或者公私财产损失,依法应当承担民事赔偿责任。行为人肇事后逃逸,则被害人的损失只能在其归案后才能得到落实。第四,交通肇事逃逸行为将耗费大量的司法资源。肇事者逃逸,司法机关为了查获肇事者将投入更多的人力、物力和财力。可见,交通肇事逃逸行为具有严重的社会危害性,完全具备犯罪的本质特征。[①]

2.肇事逃逸行为的独立可罚性有利于发挥刑法的行为规制机能

刑法的机能,又称为刑法功能,是指刑法在其运行过程中产生的功效和作用。刑法的机能有行为规制机能、秩序维持机能以及自由保障机能。"所谓规制的机能,就是明确对犯罪行为的规范性评价的机能。作为其内容,包含有通过把一定的行为规定为犯罪、使其与一定的刑罚相联来表示该行为是法律上无价值的东西的机能,和命令行为人作出不实施这种犯罪行为的意思决定的机能。前者称为评价的机能,后者称为决定的机能(意思决定的机能)。"[②]刑法如果将交通肇事逃逸行为予以独立犯罪化,就能清楚地表明发生一般或重大交通事故后,无论是否有责任及责任大小,只要肇事者逃逸的,就构成犯罪。这就对交通肇事逃逸行为做出了明确的否定性评价,并对肇事者发出了刑法呼吁:发生一般或重大交通事故后,必须立即保护现场、抢救受伤人员并迅速报告执勤的交通警察或者公

---

①参见黄春燕:《我国应增设交通肇事逃逸罪》,载《政法论丛》2007年第4期。

②[日]大塚仁著,冯军译:《刑法概说(总论)》(第三版),中国人民大学出版社2003年版,第23页。

安机关交通管理部门,否则就是犯罪,面临着刑罚的制裁。由于刑法明文规定无论是否有责任及责任大小,只要肇事者逃逸就构成犯罪,这也会影响行为人主观意思,要求他们做出不实施逃逸行为的决定。

3.肇事逃逸行为的独立可罚性符合国民的欲求

刑法是以要求制定刑法的人的欲求为基础的,即刑法是以人针对不良行为的欲求为契机而产生的,如果没有要求制定刑法的人的欲求,刑法就决不会在当今世界出现。"国家在制定刑法时,作为其直接基础的是:'当国民对不良行为的状况以及为此而制定刑法的意义普遍有了正确的认识时所抱有的欲求'。如果用一句话来说,就可以归纳成'国民的欲求'这个概念。"①因此,在立法上,国家的刑罚制裁只有当绝大多数国民认为某一行为具有相当严重的社会危害性,国民在情感和精神上均不能忍受这种行为的场合下才是正当的。交通肇事逃逸行为的发生给国家、集体财产和人民生命健康、财产安全造成了不可弥补的损失,给受害人及其家属的身心带来了无法治愈的创伤,给国民带来了严重的不安全感,已成为影响社会稳定的一股浊流。电视、报纸、网络等新闻媒体对交通肇事逃逸行为纷纷进行谴责,对受害人表示同情,可以说肇事逃逸行为激起了强烈的社会公愤,将其规定为犯罪完全符合绝大多数国民的欲求。②

三、肇事逃逸行为独立可罚性的意义

交通肇事逃逸问题一直是我国刑事司法和刑法理论关注的焦点。刑法和最高人民法院的相关司法解释对此问题的规定不够明确,学界对此问题的认识也存在分歧,导致司法实践中对这类案件的处理极不统一。为了更好地打击交通肇事逃逸犯罪,消解学界关于交通肇事逃逸行为定性的纷争及相关

①[日]西原春夫著,顾肖荣等译:《刑法的根基与哲学》,法律出版社 2004 年版,第 127 页。
②参见初炳东、黄春燕:《交通肇事逃逸行为独立犯罪化问题研究》,载《烟台大学学报(哲学社会科学版)》2006 年第 2 期。

司法解释存在的理论问题,统一司法实践,最佳的选择是将交通肇事逃逸行为从交通肇事罪中剥离出来,单独定罪,在刑法中设立肇事逃逸罪。①

(一)有利于打击交通肇事逃逸犯罪

从立法层面来看,处理交通肇事逃逸案件,主要是依据刑法第133条和最高人民法院《关于审理交通肇事刑事案件具体应用法律若干问题的解释》(以下简称为《解释》)的规定。虽然《解释》原则上为司法实践提供了一个解决交通肇事逃逸行为的定罪量刑的依据,但从刑法理论来看,《解释》并没有从根本上解决交通肇事逃逸行为的定罪量刑问题。因为,交通肇事行为与交通肇事逃逸行为是两个独立的行为。从交通肇事逃逸行为与先前的交通肇事行为的联系看,也应单独定罪处罚,理由如下:

第一,从罪过形式看,行为人先行交通肇事时的罪过形式是过失,但行为人在肇事后逃逸,无论是为逃避法律追究,或是逃避救助义务,还是躲避被害人家属报复,行为人的主观方面应属于故意,除非行为人不知道自己已经肇事。由于行为人逃逸时出于故意,逃逸行为人在主观上就形成了新的罪过,在造成新的危害后果的情况下(如逃逸致被害人死亡),新的危害结果重于先前的肇事结果,而且新的危害结果的发生与行为人的逃逸行为之间又存在着刑法上的因果关系,这一结果就无法再被先前的过失肇事行为所包容,从而不再依附于先前的肇事行为。因此,独立的罪过形式使逃逸行为应独立于交通肇事行为。

第二,从行为方式看,行为人的先行交通肇事是因违反交通运输管理法律法规而发生重大事故,致人重伤、死亡或者公私财产重大损失的行为,是一种积极的作为的行为方式。而根据我国的《道路交通安全法》的规定,行为人在交通肇事后抢救受伤者、及时报告相关部门是其法定义务,而不是一般道德观念所产生的义务。肇事后逃逸则说明行为人拒不

---

① 参见陈结淼:《刑法应增设交通肇事逃逸罪》,载《安徽大学学报(哲学社会科学版)》2007年第2期。

履行法定的义务。因此,逃逸行为是一种消极的不作为的行为方式。虽然在我国刑法中有些犯罪可以由作为方式实施,也可以由不作为方式实施,但某种犯罪不能同时既以作为的方式又以不作为的方式实施。既然"作为"的肇事行为与"不作为"的逃逸行为方式不同,就不能为一个交通肇事罪所包含。因此,对行为人肇事后的逃逸行为,刑法应当将其独立出来,另行评价。

第三,从司法层面来看,将逃逸行为从交通肇事罪中分离出来单独定罪,既有利于交通肇事罪的单纯化,简化交通肇事罪的定罪量刑,也有利于处理肇事逃逸行为,保证司法实践中对此类案件定罪标准的统一,还有利于取得减少交通肇事逃逸现象发生的社会效果。因此,从有利于打击交通肇事逃逸犯罪、遏制此类犯罪发生的角度看,有必要将交通肇事逃逸行为单独定罪,并另行规定其法定刑。

(二)有助于消解学界对刑法和《解释》的理论纷争

1. 交通肇事逃逸行为是定罪情节还是量刑情节

我国刑法第 133 条只是将逃逸行为作为加重法定刑幅度的情节予以规定,并未把它作为犯罪的构成要件。而《解释》除了规定逃逸行为作为量刑情节之外,还规定了交通肇事致 1 人以上重伤,负事故全部或主要责任的,行为人的行为虽不具有《解释》第 2 条第 2 款第(一)项至第(五)项的情形,但具有《解释》第 2 条第 2 款第(六)项的情形——"为逃避法律追究逃离事故现场的",则"以交通肇事罪定罪处罚","逃逸行为"在此处就成了一个定罪情节,是该交通肇事行为构成犯罪的一个要件。可见,《解释》将交通肇事逃逸行为,既作为定罪考虑的情节,又作为法定加重量刑的情节。这种规定是不科学合理的,因为:

首先,《解释》的这一规定明显与立法原意相悖,也与刑法上的犯罪行为论和因果关系论不符合。[①] 刑法上的犯罪行为论认为,犯罪行为终了

---

① 参见侯国云:《交通肇事罪司法解释缺陷分析》,载《法学》2002 年第 7 期。

之后,随后发生的行为不能与终了前的行为并列作为犯罪构成的要件。因此,交通肇事后逃逸行为不可能成为交通肇事罪的构成要件。且交通肇事在前,而逃逸行为在后,根据因果法则,逃逸行为也不可能构成交通肇事行为的原因行为,即重大的交通事故不是由行为人的逃逸所致。而且,作为犯罪的构成要件应当是确定的,而逃逸行为是否为交通肇事罪的构成要件并不确定,而要随着案件具体情形的不同而不同。

其次,《解释》的这一规定也有违刑法禁止对同一行为重复评价的原理,容易使人们将作为定罪情节的交通肇事逃逸与作为量刑情节的交通肇事逃逸混为一谈。依《解释》的规定"为逃避法律追究逃离事故现场的"逃逸行为是交通肇事基本罪的构成要件,如果该逃逸行为又致人死亡的情形下是按刑法第 133 条规定的三档法定刑中哪一档处罚呢? 如果将逃逸行为认定是交通肇事基本罪的构成要件(定罪情节),只按第一档法定刑处罚,那么对"致人死亡"则没有作出刑法评价,这显然不合理;如果认定为量刑情节并适用刑法第 133 条"因逃逸致人死亡"来处罚,则就出现了没有基本犯的加重犯。因此,将逃逸行为作为交通肇事罪的构成条件,不符合刑法犯罪构成理论,也与罪刑法定原则相悖。如果将逃逸行为独立出来,与基本犯罪分离,单独定罪处罚,则不存在重复评价的问题,也较好地避免了与犯罪构成理论及罪刑法定原则相抵触。

2. 交通肇事逃逸行为是否以先行肇事行为构成犯罪为前提,以逃避法律追究为目的

《解释》第 3 条明确规定:"'交通运输肇事后逃逸',是指行为人具有本解释第 2 条第 1 款规定和第 2 款第 1 至第 5 项规定的情形之一,在发生交通事故后,为逃避法律追究而逃跑的行为。"据此,作为量刑情节的"交通肇事逃逸行为"必须同时具备以下要件:第一,行为人的先行肇事行为必须已经构成交通肇事罪的基本犯,这是前提条件。交通肇事后逃逸作为交通肇事罪的法定加重情形之一,是相对于交通肇事罪的基本犯而言的,交通肇事逃逸是加重犯。然而,根据这一解释,当行为人的"先行肇

事行为"不构成交通肇事罪时,就不能对"交通肇事后逃逸行为"加重处罚。因为根据刑法理论,加重犯是以基本犯的成立为前提,不能在基本犯不成立的情形下仅以其具有加重情节而认为某种犯罪成立。第二,行为人对先行的交通肇事行为主观上具有明知,并且必须是基于为逃避法律追究的目的而逃跑。因此,只有"为逃避法律追究"而逃逸的行为,才可能受到刑法的加重处罚。《解释》的这种要求必然导致实践中法律适用的混乱。因为实际生活中情形比较复杂。有的行为人在离开事故现场的当时,并不确切知道自己已经肇事,此时就无法肯定或排他性推出行为人离开事故现场的行为就一定是以逃避法律追究为目的。行为人离开现场的原因和目的是多种多样的:有的是为了逃避救助被害人的义务,有的是为了逃避法律追究,有的是因害怕被害人的亲属报复而暂时躲避等等。同时,逃避救助的不一定就是逃避法律追究,如不救助而直接去有关机关报告,反之,逃避法律追究的不一定就不救助,如将伤者送到医院后逃跑。通过上述分析可以看出,《解释》中"逃逸"的成立必须以先行肇事行为构成犯罪为前提。如果先行肇事行为不构成交通肇事罪,"逃逸行为"就不能成立,就不能追究逃逸行为人的刑事责任。同时,《解释》只将"逃逸"局限于"行为人逃避法律追究"的目的,而对于行为人单纯的不救助被害人的行为则不能认定为逃逸。这既不利于对交通肇事逃逸行为的惩处,也不利于救助伤者。如果将交通肇事逃逸行为独立出来,单独定罪处罚,则可以解决上述问题。对于逃逸放弃救助被害人的行为,就可以认定为犯罪。

3.交通肇事后逃逸行为是否构成独立的犯罪

对交通肇事后逃逸行为是否构成独立的犯罪,刑法理论上认识不一,主要有三种观点:一是"独立行为说"。认为交通肇事后逃逸的行为是独立的犯罪行为,应实行数罪并罚或按吸收犯处理。① 二是"罪后表现说"。认为逃逸是行为人在犯交通肇事罪后的一种表现,是交通肇事行为的继

---

① 参见赵炳寿主编:《刑法若干理论问题研究》,四川大学出版社1992年版,第508-515页。

续,死亡是重伤后在特殊情况下的必然结果。行为人对被害人可能进一步引起的后果可能有希望或放任之心,但这一点没有与进一步的行为相联系,也就没有独立的意义;或者说逃逸的实质是行为人在趋利避害的心理作用下,使肇事结果进一步加重的条件。① 三是"分别情况说"。认为交通肇事犯罪的行为人在犯罪后逃逸并致被害人死亡,应当根据不同情形分别对待。如果是在过失支配下进行的,就不是一个独立的行为,如果是故意支配下进行的,就是一个独立的犯罪行为。② 在现行法律规定的框架下,上述三种主张均有一定的道理。但"罪后表现说"和"独立行为说"均只涉及逃逸的部分情形。而"分别情况说"则根据行为人逃逸时的主观罪过和客观方面的表现,综合进行分析认定行为的性质,能较全面地反映交通肇事逃逸行为的各种情形。如果是在过失心理支配下的逃逸行为,实质上是一种犯罪后的表现,不是一个独立的犯罪行为;如果行为人在故意心理支配下,即明知被害人受伤严重不救助会导致死亡而逃逸,放任被害人死亡结果发生的,该逃逸行为就构成一个独立的犯罪行为。

《解释》第 6 条规定,"行为人在交通肇事后为逃避法律追究,将被害人带离事故现场后隐藏或遗弃,致使被害人无法得到救助而死亡或者严重残疾的",应当分别依照故意杀人罪或故意伤害罪定罪处罚。这一规定明确规定了肇事者在交通肇事后又对受害人实施加害行为,可以成立故意杀人罪或故意伤害罪。《解释》只解决了行为人交通肇事后又实施加害行为的定罪问题,对于实践中绝大多数的逃逸放任被害人死亡结果发生的行为的性质没有涉及。我们认为,从严厉打击交通肇事逃逸犯罪行为的角度出发,交通肇事逃逸行为应独立定罪。

4.交通肇事逃逸的共犯问题

长期以来,我国的刑法学界和司法实践中一致认为,交通肇事罪是典型

① 参见孙国祥等著:《过失犯罪论》,南京大学出版社 1991 年版,第188—189 页。
② 参见刘远:《论交通肇事罪的第二级加重构成》,载王作富主编:《刑事实体法》,群众出版社 2000 年版,第 253 页。

的过失犯罪,是不存在共同犯罪的,但是《解释》改变了这一通说。《解释》第5条第2款作出专门规定:"交通肇事后,单位主管人员、机动车辆所有人、承包人或者乘车人指使肇事人逃逸,致使被害人因得不到及时救助而死亡的以交通肇事罪的共犯论处。"《解释》将上述人员纳入了交通肇事罪主体的范围,对于解决司法实践中指使逃逸致人死亡案件的法律适用问题无疑具有积极意义。然而,《解释》明确规定交通肇事共犯的存在,这在刑法理论上引起了很大争议。我们认为,上述规定是不合理的,理由是:

第一,将指使逃逸行为规定为成立交通肇事罪的共犯,严重违背了我国刑法中犯罪构成理论及共同犯罪的原理,也与罪刑法定原则相悖。我国刑法第25条明确规定:"共同犯罪是指二人以上共同故意犯罪。"交通肇事罪是过失犯罪,根本就不可能构成共同犯罪。因此,指使逃逸致人死亡以交通肇事罪的共犯论处,本身就存在先天不足。在交通肇事中负有救助受伤人员义务的是肇事者,而指使者则不负有该义务。我国刑法并未将指使者见死不救的行为规定为犯罪,因此根据罪刑法定原则不能对指使者定罪。

第二,指使逃逸行为不符合交通肇事罪的犯罪构成。交通肇事罪是指违反交通运输管理法律法规,而致人重伤、死亡或公私财产重大损失的行为。指使逃逸的行为人并没有违反交通运输管理法律法规,虽然发生了致人死亡的严重后果,且指使行为与被害人的死亡存在因果关系,但毕竟与肇事人先前的违章肇事行为无关。因此,行为人没有交通肇事罪的构成事实,以交通肇事罪定罪处罚显然是无源之水。

《解释》将指使人的指使行为认定为交通肇事罪,违背了我国刑法中的犯罪构成理论。我们认为,在不改变现行共同犯罪理论的前提下,如果将交通肇事逃逸行为作为一种独立的犯罪(肇事逃逸罪)加以规定,那么对指使逃逸行为的处罚就有了法理依据。因为肇事逃逸罪是故意犯罪,指使逃逸行为就可以以肇事逃逸罪的共犯来论处。

交通肇事后逃逸的实质,是行为人明知自己的行为造成了交通事故,不履行法定的抢救伤员与接受处理的义务,为逃避法律追究逃离事故现场的行为。但是司法解释只是明确了逃逸行为人在主观上逃避法律追究是此行为的唯一动机,而对行为人是否履行了抢救(救助)义务没有明确。例如,某司机在肇事后,不进行抢救但留下真实姓名及其地址。由于逃避了其中的抢救义务,仍然应当认为构成逃逸。究其实质法律本身并非只处罚逃逸行为本身的作为行为,其实质是为了处罚其逃逸行为所导致的抢救义务的缺失及逃避责任认定这一不作为行为,正是本质上是不作为的逃逸行为,表征着逃逸行为本身带来的人身危险性和社会危害性,使原本可以消灭的构成要件结果发生的危险实害化。从交通肇事后逃逸行为本身的人身危险性与社会危害性看,已经具有独立评价、作为犯罪行为进行处罚的必要。

参 考 文 献

一、著作类

（一）中文著作类

[1] 马克昌主编:《犯罪通论》,武汉大学出版社 1999 年版。

[2] 马克昌主编:《刑罚通论》,武汉大学出版社 1999 年版。

[3] 马克昌主编:《近代西方刑法学说史》,中国人民公安大学出版社 2008 年版。

[4] 马克昌著:《比较刑法原理》,武汉大学出版社 2002 年版。

[5] 马克昌等主编:《刑法学全书》,上海科技文献出版社 1993 年版。

[6] 马克昌主编:《中国刑事政策学》,武汉大学出版社 1992 年版。

[7] 高铭暄、赵秉志主编:《过失犯罪的基础理论》,法律出版社 2002 年版。

[8] 高铭暄主编:《刑法学专论》(下册),高等教育出版社 2002 年版。

[9] 赵秉志主编:《刑法基础理论探索》,法律出版社 2003 年版。

[10] 赵秉志主编:《犯罪总论问题探索》,法律出版社 2003 年版。

[11] 赵秉志主编:《刑罚总论问题探索》,法律出版社 2003 年版。

[12] 赵秉志主编:《英美刑法学》,中国人民大学出版社 2004 年版。

[13] 赵秉志主编:《外国刑法原理(大陆法系)》,中国人民大学出版社 2000 年版。

[14] 赵秉志主编:《香港刑法》,北京大学出版社 1996 年版。

[15] 张明楷编著:《外国刑法纲要》(第二版),清华大学出版社 2007 年版。

[16] 张明楷主编:《行政刑法概论》,中国政法大学出版社 1991 年版。

[17] 张明楷著:《刑法学》(第三版),法律出版社 2007 年版。

[18] 张明楷等著:《刑法新问题探究》,清华大学出版社 2003 年版。

[19] 储槐植著:《美国刑法》(第三版),北京大学出版社 2005 年版。

[20] 陈兴良著:《刑法的价值构造》(第二版),中国人民大学出版社 2006 年版。

[21] 陈兴良著:《刑法哲学》(修订二版),中国政法大学出版社 2000 年版。

[22] 陈兴良、周光权著:《刑法学的现代展开》,中国人民大学出版社 2006 年版。

[23] 林亚刚著:《犯罪过失研究》,武汉大学出版社 2000 年版。

[24] 林亚刚著:《危害公共安全罪新论》,武汉大学出版社 2001 年版。

[25] 贾宇主编:《刑法原理与实务》,中国政法大学出版社 2007 年版。

[26] 贾宇著:《罪与刑的思辨》,法律出版社 2002 年版。

[27] 刘艳红主编:《刑法学各论》,北京大学出版社 2004 年版。

[28] 黎宏著:《不作为犯研究》,武汉大学出版社 1997 年版。

[29] 黎宏著:《日本刑法精义》,中国检察出版社 2004 年版。

[30] 黎宏著:《刑法总论问题思考》,中国人民大学出版社 2007 年版。

[31] 梁根林著:《刑事法网:扩张与限缩》,法律出版社 2005 年版。

[32] 梁根林著:《刑事政策:立场与范畴》,法律出版社 2005 年版。

[33] 梁根林著:《刑罚结构论》,北京大学出版社 1998 年版

[34] 胡鹰著:《过失犯罪研究》,中国政法大学出版社 1995 年版。

[35] 侯国云著:《过失犯罪论》,人民出版社 1996 年版。

[36] 薛瑞麟著:《俄罗斯刑法研究》,中国政法大学出版社 2000 年版。

[37] 刘志伟主编:《危害公共安全犯罪疑难问题司法对策》,吉林人民出版社 2001 年版。

[38] 冯亚东著:《理性主义与刑法模式》,中国政法大学出版社 1999 年版。

[39] 李海东主编:《日本刑事法学者》(下),法律出版社、成文堂 1999 年版。

[40] 李希慧主编:《刑法各论》,中国人民大学出版社 2007 年版。

[41] 黄明儒著:《行政犯比较研究》,法律出版社 2004 年版。

[42] 齐文远主编:《刑法学》,法律出版社 1999 年版。

[43] 邱兴隆主编:《比较刑法(第二卷)》,中国检察出版社 2004 年。

[44] 邱兴隆著:《关于惩罚的哲学:刑罚根据论》,法律出版社 2000 年版。

[45] 曲新久著:《刑法的精神与范畴》,中国政法大学出版社 2000 年版。

[46] 江国华著:《宪法的形而上之学》,武汉出版社 2004 年版。

[47] 刘树德著:《宪政维度的刑法思考》,法律出版社 2002 年版。

[48] 刘树德著:《宪政维度的刑法新思考》,北京大学出版社 2005 年版。

[49] 赵炳寿、向朝阳主编:《刑事法问题研究》,法律出版社 2005 年版。

[50] 刘仁文著:《过失危险犯研究》,中国政法大学出版社 1998 年版。

[51] 陈忠林著:《意大利刑法纲要》,中国人民大学出版社 1999 年版。

[52] 王志祥著:《危险犯研究》,中国人民公安大学出版社 2004 年版。

[53] 王人博、程燎原著:《法治论》,山东人民出版社 2003 年版。

[54] 史卫忠著:《行为犯研究》,中国方正出版社 2002 年版。

[55] 郑飞著:《行为犯论》,吉林人民出版社 2004 年版。

[56] 周光权著:《刑法各论讲义》,清华大学出版社 2003 年版。

[57] 周光权著:《法定刑研究》,中国方正出版社 2000 年版。

[58] 刘志伟、聂立泽主编:《业务过失犯罪比较研究》,法律出版社 2004 年版。

[59] 高秀东著:《交通肇事罪的认定与处理》,人民法院出版社 2005 年

版。

［60］孙国祥等著:《过失犯罪论》,南京大学出版社 1991 年版。

［61］吴平著:《资格刑研究》,中国政法大学出版社 2000 年版。

［62］吴宗宪等著:《非监禁刑研究》,中国人民公安大学出版社 2003 年版。

［63］鲜铁可著:《新刑法中的危险犯》,中国检察出版社 1998 年版。

［64］赵慧著:《刑法上的信赖原则研究》,武汉大学出版社 2007 年版。

［65］林山田著:《刑法的革新》,台湾学林文化事业有限公司 2001 年版。

［66］林山田著:《刑法通论》(上、下册),林山田自版 2003 年增订八版。

［67］林山田著:《刑法各罪论》(下册),林山田自版 2006 年修订五版。

［68］黄荣坚著:《刑法问题与利益思考》,台湾元照出版有限公司 1999 年版。

［69］黄荣坚著:《刑罚的极限》,台湾元照出版有限公司 1999 年版。

［70］林东茂著:《危险犯与经济刑法》,台湾五南图书出版公司 1996 年版。

［71］林东茂著:《一个知识论上的刑法学思考》,台湾五南图书出版公司 2002 年版。

［72］张丽卿著:《交通刑法》,台湾学林文化事业有限公司 2002 年版。

［73］张丽卿著:《新刑法探索》,台湾元照出版有限公司 2006 年版。

［74］许玉秀著:《主观与客观之间》,春风旭日论坛 1997 年版。

［75］许玉秀:《学林分科六法——刑法》,台湾学林文化事业有限公司 2001 年版。

［76］林钰雄著:《新刑法总论》,台湾元照出版有限公司 2006 年版。

［77］陈朴生、洪福增著:《刑法总则》,台湾五南图书出版公司 1994 年版。

［78］甘添贵著:《刑法之重要理念》,台湾瑞兴图书股份公司 1996 年版。

［79］蔡墩铭著:《刑法总则争议问题研究》,台湾五南图书出版公司 1997 年版。

[80] 蔡墩铭著:《刑法基本问题研究》,台湾汉苑出版社 1990 年版。

[81] 吴景芳著:《刑事法研究》(第一册),台湾五南图书出版公司出版 1999 年版。

[82] 廖正豪著:《过失犯论》,台湾三民书局 1993 年版。

[83] 陈志龙著:《法益与刑事立法》,国立台湾大学法学丛书 1990 年版。

[84] 许乃曼等合著:《法治国之刑事立法与司法》,春风煦日论坛 1999 年版。

[85] 许宗力等编纂:《月旦简明六法》,台湾元照出版有限公司 2005 年版。

[86] 李振山著:《人性尊严与人权保障》,台湾元照出版有限公司 2001 年版。

[87] 李翔甫著:《从基本权保障观点论警察实施酒测之职权》,台湾新学林出版股份有限公司 2006 年版。

[88] 薛智仁着:《参与群殴行为之处罚基础与立法》,台湾学林文化事业有限公司 2002 年版。

[89] 许福生著:《刑事政策学》,中国民主法制出版社 2006 年版。

[90] 谢望原主编:《台、港、澳刑法与大陆刑法比较研究》,中国人民公安大学出版社 1998 年版。

[91] 赵秉志主编:《海峡两岸刑法总论比较研究》(上卷),中国人民大学出版社 1999 年版。

[92] 黄河著:《行政刑法比较研究》,中国方正出版社 2001 年版。

[93] 朱华荣、莫洪宪主编:《各国刑法比较研究》,武汉大学出版社 1995 年版。

(二)中文译著类

[1] [德]汉斯·海因里希·耶赛克、托马斯·魏根特著,徐久生译:《德国刑法教科书(总论)》,中国法制出版社 2001 年版。

[2] [德]拉德布鲁赫著,邓正来译:《法学导论》,中国大百科全书出版社

1997 年版。

[3] [德]克劳斯·罗克辛著,王世洲译:《德国刑法学总论(第 1 卷)》,法律出版社 2005 年版。

[4] [德]弗兰茨·冯·李斯特著,许久生译:《德国刑法教科书》,法律出版社 2000 年版。

[5] [德]冈特·施特拉滕韦特、洛塔尔·库伦著,杨萌译:《刑法总论Ⅰ—犯罪论》,法律出版社 2006 年版。

[6] [德]格吕恩特·雅科布斯著,冯军译:《行为 责任 刑法》,中国政法大学 1997 年版。

[7] [德]马克斯·韦伯著,朱红文等译:《社会科学方法论》,中国人民大学出版社 1992 年版。

[8] [德]G·拉德布鲁赫著,王朴译:《法哲学》,法律出版社 2005 年版。

[9] [日]大谷实著,黎宏译:《刑事政策学》,法律出版社 2000 年版。

[10] [日]大谷实著,黎宏译:《刑法总论》,法律出版社 2003 年版。

[11] [日]大谷实著,黎宏译:《刑法各论》,法律出版社 2003 年版。

[12] [日]曾根威彦著,黎宏译:《刑法学基础》,法律出版社 2005 年版。

[13] [日]大塚仁著,冯军译:《刑法概说(总论)》(第三版),中国人民大学出版社 2003 年版。

[14] [日]大塚仁著,冯军译:《刑法概说(各论)》(第三版),中国人民大学出版社 2003 年版。

[15] [日]大塚仁著,冯军译:《犯罪论的基本问题》,中国政法大学出版社 1993 年版。

[16] [日]福田平、大塚仁编,李乔等译:《日本刑法总论讲义》,辽宁人民出版社 1986 年版。

[17] [日]西原春夫主编,李海东等译:《日本刑事法的形成与特色》,法律出版社、成文堂 1997 年版。

[18] [日]西田典之著,刘明祥、王昭武译:《日本刑法各论》,武汉大学出

版社 2004 年版。

[19] [日]野村稔著,全利其、何力译:《刑法总论》,法律出版社 2001 年版。

[20] [日]泷川幸辰著,王泰译:《犯罪论序说》,法律出版社 2005 年版。

[21] [日]木村龟二主编,顾肖荣等译:《刑法学词典》,上海翻译出版公司 1991 年版。

[22] [日]牧野英一著,陈承泽译:《日本刑法通义》,中国政法大学出版社 2003 年版。

[23] [日]日高义博著,王树平译:《不作为犯的理论》,中国人民公安大学出版社 1992 年版。

[24] [日]森本益之等著,戴波等译:《刑事政策学》,中国人民公安大学出版社 2004 年版。

[25] [美]道格拉斯·N·胡萨克著,谢望原等译:《刑法哲学》,中国人民公安大学出版社 2004 年版。

[26] [美]庞德著,沈宗灵、董世忠译:《通过法律的社会控制》,北京商务印书馆 1984 年版。

[27] [美]E·博登海默著,邓正来译:《法理学:法律哲学与法律方法》,中国政法大学出版社 1999 年版。

[28] [美]保罗·H·罗宾逊著,何秉松、王桂萍译:《刑法的结构与功能》,中国民主法制出版社 2005 年版。

[29] [美]波斯纳著,苏力译:《法理学问题》,法律出版社 2002 年版。

[30] [美]迈克尔·D·贝勒斯著,张文显等译:《法律的原则——一个规范的分析》,中国大百科全书出版社 1996 年版。

[31] [意]杜里奥·帕多瓦尼著,陈忠林注评:《意大利刑法学原理(注评版)》,中国人民大学出版社 2004 年版。

[32] [意]加罗法洛著,耿伟等译,储槐植校:《犯罪学》,中国大百科全书出版社 1996 年版。

[33] [意]贝卡利亚著,黄风译:《论犯罪与刑罚》,中国大百科全书出版社1993年版。

[34] [意]恩里科·菲利著,郭建安译:《犯罪社会学》,中国人民公安大学出版社1990年版。

[35] [英]鲁珀特·克罗斯等著,赵秉志等译:《英国刑法导论》,中国人民大学出版社1991年版。

[36] [英]J·C·史密斯、B·霍根著,马清升等译:《英国刑法》,法律出版社2000年版。

[37] [英]J·C·塞西尔·特纳著,王国庆、李启家等译:《肯尼刑法原理》,华夏出版社1989年版。

[38] [英]齐林著,查良鉴译:《犯罪学和刑罚学》,中国政法大学出版社2003年版。

[39] [英]洛克著,叶启芳、翟菊农译:《政府论(下篇)》,商务印书馆1964年版。

[40] [英]贝克著,吴英姿等译:《世界风险社会》,南京大学出版社2004年。

[41] [英]约翰·斯特罗克编,渠东、李康、李猛译:《结构主义以来》,辽宁教育出版社、牛津大学出版社1998年版。

[42] [法]米歇尔·福柯著,刘北成、杨远婴译:《规训与惩罚》,三联书店2003年版。

[43] [法]卡斯东·斯特法尼著,罗结珍译:《法国刑法总论精义》,中国政法大学出版社1998年版。

[44] [挪威]约翰尼斯·安德聂斯著,钟大能译:《刑罚与预防犯罪》,法律出版社1983年版。

[45] [俄]斯库拉托夫、列别捷夫主编,黄道秀译:《俄罗斯联邦刑法释义》(下册),中国政法大学出版社2000年版。

[46] [韩]李在祥著,[韩]韩相敦译:《韩国刑法总论》,中国人民大学出版

社 2005 年版。

(三)日文原著类

[1] [日]大谷实著:《刑事政策讲义》,弘文堂 1999 年版。

[2] [日]西原春夫著:《交通事故与信赖原则》,成文堂 1969 年版

[3] [日]米田泰邦著:《机能的刑法与过失》,成文堂 1994 年版。

[4] [日]山中敬一著:《刑法总论ⅠⅡ》,成文堂 1999 年。

[5] [日]中山研一等编:《现代刑法讲座》(第五卷),成文堂 1982 年版。

[6] [日]山口厚著:《危险犯的研究》,东京大学出版会 1982 年。

二、论文类

[1] 张明楷:《行政违反加重犯初探》,载《中国法学》2007 年第 6 期。

[2] 张明楷:《日本刑法的发展及其启示》,载《当代法学》2006 年第 1 期。

[3] 张明楷:《刑事立法的发展方向》,载《中国法学》2006 年第 4 期。

[4] 张明楷:《新刑法与合并主义》,载《中国社会科学》2000 年第 1 期。

[5] 张明楷:《论刑法的谦抑性》,载《法学研究》1995 年第 4 期。

[6] 张明楷:《危险犯初探》,载《清华法律评论》(第 1 辑),清华大学出版社 1998 年版。

[7] 林亚刚:《试论危险分配与信赖原则在犯罪过失中的运用》,载《法律科学》1999 年第 2 期。

[8] 林亚刚:《论"交通运输肇事后逃逸"和"因逃逸致人死亡"》,载《法学家》2001 年第 3 期。

[9] 林亚刚:《犯罪过失的理论分类中若干问题的探讨》,载《法学评论》1999 年第 3 期。

[10] 黎宏:《论交通肇事罪的若干问题》,载《法律科学》2003 年第 4 期。

[11] 黎宏:《刑法中的危险及其判断——从未遂犯和不能犯的区别出

发》,载《法商研究》2004 年第 4 期。

[12] 刘艳红:《论交通肇事罪中"因逃逸致人死亡"的法律性质》,载《当代法学》2000 年第 3 期。

[13] 刘艳红:《再论交通肇事罪的"因逃逸致人死亡"》,载《福州大学学报(社会科学版)》2000 年第 3 期。

[14] 侯国云:《有关交通肇事罪的几个疑难问题》,载《中国法学》2003 年第 1 期。

[15] 侯国云:《交通肇事罪司法解释缺陷分析》,载《法学》2002 年第 7 期。

[16] 李兰英:《论危险犯的危险状态》,载《中国刑事法杂志》2003 年第 2 期。

[17] 王玉珏:《信赖原则在中日交通肇事罪中适用之比较》,载《法学》2002 年第 3 期。

[18] 刘远:《论交通肇事罪的第二级加重构成》,载王作富主编:《刑事实体法》,群众出版社 2000 年版。

[19] 吴学斌、王声:《浅析交通肇事罪中"因逃逸致人死亡"的含义》,载《法律科学》1998 年第 6 期。

[20] 刘祥林:《交通肇事后逃离现场又自动投案是否属于交通肇事罪的"逃逸"》,载《人民检察》2006 年第 9 期(上)。

[21] 林文清:《交通肇事逃逸致人死亡的理论与适用探究》,载《云南警官学院学报》2007 年第 4 期。

[22] 林维:《交通肇事逃逸行为研究》,载陈兴良主编:《刑事法判解》(第 1 卷),法律出版社 1999 年版。

[23] 季安照、邓瑶萍:《我国的交通犯罪》,载《交通与社会》2002 年第 1 期。

[24] 黄明儒:《日本刑法中逃逸行为的判例与理论介评》,载《法学家》2001 年第 6 期。

[25] 陈结淼:《刑法应增设交通肇事逃逸罪》,载《安徽大学学报(哲学社

会科学版)》2007 年第 2 期。

[26] 梁根林:《论犯罪化及其限制》,载《中外法学》1998 年第 3 期。

[27] 郭理蓉:《宽严相济视野下的犯罪化与非犯罪化》,载《河北法学》2008 年第 4 期。

[28] 谢望原:《欧陆刑罚改革成就与我国刑罚方法重构》,载《法学家》2006 年第 1 期。

[29] 王世洲:《现代刑罚目的理论与中国的选择》,载《法学研究》2003 年第 3 期。

[30] 李希慧:《论刑罚目的的实现》,载《法商研究》1995 年第 3 期。

[31] 储槐植、蒋建峰:《过失危险犯之存在性与可存在性思考》,载《政法论坛》2004 年第 1 期。

[32] 李希慧、冀华锋:《关于在我国环境犯罪中设立过失危险犯的探讨》,载《环境保护》2008 年第 6 期。

[33] 刘基、屈耀伦:《论过失危险犯》,载《兰州大学学报(社会科学版)》2003 年第 2 期。

[34] 李卫红、孙政:《过失危险犯》,载《中国刑事法杂志》1998 年第 6 期。

[35] 袁中毅:《过失危险行为犯罪化的立法研析》,载《法学评论》1997 年第 3 期。

[36] 俞利平、王良华:《论过失危险犯》,载《法律科学》1999 年第 3 期。

[37] 邓文莉:《"两极化"刑事政策下的刑罚制度改革设想》,载《法律科学》2007 年第 3 期。

[38] 吴宗宪:《试论非监禁刑及其执行体制的改革》,载《中国法学》2002 年第 6 期。

[39] 卢建平,肖怡:《独具特色的芬兰刑法制度》,载《国家检察官学院学报》2005 年第 5 期。

[40] 高巍:《抽象危险犯的概念及正当性基础》,载《法律科学》2007 年第 1 期。

[41] 苏彩霞:《危险犯及其相关概念之辨析——兼评刑法分则第 116 条与第 119 条第 1 款之关系》,载《法学评论》2001 年第 3 期。

[42] 刘东根:《信赖原则与交通肇事罪》,载《云南大学学报(法学版)》2002 年第 4 期。

[43] 刘东根:《道路交通事故责任与交通肇事罪的构成》,载《中国人民公安大学学报》2005 年第 2 期。

[44] 张亚平:《交通犯罪与过失理论的发展》,载《浙江社会科学》2006 年第 5 期。

[45] 李希慧、杜国强、廖焱清、贾济东:《犯罪、社会稳定与刑事政策的关系初探》,载《华侨大学学报(哲学社会科学版)》2003 年第 1 期。

[46] 李朝晖:《信赖原则及其在交通事故中的适用》,载《郑州大学学报(哲学社会科学版)》2003 年第 6 期。

[47] 许成磊:《交通肇事逃逸问题比较研究》,载高铭暄、赵秉志主编:《刑法论丛》(第 8 卷),法律出版社 2004 年版。

[48] 周雪艳:《交通肇事逃逸行为研究》,载于志刚主编:《刑法问题与争鸣》(第 7 辑),中国方正出版社 2003 年版。

[49] 于力:《指使交通肇事者逃逸行为的性质认定》,载游伟主编:《华东刑事司法评论》(第 2 卷),法律出版社 2002 年版。

[50] 周光权:《指使交通肇事者逃逸应当以窝藏罪定性》,载《人民检察》2005 年第 7 期(下)。

[51] 陈洪兵:《指使交通肇事者逃逸构成遗弃罪或者故意杀人罪的教唆犯——兼质疑周光权老师提出的"窝藏罪"说》,载《政治与法律》2008 年第 5 期。

[52] 张丽卿:《酗酒驾车在交通往来中的抽象危险——评台北地方法院八十八年度北简字第一四八四号等判决》,载《月旦法学杂志》1999 年 11 月第 54 期。

[53] 张丽卿:《酒醉驾驶应属有罪》,载《台湾本土法学》2000 年 3 月第 8

期。

[54] 张丽卿:《以刑罚制裁酗酒驾车的一般预防功能》,载《法令月刊》1998 年第 5 期。

[55] 张丽卿:《论公共危险罪章的新增订》,载《月旦法学杂志》1999 年 8 月第 51 期。

[56] 张丽卿:《违反交通规则之刑事处罚研究》,载中国人民大学刑事法律科学研究中心主编:《现代刑事法治问题探索》(第二卷),法律出版社 2004 年版。

[57] 郑逸哲:《驾车肇事逃逸构成要件乃纯粹处罚不服从的隐性不作为构成要件》,载《月旦法学杂志》2006 年 2 月第 129 期。

[58] 张丽卿:《交通刑法中的抽象危险犯——以德国刑法第 316 条为例》,载《罪与罚——林山田教授六十岁生日祝寿论文集》,台湾五南图书出版有限公司 1998 年版。

[59] 陈仟万:《"酒醉而不能安全驾驶罪"的立法形成自由与比例原则的研究》,载《中央警官大学法学论集》2005 年第 10 期。

[60] 林东茂:《肇事逃逸——高等法院八十九年度交上诉字第九号判决评释》,载《台湾本土法学》2000 年 11 月第 16 期。

[61] 林钰雄:《从肇事逃逸罪看实体法与诉讼法的连动性》,载《月旦法学杂志》2003 年 3 月第 94 期。

[62] 彭美英:《刑法第 185 条之三不能安全驾驶罪之再检讨》,载《月旦法学杂志》2007 年 5 月第 144 期。

[63] 陈景发:《试论几则取缔酒驾的法律问题》,载《月旦法学杂志》2005 年 12 月第 127 期。

[64] 许玉秀:《最高法院七十八年台上字第三六九三号判决的再检讨——前行为的保证人地位与客观归责理论初探》,载《刑事法杂志》第 35 卷第 4 期。

[65] 卢映洁:《论危险前行为的成立要件》,载《月旦法学杂志》2001 年 11

月第 78 期。

[66] 林山田:《评 1999 年的刑法修正》,载《月旦法学杂志》1999 年 8 月第 51 期。

[67] 陈子平:《酒驾肇事致死的刑事责任》,载《月旦法学教室》2006 年第 44 期。

[68] 蔡圣伟:《醉不上道——论危险驾驶罪与肇事逃逸罪》,载《月旦法学教室》2007 年第 59 期。

[69] 李之圣:《过失犯理论与信赖原则之变迁与检讨》,载《刑事法杂志》2007 年 8 月第 51 卷第 4 期。

[70] 郑善印:《违背义务遗弃罪与肇事逃逸罪之研究》,载《刑事法学之理想与探索(二)》,台湾学林文化事业有限公司 2002 年版。

[71] [日]曾根威彦著,黄河译:《交通事犯与不作为犯》,载《当代法学》2007 年第 6 期。

[72] [日]西原春夫,黎宏译:《日本刑法与中国刑法的本质差别》,载赵秉志主编:《刑法评论》(第 7 卷),法律出版社 2005 年版。

[73] [日]日高义博著,阎修权译:《关于交通肇事后逃跑的罪责问题》,载《刑法问题与争鸣》(第 3 辑),中国方正出版社 1999 年版。

[74] [日]野村稔:《刑法中的危险概念》,载[日]西原春夫主编,李海东等译:《日本刑事法的形成与特色》,法律出版社、成文堂 1997 年版。

[75] [日]北川佳世子:《交通过失和过失论》,载高铭暄、赵秉志主编:《过失犯罪的基础理论》,法律出版社 2002 年版。

[76] [日]伊东研祐:《现代社会中危险犯的新类型》,载《危险犯与危险概念》21 世纪第四次中日刑事法学术研讨会论文集。

[77] [日]曾根威彦:《ひき逃げの罪责》,载植松正等编:《现代刑法论争Ⅱ》,劲书草房 1985 年版。

[78] [日]川端博:《不作为犯にぉける主观要件(反论と批判)》,载植松正等编:《现代刑法论争Ⅰ》,劲草书房 1983 年版。

[79] ［日］神山敏雄:《ひき逃げ》,载《法学セミナー》1982 年第 11 期。

[80] ［日］曾根威彦:《交通犯罪に关する刑法改正の问题点》,载《ジュリスト》2002 年 2 月第 1216 号。

三、硕博论文类

[1] 曾兴圣:《交通肇事逃逸行为及法律规范研究》,四川大学 2005 年硕士论文。

[2] 杨朝晖:《道路交通犯罪及其刑罚配置问题研究》,安徽大学 2003 年硕士论文。

[3] 黄舜榕:《酒后驾驶违规行为处罚政策之研究》,台北大学公共行政与政策学系 2003 年硕士论文。

[4] 林添进:《酒后驾车之刑事责任问题研究》,中央警官大学法律学研究所 2000 年硕士论文。

[5] 林建宏:《刑法危险概念的思考研究》,中原大学财经法律学系 2004 年硕士论文。

[6] 蔡慧芳:《从危险理论论不能安全驾驶罪》,台湾大学法律研究所 2000 年博士论文。

[7] 叶柏岳:《论交通事故之刑事责任》,成功大学法律系 2007 年硕士论文。

[8] 何斐萍:《论交通犯罪——以 2001 年日本刑法之相关修正为中心》,台北大学法学系 2003 年硕士论文。

[9] 蔡伟杰:《从危险概念论酒后驾车之刑事责任——并浅论车祸肇事逃逸罪与原因自由行为》,台北大学法学系 2003 年硕士论文。

[10] 蔡建兴:《论驾车肇事逃逸行为之可罚性》,政治大学法律系 2001 年硕士论文。

［11］颜瑞成:《肇事逃逸罪之研究》,台北大学法学系 2006 年硕士论文。

四、刑法典类

［1］徐久生、庄敬华译:《德国刑法典》(2002 年修订),中国方正出版社 2004 年版。

［2］徐久生译:《瑞士联邦刑法典》(1996 年修订),中国法制出版社 1999 年版。

［3］徐久生译:《奥地利联邦共和国刑法典》(2002 年修订),中国方正出版社 2004 年版。

［4］肖怡译,卢建平审校:《芬兰刑法典》,北京大学出版社 2005 年版。

［5］罗结珍译:《法国新刑法典》,中国法制出版社 2005 年版。

［6］张明楷译:《日本刑法典》(第 2 版),法律出版社 2006 年版。

［7］米良译:《越南刑法典》,中国人民公安大学出版社 2005 年版。

［8］［韩］金永哲译:《韩国刑法典及单行刑法》,中国人民大学出版社 1996 年版。

［9］黄风译:《意大利刑法典》,中国政法大学出版社 1998 年版。

［10］潘灯译:《西班牙刑法典》,中国政法大学出版社 2004 年版。

［11］吴光侠译:《泰国刑法典》,中国人民公安大学出版社 2004 年版。

［12］刘仁文、王祎等译:《美国模范刑法典及其评注》,法律出版社 2005 年版。

［13］陈琴译:《瑞典刑法典》,北京大学出版社 2005 年版。

［14］谢望原译:《丹麦刑法典与丹麦刑事执行法》,北京大学出版社 2005 年版。

［15］马松建译:《挪威一般公民刑法典》,北京大学出版社 2005 年版。

［16］卞建林等译:《加拿大刑事法典》,中国政法大学出版社 1999 年版。

武汉科技学院·人文社科文库

［17］赵炳寿、向朝阳、杜利译：《印度刑法典》，四川大学出版社1988年版。

［18］柯良栋、莫纪宏译：《新加坡共和国刑法典》，群众出版社1996年版。

［19］黄道秀译：《俄罗斯联邦刑法典》，中国法制出版社2004年版。

后　记

　　本书是在我的博士论文的基础上修改而成的。由于本人学识有限，书中一定有许多疏漏和不足之处，诚望学界师长及同仁包容、批评指正。

　　时光荏苒，岁月如梭，弹指间，我已在森森东湖之滨，葱葱珞珈之腹学习生活了十年。随着本书的付梓出版，在挥手作别学生生活之际，回首十年的学习生涯，五味俱全而幸福快乐满满。

　　1998年9月，我独自背着行囊从遥远的彩云之南走进了风景如画的珞珈校园，开始了人生宝贵的学习生活之旅。在这里，我被四季变换而美丽依旧的校园美景陶醉着，被武大浓厚而自由的学习氛围熏陶着，被法苑精英团结进取拼搏的精神感染着，心中无限的骄傲、温暖和感动。

　　为了能名正言顺地"赖"在美丽的珞珈，包容的武大，我决定报考本院的硕士研究生。终能如愿以偿，得感谢我的恩师康均心教授。恩师不嫌弟子愚钝，忝列门墙，引领我走向学术研究之路。硕士毕业后，我继续跟随恩师攻读博士学位。六年来，我在学业上点点滴滴的进步都与恩师的悉心指导分不开。恩师渊博深厚的学识素养，敏锐活跃的学术洞察力，孜孜不倦的治学精神，磊落率真、潇洒豁达的人生态度，谦和宽容、与人为善的处世方式，让弟子深深钦佩和敬仰，并一直激励和鞭策我不断进取。师恩如海！恩师如父如兄如友，对我学习和生活上无微不至的关爱、帮助与鼓励，让我无以言表，没齿难忘。感谢美丽大方、风趣幽默的师母张晶女士，对我生活上的嘘寒问暖让远离亲人的我备感温馨幸福，甘之如饴。如果可以，我愿意用一生去祈祷，祝愿恩师及其家人幸福快乐、平安健康、吉祥如意！

　　感谢尊敬的刑法学界泰斗马克昌先生。先生高屋建瓴的学术水平，一丝不苟、笔耕不辍的治学态度，温和亲切、平易近人的为人之道，深深地影响着我。能够在学习期间数次聆听先生的教诲,是我一生的荣幸。

感谢法学院刑法教研室的莫洪宪教授、吴振兴教授、林亚刚教授、许发民教授、刘艳红教授、皮勇教授、陈家林副教授、田嵩博士以及西北政法大学的贾宇教授、中国人民大学法学院的刘明祥教授、北京师范大学刑事法律科学研究院的李希慧教授,他们的传道、授业、解惑,让我终生受益。

感谢诤友张晶,生活有你更精彩,六年来相依相伴的深情厚谊是我一辈子的宝贵财富。感谢杜辉、韩光军两位大哥对小妹的关爱、支持与帮助。感谢同窗十载的李磊、周珺,感谢李萍、秦永峰、樊建民、李风林、徐光华、詹红星、肖本山、闫利国、张克文、欧阳本祺、刘丁炳、封志晔、陈珊珊、杨志琼、周恒阳、张蓉、赵辉、高巍、张莉琼、胡春莉、覃剑峰、杨新红等同窗好友和师兄弟,还要感谢李雨燕博士、王秀卫博士。是他们,使我原本单调的学习生活变得丰富多彩,其乐无穷。

感谢父母,是他们的辛勤耕耘和无私奉献,使我从偏僻闭塞的小村庄走入繁华开放的大都市,他们的支持与鼓励是我不竭前进的动力源泉。感谢姐姐、妹妹以及张威一家对我的支持、关爱和理解。能够顺利完成学业,尤其要感谢我的爱人张威先生,他不仅在物质上解除了我的后顾之忧,在精神上更是给予了我无言无尽的支持,在我慵懒时无情地批评,在我彷徨时耐心地鼓励,在我犹像时不停地鞭策,在我进步时大力地表扬,可以说,没有他也就没有我的今天。只愿执子之手,与子偕老,真真切切的平凡,扎扎实实地快乐地过好每一天。

博士毕业后,我来到武汉科技学院任教。感谢人文社科学院的领导、同事,尤其是法学教研室全体老师对我的关心、帮助和支持!本书能得以顺利出版,与杨洪林院长的无私奉献是分不开的,感激之情难以言表!本书的出版,得到了武汉科技学院领导和相关部门的大力支持和资金资助,对此,我深表谢意!

感谢湖北人民出版社给予的大力支持!

赵 波
2009 年 1 月于武昌南湖